Walter Görlitz
MODEL

März 1945

Walter Görlitz

MODEL

Der Feldmarschall und sein Endkampf an der Ruhr

Universitas

1. Auflage: 1975
2. Auflage: 1975
3. Auflage: 1982
4. Auflage: 1989

© 1975 by Limes Verlag Niedermayer und Schlüter GmbH,
Wiesbaden und München
© 1989 by Universitas Verlag in
F. A. Herbig Verlagsbuchhandlung GmbH, München
Alle Rechte vorbehalten
Schutzumschlag: Christel Aumann, München
Druck: Jos. C. Huber KG, Dießen
Binden: Thomas Buchbinderei, Augsburg
Printed in Germany
ISBN: 3-8004-1193-8

Einleitung

In der deutschen Kriegsgeschichtsschreibung nehmen die operativen Denker, die genialen Planer von Moltke über Schlieffen bis zu Manstein den ersten Platz ein. Verteidigung und strategischer Rückzug wurden geringer bewertet. Die heutige Verteidigungskonzeption im Rahmen der NATO, des atlantischen Bündnisses, ist jedoch vom Gedanken der Abwehr eines möglichen Angriffs bestimmt. Die Angelsachsen haben in der Bewertung der Defensive von jeher nüchterner gedacht. Nach dem Sieg über die italienische Libyen-Armee um die Jahreswende 1940/41 fragte man den britischen Befehlshaber General O'Connor, wie er sich denn nun als siegreicher Truppenführer fühle? O'Connor erwiderte: „Ich würde einen militärischen Befehlshaber nicht als wirklich erfolgreich bezeichnen, ehe er nicht nach einer schweren Niederlage und einem langen Rückzug die Lage wiederhergestellt hat."

Diese Worte lassen sich sehr wohl auf den Generalfeldmarschall Walter Model anwenden, dem diese Untersuchung gilt. Model hat während des Zweiten Weltkrieges an der Ostfront nicht weniger als fünfmal nach Niederlagen und Rückzügen nicht nur die Front wiederhergestellt, sondern auch der Truppe durch seinen persönlichen Einsatz neue Kraft und neuen Kampfwillen geliehen: 1942 im Rshew-Bogen, 1943 im Orelbogen, 1944 zuerst im Baltikum, dann in Ostgalizien und darauf in Weißrußland. Als dann im Hochsommer 1944 das deutsche Westheer unter dem Angriff der alliierten Invasionsarmeen zu zerbrechen drohte, hat er noch einmal die deutsche Front an der westlichen Reichsgrenze und in Südholland stabilisiert. Und als schließlich im Ruhrgebiet alle Möglichkeiten der militärischen Verteidigung erschöpft waren, hat er als Soldat eine ungewöhnliche Konsequenz gezeigt. Er löste seine Heeresgruppe selbst auf, um einen sinnlosen Verzweiflungskampf und die Zerstörung des größten deutschen Industriereviers zu vermeiden. Er setzte darauf seinem Leben von eigener Hand ein Ende, ein tragisches Beispiel dafür, in welche Verstrickung ein Soldat an führender Stelle geraten kann, der einer politischen Führung gehorcht, auch wenn diese gegen alle Regeln der Vernunft und des Rechtes handelt. Zugleich aber auch ein Beispiel dafür, welch hohe Könnerschaft dazu gehört, um bei Rückzügen und in der Defensive richtig zu führen und dabei die Moral der Truppe ungeschmälert zu erhalten. Bei den Frontsoldaten besaß Feldmarschall Model eine unwahrscheinliche Popularität.

Unzweifelhaft hat der Feldmarschall den Krieg, ohne je an Kapitulation oder an Auflehnung gegen das Regime zu denken, solange geführt, wie sich ihm noch die Möglichkeit dazu bot. Nach seiner Überzeugung war es Sache der politischen Führung, die Konsequenzen aus der sich unverkennbar abzeichnenden Niederlage zu ziehen. Diese Überlegung rührt an ein Grundproblem der deutschen Geschichtsschreibung über den Zweiten Weltkrieg, das vor allem dann virulent wird, wenn es sich um große Soldaten auf deutscher Seite handelt.

Für die meisten Deutschen besitzt dieser Krieg ein Janusantlitz. Leistung und Opfer der Front stehen immer hart neben dem Mord in den Vernichtungslagern des NS-Regimes. Feldmarschall Model ist es erspart geblieben, mit dem Staatsmassenmord unmittelbar konfrontiert zu werden. Aber er sah nach dem 20. Juli 1944, wie viele, ihm aus Jahrzehnten gemeinsamer Dienstzeit vertraute, ehrenhafte Offiziere den Weg zum Galgen antreten mußten. Dies makabre Bild hat ihn zutiefst empört. Doch er sah als Oberbefehlshaber an der Front auch keine Möglichkeit, mitten im Kriege, angesichts immer schwerer zu erfüllender Kampfaufträge, Einfluß auf die politischen Verhältnisse in der Heimat zu nehmen. Er kannte die Truppe und ihren Wunderglauben an den „Führer", und er kannte den Gegner im Osten.

Mehr als fünfundzwanzig Jahre nach dem Ende des Zweiten

Weltkrieges muß man aber auch fragen, was eigentlich geschehen wäre, wenn die Ostfront etwa 1944 bereits zusammengebrochen wäre, wenn die Westmächte, ungeachtet ihrer Absprachen mit der Sowjetunion, eine eigenmächtige Kapitulation des Westheeres akzeptiert hätten und dadurch möglicherweise eine Vertrauenskrise im Ostheer ausgelöst worden wäre. Die sowjetischen Armeen wären bis zum Rhein und bis an die Nordseeküste vorgestoßen. Ob Stalin sich dann an die Vereinbarung über die Aufteilung Deutschlands in drei Besatzungszonen gehalten haben würde, wie dies die Amerikaner und Engländer im Juni 1945 in Mittel- und Norddeutschland getan haben, ist zumindest eine offene Frage.

Wie gesagt, hat der Feldmarschall die Konsequenzen für sich selbst gezogen, als die „Abwehr im Untergang" vom militärischen Standpunkt aus nicht mehr zu verantworten war. So gesehen, ist er gehorsam bis in den Tod gewesen.

Model hat seine stärksten Impulse während seiner militärischen Laufbahn in der Ära des Generals v. Seeckt erhalten, des Schöpfers der Reichswehr. Seeckt hatte gelehrt, in der neuen Zeit bestünde die Ehre des Offiziers nicht mehr im Dienst für den – verschwundenen – Monarchen, sondern in schweigender Pflichterfüllung. Unter diesem Aspekt stellt Walter Model ein geradezu klassisches Beispiel für diesen spätpreußischen Offizierstypus dar. Seeckt hatte das Offizierskorps auch zu strikter politischer Abstinenz angehalten. Daß das Staatsschiff einmal in unrechte Hände kommen könne, haben sich weder Seeckt noch das von ihm formierte Offizierkorps vorstellen können. Dann freilich konnte die Überzeugung, daß die Ehre in Pflichterfüllung und Gehorsam bestünde, auch seelisch wehrlos machen. Darüber darf man nicht vergessen, daß für die Truppe dieser unbedingte Gehorsam jenseits jeder Politik in Krieg und Frieden ein unerschütterliches Fundament gebildet hat. Model war immer bemüht, die Truppe in diesem Gehorsamsbegriff zu erziehen. Aber er hat den Gehorsam noch in ganz altpreußischer Form aufgefaßt. Wo Maßnahmen von ihm verlangt wurden, die ihm militärisch widersinnig oder gar unredlich erschienen, hat er darauf bestanden, daß das von ihm als richtig Erkannte geschah, und hat sich dabei sehr oft, auch gegenüber einem Manne vom Schlage Hitlers durchgesetzt. Die Verantwortung für die ihm anvertrauten Verbände hat er sehr ernst genommen. Das Recht und die Pflicht, um seiner Soldaten willen seine Ansicht zu vertreten, wollte er sich von keinem Menschen streitig machen lassen.

Man hat den älteren Moltke wohl den großen Schweiger genannt. So ungeschminkt sich Model gerade in Krisenzeiten gab, war er doch im Hinblick auf seine Person, sein Denken und Fühlen ein ungewöhnlich verschlossener Mann. Als das Ende im Februar 1945 sichtbar wurde, hat er seine persönlichen Papiere vernichten lassen. Dem Biografen hat er es nicht leicht gemacht, sein Wesen zu zeichnen. Es hat in diesem Leben keine vertrauten Freunde gegeben, mit denen er die letzten Probleme erörtert hätte. Er war und blieb im Grunde ein einsamer Mann. Je höher, je rascher die Karriere stieg, desto stärker verschloß er sich gegenüber Dritten, desto tiefer versenkte er sich in die Erfüllung der ihm gestellten Aufgaben.

Im Kreis seiner Familie, an der er mit großer Liebe hing, zeigte er sich wohl gelöst und aufgeschlossen, aber die Familie erfuhr nicht viel von den Gedanken, die ihn bewegten, von dienstlicher Sorge und dienstlichem Ärger. Die Familie wollte er behütet wissen vor allem Ungemach, gerade weil sie für ihn ein Quell der Geborgenheit war. Ihr gegenüber wie auch gegenüber Offizieren und Mannschaft bezeigte er bis zuletzt eine bisweilen geradezu befremdliche ungebrochene Zuversicht über den Lauf der Dinge. Wie aber sollte er vor den ihm anvertrauten Soldaten bestehen, denen er das Letzte abverlangte bis zum Sterben, wenn er sich selbst der Skepsis oder dem Zynismus anheimgab? Von Natur neigte er zu einer optimistischen Lebensanschauung. Dazu kam ein ganz ursprüngliches Gottvertrauen. Walter Model war im Grunde – Sohn und Enkel von Kantoren und Lehrern – ein frommer evangelischer Christ. Den wenigsten um ihn ist das deutlich geworden, und er selbst machte auch nicht viel Worte darüber. Aber altlutherischer, kämpferischer Glaube, die Überzeugung, in Gottes Zucht handeln zu müssen, machten den Kern seines Wesens aus. Von

8

daher rührte auch sein schier unerschütterliches Selbstvertrauen nach einer ungeheuer harten und bitteren soldatischen Ausbildung in den ersten Dienstjahren – die Überzeugung, keine Krise sei so schwer, als daß sich nicht noch ein Ausweg finden ließe.

Seit er als Major in der Reichswehr eine Studie über Gneisenau, den Überwinder Napoleons, geschrieben hatte, nahm er dessen Wahlspruch „Fortiter, fideliter, feliciter" (Stark im Wagen, Standhaft im Ertragen, Glücklich im Schlagen) für sich selbst in Anspruch. Es waren die Worte, die auch das Denkmal Gneisenaus Unter den Linden in Berlin zierten. Bezeichnender für sein Denken sind vielleicht noch Verse, die er in der erwähnten Studie aus einer Denkschrift Gneisenaus für den König aus dem Jahre 1811 zitiert hat: „Laß die Wogen dauernd branden – Nur bleib immer, magst Du landen – Oder scheitern, selbst Pilot..."

Sein letzter Generalstabschef, General Wagener, hat von ihm gesagt, er sei ein Soldat gewesen, der es verdient gehabt hätte, in besseren Zeiten einem edleren Herrn zu dienen. Nimmt man das Wort des Generals O'Connor dazu von der Überwindung der Niederlage, so rundet sich Walter Models Bild, das Bild des Meisters der Defensive und des Meisters in der Kunst, die Truppe noch persönlich zu führen. Daß dies alles unter Hitler geschah, war die Tragik aller deutschen Soldaten des letzten Krieges. Keiner hat für diese Tragik einen höheren Preis bezahlt als Generalfeldmarschall Model. W. G.

Erstes Kapitel

Werdegang in der preußischen Armee
Familie – Jugend – Front- und Generalstabsdienst
im Ersten Weltkrieg von 1914–1918

Die Stadt Genthin – Kreis Jerichow II, Regierungsbezirk Magdeburg – in der preußischen Provinz Sachsen zählte zu Beginn der neunziger Jahre des vergangenen Jahrhunderts 4799 Einwohner. Sie besaß Kartoffelstärke-, Handschuh- und Pappenfabrikation und beherbergte ein Amtsgericht, ein Progymnasium und ein evangelisches Schullehrerseminar in ihren Mauern. Hier wurde am 24. Januar 1891 dem fünfunddreißigjährigen Schullehrer und Kantor der Mädchenschule Otto Paul Moritz Model und seiner einunddreißig Jahre alten Ehefrau Maria Wilhelmine Pauline geb. Demmer im Hause Brandenburgerstraße 5 ein Sohn geboren, der auf die Namen Otto Moritz Walter getauft wurde. Der dritte Vorname Walter wurde zum Rufnamen.

Der Winter des Jahres 1891 war in Genthin ungewöhnlich streng. Die Pumpe im Hof des Hauses Brandenburgerstraße 5 war eingefroren, so daß es kein Wasser gab. Das Haus, ein breiter, behäbiger Bau mit ausgebautem Mansardengeschoß, gehörte damals den Demmers, den Schwiegereltern des Lehrers Otto Model, den die Stadtväter von Genthin hierhergerufen hatten, weil sie sich einen musikalisch versierten Mann für die Mädchenschule wünschten. Der 24. Januar erfreute sich in Preußen damals noch historischen Ansehens. Es war der Geburtstag Friedrichs des Großen. Aber man feierte ihn nicht mehr offiziell, wie das für den 27. Januar Brauch geworden war, den Geburtstag des regierenden Kaisers Wilhelms II.

Außer dem Datum gemahnte nichts an militärische Überlieferungen in der Lebensgeschichte des späteren Generalfeldmarschalls. Weder die Model noch die Demmer, in Genthin alteingesessen und als Gastwirte, Landwirte und Geschäftsleute, vor allem im Pferdehandel, zu Ansehen und einem gewissen Wohlstand gelangt, zählten Soldaten unter ihren Vorfahren. Von dem Großvater der Mutter des Feldmarschalls erzählte man sich allerdings in der Familie, daß er nicht nur Besitzer des stattlichsten Gasthofes der Stadt am Markt gewesen sei, sondern auch außerordentlichen Pferdeverstand besessen und als Händler auf den Pferdemärkten in Dessau und Zerbst eine bekannte Erscheinung gewesen sei. Mag sein, daß die Liebe für Pferde und die reiterliche Passion, die den Feldmarschall kennzeichneten, auf dies Erbe zurückzuführen waren. Als er das Licht der Welt erblickte, war freilich in der mütterlichen Familie das Pferdegeschäft schon aufgegeben worden.

Tradition für die Model war der Beruf des Schullehrers und „Cantors", wie es in den alten Familienurkunden heißt. Otto Model, der 1935 als Kgl. preußischer Musikdirektor und Seminaroberlehrer a. D. in Wiesbaden verstarb, war bereits der dritte Sproß in dieser Dynastie von Lehrern und Kantoren. Sein Vater Moritz Model in Spremberg (1826–1886), den man „den General unter den Kantoren" genannt hatte, war pädagogisch wie musikalisch hoch begabt, komponierte selbst und gründete zahlreiche Gesangvereine. Er war der Sohn des Schulmeisters Johann Gottfried Model in Küpper (1791–1844). Die weiteren Vorfahren waren dann „Besitzer" (Bauern) oder Gärtner in den Dörfern der Lausitz und Niederschlesiens, die Lehrer-Dynastie leitete sich von Johann Georg Model (1763–1809) in Hennersdorf bei Görlitz her. Das Dorf Küpper, wo der erste Lehrer amtierte, gehörte zum schlesischen Kreis Lauban. In der weiblichen Ahnenlinie finden sich wieder Töchter von „Besitzern" und Gärtnern aber auch einmal die Tochter eines Rittergutspächters und abermals eine „Oberschulmeisters-Tochter".

Zu der Zeit, als der spätere Feldmarschall geboren wurde, war eine gewisse soziale Aufstiegstendenz in der Familie Model, die vom Bauerntum in bürgerliche Bereiche und in den Staatsdienst übergewechselt war, unverkennbar. Der Großvater Moritz Model in Spremberg war im Gesangvereinswesen seiner lausitzischen Heimat ein geachteter Mann geworden. Es hieß auch von ihm, dessen große eindrucksvolle Augen gerühmt wurden, er habe einen magischen Blick und könne Kranke heilen. Der Bruder des Genthiner Mädchenschullehrers, Martin Model, durchbrach die Familiensitte. Er diente als Einjährig-Freiwilliger, wurde Reserveoffizier beim Infanterieregiment Nr. 52 in Cottbus, ging ins Bankfach und brachte es bis zum Reichsbankdirektor in Nürnberg. Obwohl man in der Familie wußte, daß er gern in militärischen Begriffen dachte, erhielt sich bei ihm die hohe musikalische Begabung – die dem großen Soldaten der Familie dann völlig abging –, er wirkte auch selbst bei Konzerten mit.

Der Lehrer Otto Model in Genthin galt als ein stiller, ausgeglichener, äußerst sparsam lebender Mann, der völlig in seinem Beruf und im Musikleben der Kleinstadt aufging. Seine Frau, Marie Demmer, dagegen hatte von der sehr behaglich lebenden Familie einen Zug des Lebensgenusses geerbt. Strengere Gemüter verdächtigten sie eines Hanges zum Luxus. In Genthin hatten die Demmer auch als Stadtverordnete im politischen Leben der Kleinstadt eine Rolle gespielt. Und wenn die Model etliche Jahre nach der Geburt des zweiten Sohnes Genthin verließen, nach Erfurt, dann nach Weißenfels und endlich nach Naumburg an der Saale gingen, so scheint sie es gewesen zu sein, die ihren Mann dazu drängte, Versetzungen anzustreben. Sie liebte Abwechslung, und Genthin war schließlich doch ein recht ödes Nest. Gleichwohl war die Ehe, allen Gegensätzen bei den Gatten zum Trotz, harmonisch. Die beiden Söhne, die aus ihr hervorgingen, Otto, später Rechtsanwalt, Regierungsrat und Verfasser eines noch heute weitverbreiteten „Staatsbürger-Taschenbuchs", und der spätere Feldmarschall, hatten das Glück, in einem Elternhause aufzuwachsen, das noch in festen Glaubensvorstellungen und Ehrbegriffen lebte. Zur Tradition der Kantorenfamilie gehörte die Bindung an die evangelische Kirche. Der Feldmarschall bewahrte sich den festen Glauben an die lutherische Lehre bis zum Lebensende, und war auch während des Dritten Reiches allen Bestrebungen einer nationalsozialistischen Politisierung des Protestantismus, der Bewegung der „Deutschen Christen", entschieden abgeneigt.

12

Infolge der Ungunst der Umstände, der Vernichtung der persönlichen Papiere, die der Feldmarschall noch kurz vor dem selbstgewählten Ende im Februar 1945 in Dresden vornehmen ließ, ist so gut wie nichts an Einzelheiten über die Jugendzeit mehr bekannt, von Belanglosigkeiten abgesehen. Walter Model besuchte die Bürgerschule in Genthin. Der Vater wurde Lehrer am 1893 begründeten Lehrerseminar der Stadt. Mit der Versetzung des Vaters nach Erfurt kam der junge Model dann in die Sexta des dortigen humanistischen Gymnasiums. Er besaß Begabung für die alten Sprachen, Latein und Griechisch, zeigte auch ein besonderes Interesse für Geschichte. Wenn er später als Lehrer für Kriegsgeschichte außerordentliches Talent bewies, wenn er selbst eine ausgezeichnete Studie über Gneisenau verfaßte und während des Zweiten Weltkrieges umfangreiche Sammlungen an Dokumenten und Berichten aus dem eigenen Führungsbereich anlegte, so weist das alles darauf hin, daß er wohl daran gedacht hat, selbst einmal in späteren, ruhigeren Jahren sich kriegsgeschichtlichen Arbeiten zu widmen. Mathematik und Naturwissenschaften sind dagegen offenbar nicht sein Fall gewesen.

Am 16. April 1905 wurde er in Erfurt vom dortigen Divisionspfarrer konfirmiert, ein Tag, dem aufgrund des streng kirchlichen Denkens in der Familie ganz besondere Bedeutung zukam und den er auch für die eigenen Kinder als ein entscheidendes Lebensdatum ansah, wie die Feldpostbriefe aus dem Zweiten Weltkrieg lehren. In Anbetracht seines späteren Schicksals wirkt der Konfirmationsspruch (1. Timotheus 6,12) fast unheimlich: „Kämpfe den guten Kampf des Glaubens; ergreife das ewige Leben, dazu Du auch berufen bist." Damals freilich konnten weder der Pfarrer, noch die Eltern oder gar der Konfirmand ahnen, unter welch tragischen Umständen diese Worte einmal besonderes Gewicht erlangen sollten.

Der Vater wurde 1906 an das Lehrerseminar in Weißenfels versetzt. Von dort aus besuchte Walter Model das Domgymnasium in Naumburg an der Saale, zunächst als Fahrschüler, bis der Vater 1908 seine Versetzung nach Naumburg erwirkte. Naumburg war Garnison, hier lagen ein Jägerbataillon und

Artillerie. Es war das Pensionopolis für viele verabschiedete hohe Offiziere. Zum erstenmal lernte der junge Model eine Stadt kennen, in der das Militär sozusagen den Ton angab. Er selbst freilich schien nicht für den Offizierberuf bestimmt zu sein. Seiner schwächlichen Konstitution halber war er in den Vorjahren oft vom Turnunterricht befreit gewesen, hatte allerdings 1902 den Fahrtenschwimmerschein erworben. Auf der Domschule galt er als Musterschüler, still, unauffällig, emsig, Raufereien unter den Klassenkameraden aus dem Wege gehend. Zu den Mitschülern zählte der spätere Generaloberst Hans Hube, dessen soldatischer Lebensweg sich zuletzt mit demjenigen Models im April 1944 bei der Kesselschlacht von Kamenez-Podolsk kreuzen sollte, als Model schon Generalfeldmarschall und als Oberbefehlshaber der Heeresgruppe Nordukraine Hubes Vorgesetzter war. Hube gehörte in Naumburg dem „Rennclub" an, einer sportlichen Schülerverbindung, Model der literarisch beflissenen „Körner-Gesellschaft". Später meinte Hube einmal, es habe wohl keiner gedacht, daß aus dem „zahmen Model" solch ein „wilder Soldat" werden würde.

Immerhin war der Beruf des Offiziers damals die große Mode. Die stark angewachsene preußische Armee, die neue Kaiserliche Marine hatten den Bedarf an Offizieren gesteigert. Im sich emanzipierenden Bürgertum war auch in Familien, die ursprünglich die Idee, ihre Söhne könnten einmal des „Königs Rock" tragen, strikt abgelehnt hatten, die Militärfremdheit geschwunden. Der Beruf des Offiziers bedeutete soziale Aufstiegsmöglichkeiten. Und Militär- wie Marinekabinett des Königs und Kaisers, die beim Offiziersersatz immer noch Wert auf eine gewisse Exklusivität legten, nahmen den Nachwuchs lieber aus Familien, die dem Staatsdienst verbunden waren, wie dem Lehrerstand, als aus dem Kaufmanns- oder dem gewerblichen Mittelstand. Im übrigen war die Tatsache, daß der Sohn eines Volksschullehrers Offizier wurde, so ungewöhnlich nicht. Auch unter der Generalität Friedrichs des Großen lassen sich solche Beispiele finden, nur daß Generale zumeist damals auch nobilitiert wurden und damit in einen ganz neuen Lebenskreis übergingen, der die bürgerliche Abkunft rasch vergessen ließ.

Ostern 1909 bestand Walter Model das Abitur. Das Zeugnis weist die Note „Gut" für Religionslehre, Deutsch, Lateinisch, Griechisch, Geschichte und Erdkunde auf. Im Singen erhielt der Sohn, Enkel und Urenkel von „Cantoren" die Note „Genügend". Vom Turnen war er dispensiert. Von den neun Abiturienten dieses Jahrganges wählten sieben den Beruf des Offiziers. Der Naumburger Landgerichtspräsident Dahlmann, dessen Sohn zu Models Klassenkameraden gehörte und der wohl um den Nachwuchs für die Juristerei fürchtete, meinte, er wisse nicht, ob es gut sei, wenn so viele junge Leute Offiziere würden. Einer von ihnen sehe schlecht und habe eine schiefe Schulter: „Das hat doch keinen Zweck!" Das zielte auf den jungen Model.

Es ist nicht mehr zu ergründen, was bei diesem den Ausschlag für die Berufswahl gegeben hat. Möglicherweise waren es Unterhaltungen mit seinem Onkel Martin, vielleicht aber folgte er auch einfach dem allgemeinen Trend, der in der Oberprima des Domgymnasiums nun einmal vorherrschend war, wie das unter jungen Leuten üblich ist. In jedem Fall wird der Onkel den Ausschlag bei der Wahl des Regimentes gegeben haben, in das Walter Model eintrat: Das Infanterieregiment v. Alvensleben (6. Brandenburgisches) Nr. 52. Dort war Martin Model Reserveoffizier geworden, dort gab es militärische Beziehungen, was sehr wichtig war, denn noch hatte jedes Offizierkorps ein Mitspracherecht bei der Wahl des Offiziernachwuchses.

Das Regiment, das zum III. brandenburgischen Armeekorps gehörte, lag mit dem Stab und dem II. und III. Bataillon in Cottbus, mit dem I. Bataillon in Crossen. Der Vater brachte den Achtzehnjährigen selbst zum Regiment nach Cottbus. Der Regimentskommandeur Oberst Henseling nahm Walter Model an, er kam als Fahnenjunker zur 11. Kompanie beim III. Bataillon, deren Chef Hauptmann Dallmer, selbst durchaus kein Hüne von Gestalt, sich nicht an der etwas kümmerlichen Erscheinung des Neuzugangs störte. Dennoch begann die härteste Probe des ganzen Lebens für Model, von den Monaten des Jahres 1945 abgesehen. Er bekam einen Ausbilder, der es darauf anlegte, gerade die Fahnenjunker besonders scharf anzufassen. In Praxi muß dieser Sergeant ein Schinder gewesen sein. Die Physis des Achtzehnjährigen hielt dem Dienst zunächst nicht stand. Die Weisheit des Sergeanten lautete: „Ihnen, Model, fehlt die Härte, die der Soldat braucht."

Walter Model war eine Zeitlang gewillt, zu kapitulieren. Er dachte daran, zu studieren und Arzt zu werden. Dann brach der Ehrgeiz bei ihm durch. Er überwand seine Schwäche, unter der Fuchtel dieses Sergeanten lernte er begreifen, daß nur derjenige, der selbst bereit war, im Dienst das Letzte herzugeben, später befugt sein konnte, von seinen Leuten als Offizier auch das Äußerste und Letzte zu verlangen. Soldaten, denen der Vorgesetzte nichts abverlangt, leisten auch nichts. Das Erlebnis muß entscheidend für seinen militärischen Werdegang gewesen sein. Model galt stets als ein sehr harter Vorgesetzter, der freilich sich selbst auch niemals schonte, der aber auch für das Wohl der Truppe sorgte und darum immer das Herz des einfachen Mannes gewann. Unter rauher Schale verbarg er ein weiches Herz. Aber er hatte in Cottbus die Lektion seines Lebens erhalten.

Nachdem sich seine körperliche Kondition gebessert hatte, gewann er Zutrauen zu sich selbst. Der ihm innewohnende Ehrgeiz regte sich. Er wollte beweisen, daß er mehr konnte als die anderen. 1909 kam der Fähnrich auf die Kriegsschule in Neisse, wo er auch den ersten Reitunterricht erhielt. Am 22. 8. 1910 wurde er Leutnant im I. R. 52, und zwar beim I. Bataillon in Crossen. Das Regiment, dem er angehörte, war nicht sehr alt. Es war erst bei der preußischen Heeresvermehrung 1861 aufgestellt worden. Aber es führte den Namen eines der großen Truppenführer des Deutsch-Französischen Krieges von 1870/71, des Generals der Infanterie Constantin v. Alvensleben und galt als eines der guten Linienregimenter der preußischen Armee.

Der junge Leutnant Model fand in dem Leutnant Barnick, dem Sohn eines sehr wohlhabenden Sanitätsrates, einen Freund, der in ihm die Passion für die Jagd und den Pferdesport weckte.

16

Barnick hielt sich selbst zwei Reitpferde. Model wurde ein passionierter Reiter. Er entdeckte auch seine Leidenschaft für die Jagd und spielte Tennis. Den Hauptinhalt des Daseins bildete jedoch der Dienst. Der Leutnant fiel durch einen rasanten Diensteifer auf. Er sei „zu ehrgeizig" gewesen, meinte der spätere Generalleutnant Bohnstedt von ihm, der mit ihm als Fahnenjunker eingetreten und am Ende des Zweiten Weltkrieges Inspekteur der Infanterie war. Ein anderer Kamerad aus Leutnantstagen, der spätere General der Infanterie Erwin Vierow, der Model auf der Infanterie-Schießschule im Lokstedter Lager kennenlernte, wurde Zeuge, wie Model sich sehr kritisch über die bisherigen Gefechtsvorschriften für die Infanterie äußerte. Er meinte, man habe die Erfahrungen aus dem Russisch-Japanischen Krieg von 1904/05 nicht genügend berücksichtigt. Das weist auch auf die Art seiner Lektüre hin, er muß sich schon damals viel mit Fachliteratur und kriegsgeschichtlichen Werken beschäftigt haben.

Major Martin Reymann, 1910 Oberleutnant und Adjutant des I. Bataillons in Crossen, schlug Model schon 1912 als seinen Vertreter vor. Er fand ihn militärisch ungeheuer interessiert und dabei außerordentlich charakterfest. Von Models erstem Kommandeur, Oberst Henseling, gibt es kein Urteil über den Leutnant. Sein Nachfolger beim Regiment, Oberstleutnant Frhr. v. Bodenhausen, war offenbar weniger an militärischen, denn an den angenehmen Seiten des Daseins interessiert und kümmerte sich wenig um die jungen Offiziere. Er erhielt 1912 den Abschied. Ihm folgte Oberst v. Jacobi, ein äußerst befähigter Mann. Oberleutnant Reymann schlug dem neuen Kommandeur den Leutnant Model als Adjutanten des I. Bataillons in Cottbus vor. Herr v. Jacobi war im ersten Augenblick erschrocken, das sei doch ein ganz „junger Dachs", sagte er. Doch er ließ sich von den Qualitäten des „jungen Dachses" überzeugen und hat die Wahl nie bereut. Der Bataillonsadjutant bearbeitete damals nicht nur die Offizierspersonalien des Bataillons, sondern auch die Mobilmachungssachen. Der Dienst als Adjutant bedeutete die erste Einführung in den verantwortungsreichen höheren Dienst. Als Bataillonsadjutant ging Model 1914 mit dem Regiment in den Ersten Weltkrieg.

Persönliche Erinnerungen aus der Leutnantszeit haben sich nicht erhalten, abgesehen von einer Hundegeschichte. Model hatte sich – bis ans Lebensende ein großer Hundeliebhaber – den ersten eigenen Hund gekauft, einen prächtigen Boxer-Rüden, dem er den Namen „Exzellenz" gab. „Exzellenz" begleitete seinen Herrn am liebsten auf Schritt und Tritt und hatte die seltsame Angewohnheit, sich den wirklichen Exzellenzen, die zu Besichtigungen erschienen, dem Divisionskommandeur oder dem Kommandierenden General des Korps, auf die Füße zu legen, womit ihre Bewegungsfreiheit etwas eingeschränkt war. Die hohen Herren ertrugen das Gebaren von „Exzellenz" meist mit Fassung. Schließlich gab es für einen jungen Offizier schlimmere und kostspieligere Passionen als die, sich einen etwas verrückten Hund zu halten. Eben von solchen anderen Passionen ist nichts überliefert, weder vom Spiel, noch von der Liebe, noch von teurer Pferdehaltung. Der Lebenszuschnitt im Offizierskorps war ersichtlich bescheiden, außer daß man Einladungen zur Jagd annahm oder bei den befreundeten Züllichauer Ulanen Jagd ritt, wenn der Herbst kam. Politik spielte für den Durchschnittsoffizier keine Rolle, Walter Model ist sie sein Lebtag lang ein Buch mit sieben Siegeln geblieben, und Königstreue war anerzogen und selbstverständlich

Es war üblich, daß die jungen, sehr karg bezahlten Offiziere von zu Hause einen Zuschuß erhielten, doch der Kgl. Musikdirektor Model, der sich aus Ersparnissen 1912 in Naumburg ein eigenes Haus erbaute, war ein sparsamer und frommer Mann, der den Sohn kurzhielt. Der Onkel, der Reichsbankdirektor, war auch kein vermögender Mann. Und in der mütterlichen Familie Demmer war das Vermögen durch Erbteilung zersplittert, der schöne Gasthof „Stadt Braunschweig" in Genthin verkauft worden. Da der Leutnant Model von Natur eher zur Bedürfnislosigkeit neigte, mag er die Tatsache, daß er jeden Pfennig umdrehen mußte, nicht als besonders lästig empfunden haben.

Merkwürdig, aber bezeichnend für diesen im Grunde sehr verschlossenen, zurückhaltenden, oft wortkarg wirkenden jungen Offizier ist die Tatsache, daß sich wirkliche Freundschaften, die über kameradschaftliche Verbundenheit hinausreichten, aus diesen Zeiten nicht erhalten haben. Leutnant Barnick, der sich im Krieg zeitweilig zu den Fliegern meldete, fiel 1916 im Ringen um Verdun als Kompaniechef beim Fort Douaumont. Die Beziehungen zu seinem Bruder Dr. Otto Model, Rechtsanwalt und Reserveoffizier in einem sächsischen Feldartillerieregiment, waren zwar stets gut, aber von besonderer Herzlichkeit unter den Brüdern kann wohl auch nicht die Rede gewesen sein. Walter Model blieb im Grunde ein einsamer Mann, und da er später überraschend schnell Karriere machte, trug ihm dies den Ruf eines Strebers ein, der an nichts anderes denke, als so rasch wie möglich auf der militärischen Stufenleiter emporzuklimmen.

Bei der Mobilmachung im August 1914 erhielt Oberst v. Jacobi, der von Model einen sehr günstigen Eindruck gewonnen hatte, eine andere Verwendung. Sein Nachfolger Oberstleutnant Fromme, selbst ein sehr durchschnittlicher Geist, schätzte Model weniger, wohl weil er dessen innere Überlegenheit empfand. Er bezeichnete ihn als „eine Großschnauze". Aber – am Heiligabend des Jahres 1914 wurde Model Regimentsadjutant an der Front im Westen, und Fromme gab ihm eine sehr gute Beurteilung. Nie erlahmende Arbeitskraft, ungewöhnliche Einsatzbereitschaft und eine Tapferkeit, die ihn vor nichts und niemandem zurückschrecken ließ, kennzeichneten schon damals den Adjutanten des I. R. 52, der am liebsten vorn im Schützengraben bei der Truppe war. Am 25. 2. 1915 wurde er zum Oberleutnant befördert. Im Mai 1915 wurde er schwer verwundet, durch einen Schulterschuß, der neben der Halsschlagader durchschlug. Vier Wochen im Lazarett in Sedan folgten, dann war er wieder an der Front beim Regiment in der alten Stellung. Am 19. 10. 1915 erhielt er das Eiserne Kreuz I. Klasse. Der Regimentsadjutant Oberleutnant Model war als besonders aufgeweckter und entschlußfreudiger Offizier bekannt. Einer der Söhne des Kaisers, Prinz Oskar von Preußen, der 1915 zeitweilig Dienst als Infanterieführer bei der 5. Division tat (zu der das I. R. 52 schon im Frieden gehört hatte), hat bekundet, er habe Model bereits damals zur Generalstabsausbildung vorgeschlagen. Der Prinz fand allerdings, der Oberleutnant sei ein etwas „unbequemer Untergebener". Nun – „bequem" sollte er später als Truppenführer auch niemals sein.

Bei dem großen Bedarf an Generalstabsoffizieren im Millionenheer des Ersten Weltkrieges wurde auch der Oberleutnant Model im April 1916 zu den Kurzlehrgängen für angehende Generalstabsoffiziere nach Sedan kommandiert. Der Regimentsadjutant, der seit dem Vorjahr einen von ihm erbeuteten französischen Offiziersdegen als Ehrenwaffe tragen durfte, nachdem ihm sein eigener Degen in der Hand zerbrochen war, hatte keine Schwierigkeiten, die Schnellausbildung zu absolvieren. Mit der Qualifikation zum Generalstabsoffizier stand ihm nun in der alten Armee der Weg in hohe Stellungen offen.

Der künftige Generalstäbler hatte sich in Frontstellungen zu bewähren. Model kam wieder an die Westfront, zunächst als Brigade-Adjutant bei der 10. Infanteriebrigade, dann als Kompaniechef in seinem alten Regiment und bei den 8.ten, den Leibgrenadieren aus Frankfurt an der Oder. 1916 wurde er abermals schwer verwundet. Ein komplizierter Unterschenkelschuß kostete mehrere Monate Lazarettaufenthalt in Karlsruhe. Aus diesen Tagen ist eine Liaison mit einer sehr hübschen Krankenschwester überliefert, das erstemal, daß wir von solchen Erlebnissen hören.

Der große Augenblick seines Lebens, der schließlich auch – ohne daß er dies ahnen konnte – nach dem verlorenen Krieg für seine weitere militärische Laufbahn ausschlaggebend werden sollte, kam 1917. Nachdem er als Stellvertreter ein Bataillon der Leibgrenadiere an der Front geführt hatte, wurde er am 7. 6. 1917 als Ordonnanzoffizier zur Obersten Heeresleitung nach Bad Kreuznach kommandiert, und dem Chef der Operationsabteilung, Generalmajor Wetzell, zugeteilt. Ein Foto aus diesen Tagen zeigt ihn noch mit dem Generalfeldmarschall v. Hindenburg, dem Chef der OHL und Chef des Generalstabes

des Feldheeres und dessen allgewaltigem Erstem Generalquartiermeister, General der Infanterie Erich Ludendorff.
Der junge, hochbewährte, mehrfach verwundete Frontoffizier, auch als angehender Generalstabsoffizier qualifiziert, war nun Zeuge der Geschehnisse im deutschen Großen Hauptquartier. Auch der Kaiser weilte mehrfach in Bad Kreuznach. Wieder fehlen Einzelheiten, Aufzeichnungen von Models Hand über seine persönlichen Eindrücke. Wir wissen nur, daß er auch auf eine Dienstreise in die Türkei, das verbündete Reich der Osmanen-Sultane, geschickt wurde, ohne daß über deren Zweck etwas bekannt ist. Die Reise trug ihm jedenfalls den Orden vom Roten Halbmond ein, nachdem er bereits im Februar 1917 wegen außergewöhnlicher Tapferkeit die seltene Auszeichnung des Ritterkreuzes vom Hausorden der Hohenzollern mit Schwertern erhalten hatte. Möglicherweise war Oberst Wetzell, ehemals Chef des Generalstabes des III. Armeekorps, zu dem die 52er gehörten, auf den brillanten Oberleutnant aufmerksam gemacht worden.
Das Kommando dauerte bis zum 10. 3. 1918. Dann, vor der „Großen Schlacht in Frankreich", mit der die OHL noch einmal versuchte, eine Entscheidung herbeizuführen, bevor die amerikanischen Armeen auf dem europäischen Kriegsschauplatz eingreifen konnten, wurde Model, inzwischen zum Hauptmann befördert, 2. Generalstabsoffizier (Ib) bei der Garde-Ersatzdivision, und ab 30. 8. 1918 Ib bei der 36. Reservedivision unter Generalmajor v. Rantzau. Der General rühmte später an seinem Ib das klare selbständige Urteil, Eigeninitiative und eine nie erlahmende Arbeitskraft. Dem Ib oblag bei den Stäben die Bearbeitung der Ersatz- und Nachschubfragen, die Unterbringung der Truppe und deren Versorgung.
Beim Stab der 36. Reservedivision erlebte der Hauptmann im Generalstab die Revolution vom 9. November 1918 und den Rückmarsch in die Heimat. Die Politik, die er als Offizier so streng gemieden hatte, bestimmte die Stunde. Ob er die Beseitigung der Monarchie, die Flucht Kaiser Wilhelms II. nach Holland besonders schmerzlich empfunden hat, vermögen wir nicht zu entscheiden. Aber er begann sich damals Gedanken

darüber zu machen, ob es nach der Demobilmachung des Frontheeres noch einen Sinn haben könne, unter den so entscheidend veränderten Verhältnissen weiterhin Offizier zu bleiben. Er spielte mit dem Gedanken, den Abschied zu nehmen, Medizin zu studieren oder sich dem Bankfach zu widmen, wo ihm der Reichsbankdirektor Martin Model vielleicht manche Wege ebnen konnte.

Zweites Kapitel

Zwischen zwei Weltkriegen
In der Reichswehr der Republik und in der
Wehrmacht des Dritten Reiches 1919–1939

Als am 11. November 1918 der Waffenstillstand bekanntgegeben wurde, stand die 36. Reservedivision in der Antwerpen-Maas-Stellung bei Dendermonde. Sie hatte die schweren Abwehrkämpfe in der Flandern-II-Stellung, bei Brügge, Thielt und an der Lys, gegen einen weit überlegenen Gegner gut bestanden. Die Division war in Westpreußen aufgestellt worden und mußte nun, angesichts der Räumung des besetzten Belgiens und der bevorstehenden Demobilmachung den weiten Rückmarsch in die westpreußische Heimat antreten. Die Organisation des Abtransportes war die letzte Aufgabe für den Ib der Division, Hauptmann i. G. Model.
Von den Zeiterscheinungen, der Wahl von Soldatenräten auch bei der Fronttruppe, die die OHL widerwillig sanktioniert hatte, war bei dieser Division mit westpreußisch-pommerschem Ersatz nichts zu spüren. Im Fußmarsch durch Belgien erreichte die 36. Res.Div. am 20. 11. 1918 Aachen. Hier nahm der Oberbefehlshaber der Heeresgruppe A, Generaloberst Sixt v. Armin, den Vorbeimarsch der Division ab. Die Truppe, die sich zu Recht im Felde ungeschlagen fühlte, zeigte eine vorzügliche Haltung. Der Kommandeur, General v. Rantzau, konnte zufrieden sein.
Etwa eine Woche vor Weihnachten 1918 erreichte die 36. Res. Div. Danzig, den Sitz des stellvertretenden Generalkommandos XVII, das für ihre Demobilmachung zuständig war. In der Abschlußbeurteilung General v. Rantzaus über Model (datiert vom 27. 1. 1920) hieß es: „Nach Veranlagung und Leistungen gibt Hauptmann Model Gewähr, einmal in höheren Führerstellen Verwendung finden zu können."
In Berlin regierte vorläufig der Rat der Volksbeauftragten un-

ter Vorsitz des sozialdemokratischen Parteiführers Friedrich Ebert, der den heimkehrenden Truppen selbst die Parole gegeben hatte, kein Feind habe sie überwunden. In Danzig sah man mit Besorgnis gen Osten. Polen war wiederauferstanden und meldete seine Forderungen auf die Wiederherstellung der „historischen Grenzen" an. Zum alten polnisch-litauischen Reich hatten auch Danzig und Westpreußen mit seiner in der Mehrzahl deutschen Bevölkerung gehört. Herr der Stunde war in Danzig der Arbeiter- und Soldatenrat. Und im ganzen Reich war die Frage durchaus unentschieden, ob die Revolution zu einer neuen demokratisch-sozialen Ordnung führen oder im bolschewistischen Umsturz münden würde. Gab es also keine Aufgaben für den Soldaten mehr? Aufgaben gab es genug. Und die Sozialdemokraten im Rat der Volksbeauftragten hatten noch in den ersten Stunden der Revolution das Bündnis mit der OHL gesucht, der Repräsentanz des traditionellen Offizierkorps – und der einzigen Macht, die eine fristgerechte Räumung der besetzten Gebiete und eine geregelte Demobilmachung des Frontheeres gewährleisten konnte.

Noch vor Weihnachten 1918 meldete sich Hauptmann i. G. Model beim Chef des Generalstabes des XVII. Armeekorps, Major Edwin v. Stülpnagel, zu neuer Verwendung. Erster Generalstabsoffizier (Ia) war dessen Bruder Otto v. Stülpnagel, dem Model als Id zu besonderer Verwendung zugeteilt wurde. Auf Weisung aus Berlin rüstete man sich zur Aufstellung eines neuen Grenzschutzes Ost. In der Provinz Posen war bereits ein polnischer Aufstand ausgebrochen. Edwin v. Stülpnagel, der Models guten Ruf bereits von der Westfront her kannte und ihn außerordentlich schätzte, hat bekundet, daß er Model bei den verschiedensten militärischen wie militärpolitischen Aufgaben eingesetzt habe. In Danzig herrschte nicht nur die Besorgnis vor polnischen Annexionsgelüsten. Es tobte auch der Kampf mit den Arbeiter- und Soldatenräten. Der Kommandierende General, Gen. v. Petersdorff, mußte ihnen weichen. Sein Nachfolger, Gen. d. Inf. Otto v. Below, einer der besten Armeeoberbefehlshaber des Krieges, war ihnen freilich nicht weniger unbequem.

Offiziell war Model vom 19. Januar bis zum 10. Juli 1919 als Generalstabsoffizier dem XVII. Korps in Danzig und damit dem Grenzschutz Ost zugeteilt. Unterdes ging die Weltgeschichte einen dunklen Weg. Über die Formierung der Republik, über die Beratungen der Verfassunggebenden Nationalversammlung in Weimar, die im März 1919 die Bildung einer vorläufigen „Reichswehr" von 400 000 Mann aus den zahlreich aufgestellten Freikorps beschloß, breiteten sich die Schatten der Friedensverhandlungen in Versailles. Pläne zu einer Gegenoffensive im Osten gegen Polen mußten aufgegeben werden. Am 28. Juni 1919 unterzeichneten die Vertreter der Reichsregierung den Frieden von Versailles. Der Republik von Weimar blieb ein Berufsheer von 100 000 Mann und eine Marine von 15 000 Mann. Die allgemeine Heeresverminderung setzte ein, in zwei Schüben, auf 150 000 und dann auf 100 000 Mann. Von rund 100 000 Offizieren aller Dienstgrade beim Ende der Kriegshandlungen, konnten noch 4 000 Verwendung finden. Für Generalstabsoffiziere gab es eine noch schlimmere Vertragsklausel: Der Generalstab wurde verboten, einen zentralen Großen Generalstab durfte es nicht mehr geben, ebensowenig eine spezielle Generalstabsausbildung.

Im Zuge der Heeresumgliederung wurde Model als Generalstabsoffizier zur Reichswehrbrigade 7 in Westfalen versetzt. Westpreußen mußte aufgrund des Versailler Vertrages an Polen abgetreten werden, Danzig wurde Freistaat, für den Polen die Wahrnehmung der äußeren Interessen erhielt. In diesen Monaten des Sommers und Herbstes 1919 hat sich der damalige Hauptmann Model sehr ernsthaft überlegt, ob er nicht den Soldatenrock ausziehen solle. Unterdes vollzog sich die Neugliederung der Spitzenführung des kommenden Reichsheeres. Unter einem Chef der Heeresleitung, zunächst General Walther Reinhardt, wurde im sogenannten „Truppenamt" in getarnter Form der Generalstab des Heeres weitergeführt. An die Stelle der bisherigen Generalstabsschulung trat die sogenannte „Führergehilfenausbildung" mit Lehrgängen in den verbleibenden sieben Wehrkreisen. Chef des Truppenamtes wurde 1919 General Hans v. Seeckt. In dessen Augen war ein

Offizier vom Schlage Models sozusagen das Ideal jenes Offizierstyps, den er im reduzierten Berufsheer erhalten wissen wollte: im Frontdienst hoch bewährt und gleichzeitig ein Generalstäbler mit glänzenden Qualifikationen und zum dritten, bei Seeckt sehr entscheidend - ein perfekt unpolitischer Kopf, der sich nur um die Sache, um seine soldatischen Aufgaben, kümmerte. Obwohl Seeckt und sein späterer Mitarbeiter in der Heeresleitung Oberst v. Schleicher selbst gern mit der Politik kokettierten, beziehungsweise selbst Politik betrieben, wünschten sie die rigorose Entpolitisierung des Instruments. Wenn Seeckt die Parole ausgab, die Ehre des Offiziers liege künftig in schweigender Pflichterfüllung, so entsprach dies Models Denkweise ganz und gar.

In Seeckts Sicht war die Republik von Weimar ein Übergangsstadium. Das kleine Berufsheer, das nunmehr den Eid auf die Verfassung, nicht mehr auf den König und Kaiser leisten mußte, sollte eine Kaderarmee werden, für den Tag, an dem die Fesseln des Versailler Vertrages sich lockern lassen und die Aufstellung eines größeren Heeres möglich sein würde, das wirklich imstande war, die Aufgabe der Reichswehr, die Verteidigung der Grenzen des Deutschen Reiches, zu erfüllen. Offiziere vom Schlage Models wurden dringend gebraucht. Und anscheinend haben ihm dies seine damaligen Vorgesetzten auch klargemacht. Auch sein Onkel, der Reichsbankdirektor, scheint ihm vom Zivilberuf abgeraten zu haben. Im Grunde war Walter Model nun einmal der geborene Soldat.

Der Dienst bot freilich keine stolzen Erlebnisse mehr, aber es gab immer wieder Lagen, in denen ein so vollkommen souveräner Mann wie Model, der nichts und niemanden scheute, weder einen General, noch einen roten Soldatenrat, noch renitente Landsknechtsnaturen, sich bewähren konnte. Sein Brigadekommandeur, Generalmajor v. Cramer, war heilfroh, daß er in Model einen fest, klug und taktvoll auftretenden Generalstabsoffizier hatte, dem er die heikle Aufgabe übertragen konnte, zwischen dem 28. 8. und dem 31. 10. 1919 die Auflösung der „Baltikumer" Verbände in Stade zu leiten. Bei diesen Einheiten, vor allem der sogenannten „Eisernen Division" handelte

es sich um Truppen, die noch auf eigene Faust, aber mit dem Wissen der Reichsregierung, die Verteidigung der baltischen Länder Estland und Lettland gegen den Bolschewismus fortgesetzt hatten und nunmehr nach dem Gebot der Siegermächte zurückgezogen worden waren. Teile der „Baltikumer" hatten sich entschlossen, dem Befehl aus Berlin nicht zu gehorchen, und führten den Kampf in Kurland und Livland weiter.
Es schien keine Aufgabe zu geben, die der junge Hauptmann i. G. nicht meisterte. Nach den Stader Tagen wurde er dem Reichswehr-Infanterieregiment 14 zugeteilt. Im Rahmen der Neuorganisation des Heeres entstand aus dem für ihn bislang zuständigen Generalkommando VII in Münster das Wehrkreiskommando VI, das von der neuen 6. Infanteriedivision gestellt wurde. Eine Weile tat er Dienst als Kompaniechef im II. Bataillon des I. R. 14. Anfang März 1920 wurde er als Generalstabsoffizier dem General v. Gillhausen zugewiesen, dem Kommandeur der Sicherungstruppen im Abschnitt II der militärisch verdünnten Zone, die nach den Bestimmungen der Siegermächte einen Streifen von 50 Kilometer Tiefe östlich des besetzten Gebietes am Rhein umfaßte. Die deutsche Seite durfte hier nur Verbände in begrenzter Zahl ohne schwere Waffen unterhalten. Angesichts der äußerst gespannten politischen Lage im Ruhrgebiet, wo ständig die Gefahr eines bewaffneten Aufstandes von seiten der linksradikalen Unabhängigen Sozialdemokraten und kommunistischer wie anarchistischer und syndikalistischer Gruppen bestand, ein grotesker Zustand.
Dem Abschnittskommandeur II im Bergischen Land standen zwei Bataillone zur Verfügung, ehemalige Freikorps, „Hacketau" und Lützow. Model vertrug sich mit dem General v. Gillhausen nicht, fand dessen Tätigkeit einigermaßen unbefriedigend und meldete sich freiwillig zur Truppe zurück. Er übernahm die Maschinengewehrkompanie der „Hacketäuer", die der Major Frhr. v. Falkenstein befehligte. Das Freikorps führte seinen Namen nach dem einstigen 3. Westfälischen Infanterieregiment Nr. 16, das den Wahlspruch „Hacke tau (Hack zu)" gehabt hatte.
Die „Hacketäuer" (offiziell I. Bataillon I. R. 14) lagen im Raum

Lennep-Hückeswagen zur Deckung für die unruhigen Groß-
städte Elberfeld und Barmen mit insgesamt rund 350 000 Ein-
wohnern. Als am 13. 3. 1920 in Berlin der Generallandschafts-
direktor Kapp und der Oberbefehlshaber des Reichswehr-
Gruppenkommandos I, General Frhr. v. Lüttwitz, gestützt auf
zwei Marinebrigaden, die gegen ihre Auflösung meuterten, die
„nationale Diktatur" proklamierten, die Reichsregierung nach
Dresden auswich und sozusagen halben Herzens sich mit der
Proklamierung des Generalstreiks einverstanden erklärte,
brach eine der schwärzesten Stunden im Leben Models an, und
zugleich jene Stunde, die seinem ganzen persönlichen Dasein
eine Wendung gab.
Noch am 13./14. 3. 1920 begannen schwere Unruhen in Elber-
feld-Barmen. USPD und Kommunisten versuchten den Gene-
ralstreik gegen Kapp-Lüttwitz zur Errichtung der Diktatur des
Proletariats nach sowjetrussischem Muster auszunutzen. Nach
Schießereien mit der Sicherheitspolizei erhielten die „Hacketäuer" am 15. 3. Befehl zum Einmarsch in Elberfeld. Er vollzog sich unter klingendem Spiel und unter wüsten Beschimp-
fungen durch die aufgehetzte Menge. Hauptmann Model erhielt Quartier im Hause Moltkestraße 6. Der Quartiergast
machte hier die Bekanntschaft von Herta Huyssen, die bei den
Eltern ihres im Krieg gefallenen Verlobten lebte. Geboren als
Tochter eines verhältnismäßig früh verstorbenen Landwirts
und Ingenieurs aus alter und wohlhabender rheinischer Bürger-
familie und einer Enkelin des Dichters Friedrich Rückert, war
sie ein Jahr jünger als Model. Das große, stattliche Mädchen
wurde die Frau seines Lebens.
Vorerst bestimmte die im ganzen Ruhrgebiet sich formierende
„Rote Armee" die Stunde. Durch die Zerschlagung des Freikorps Lichtschlag in Wetter, Dortmund und Herdecke kamen
die roten Volksbataillone in den Besitz von Maschinengeweh-
ren und Minenwerfern sowie Geschützen. Der Wehrkreisbefehlshaber in Münster, Generalleutnant Frhr. v. Watter, befahl
den verstreut liegenden Regierungstruppen die Räumung des
gesamten Reviers. „Hacketau" und Lützow sollten auf Düsseldorf zurückgehen. Dies gelang nicht mehr, angesichts des wach-

senden Druckes roter Garden, die auch Artillerie einsetzten. Die „Hacketäuer" wurden zur britischen Besatzungszone abgedrängt. Model lernte die schlimmste Situation kennen, die es für den Soldaten geben kann: den Bürgerkrieg.

Im Restnachlaß des Feldmarschalls existiert ein Zeitungsartikel, erschienen in Bückeburg am 17. 4. 1920, über die Rückzugskämpfe der Gruppe Gillhausen. Da das I. R. 14 im Raum Lennep-Hückeswagen die Bückeburger 7. Jäger abgelöst hatte, ist das Lokalinteresse im einstigen Fürstentum Schaumburg-Lippe verständlich. Als Verfasser kommt durchaus der Hauptmann Model in Frage, schon der Diktion nach. Vom Kapp-Putsch wird nicht weiter gesprochen. Das äußerst dürftig vorbereitete, eigentlich durch einen Zufall ausgelöste Unternehmen war wohl in Models Augen ein Putsch, den ein exakt denkender Generalstabsoffizier nicht gutheißen konnte, eben der fehlenden Planung halber. Beim Marsch durch Elberfeld, heißt es dann, mußte gegen „herausfordernden Janhagel" von der Waffe Gebrauch gemacht werden. Dann folgte die Schilderung schwerer Gefechte in der Stadt. Der Abmarsch – gemeinsam mit den Lützowern und Teilen der grünuniformierten Sicherheitspolizei – wird angesichts wachsender Übermacht, schwindender Munitionsvorräte, unvermeidlich.

Unter rotem Artilleriebeschuß übernehmen die „Hacketäuer" in Remscheid die Deckung des Rückzuges. Das 600 Mann starke Bataillon lernt alle Tücken solchen Bürgerkrieges kennen, Beschuß aus dem Hinterhalt, aus Kellern und Dachgeschossen. Wer unter der Zivilbevölkerung Freund oder Feind ist, weiß niemand mehr. Der Rückzug wird schwierig, Teile der Bagage gehen verloren. Und dann findet sich ein Satz, der für Model typisch ist und auf seine Autorschaft hindeutet: „Truppe und Führer haben sich hier erst richtig kennengelernt." Das war's, was ihm vorschwebte, die truppennahe Führung durch den generalstabsmäßig erstklassig geschulten Kommandeur. Sofern, wie anzunehmen, der damalige Hauptmann Model der Verfasser gewesen ist, bleibt nur etwas rätselhaft, wie dieser Artikel nach Bückeburg gelangte, da Model sich zur Zeit der Niederschrift in englischer Internierung befand.

Nach sehr schwierigen Verhandlungen und nach einem Versuch des Solinger Oberbürgermeisters, die Truppen zur Waffenabgabe zu bewegen, traten die „Hacketäuer" an der Wupper in die britische Besatzungszone über. Fazit des Artikelschreibers: „Die Waffen an die Spartakisten abgeben – dann lieber zu den Engländern." Das Bataillon Hacketau wurde in Köln-Delbrück und später im Fort V der alten Festung, in Müngersdorf, interniert. Bei den Rückzugsgefechten hatte das Bataillon 2 Offiziere und 12 Mann an Toten und etwa 100 Verwundete verloren.

Nach der Entlassung aus der Internierung kam das Bataillon zur Auffrischung nach Bückeburg und wurde dann nach Münster in Westfalen verlegt. Die Truppe ging im Vollzug der endgültigen Umstellung auf das Hunderttausendmann-Heer im Reichswehr-Infanterieregiment 18 auf, Standort Münster. So sehr der Dienst Model in Anspruch nahm, fanden sich doch in diesen Sommermonaten noch ganz andere Interessen.

Herta Huyssen hat Zeit ihres Lebens ein Tagesnotizbuch geführt. Unter dem 12. bis 14. 6. 1920 findet sich die Eintragung: „Kaviarbrötchen Besuch Elberfeld". Mit dem Spitznamen war der Hauptmann i. G. Model gemeint. Familiengeschichte ist ebenso wie die Geschichte der Heiratskreise bestimmter Stände oder Berufsgruppen stets auch ein Stück Sozialgeschichte. Für den ziemlich festumrissenen Heirats- und Abstammungskreis der Model aus der Lausitz und Niederschlesien, die lange bäuerlich-kleinbürgerliche Traditionen bewahrt hatten bis zum Aufrücken im Preußen der siebziger und achtziger Jahre des 19. Jahrhunderts, bedeutete die Verbindung mit den Huyssen, im Zusammenhang mit dem Übergang ins höhere Beamtentum – symbolisiert durch den Reichsbankdirektor – und dem Zugang zum Offiziersberuf – verkörpert durch den späteren Feldmarschall, eine neue Stufe des Überwechselns in die bürgerliche Oberschicht. Die Huyssen, deren Ursprung im Elsaß lag, die später nach Nijmwegen in den Niederlanden gegangen und dann ins Patriziat der Kaiserlichen Reichsstadt Essen gelangten, wo sie um 1600 auch mit der Familie Krupp sich verbanden, rechneten zum rheinischen Großbürgertum. Der Ur-

großvater von Herta Huyssen war im 18. Jahrhundert „Hof-
banquier" der Herzöge von Jülich-Berg in Düsseldorf gewesen, der Großvater Militäroberpfarrer und Konsistorialrat, der
Vater, Wilhelm Huyssen (1855–1899) Landwirt und Ingenieur.
Dessen Heirat mit Marie Luise Frieda Rückert (1864–1945),
einer äußerst bemerkenswerten Frau, schlug die Verbindung
sowohl zur Dichtung des 19. Jahrhunderts, wie sie sich in Friedrich Rückert manifestierte, wie zum Adel derer von Rango, dem
ihre Mutter entstammte.
Den Tagesnotizen Herta Huyssens nach zu urteilen, wurde die
Beziehung zum Hauptmann Model sehr bald ernster. Unter
dem 14. 8. 1920 wird aus „Kaviarbrötchen" ganz feierlich
„Walter". Am 27. 9. 1920 ersuchte Hauptmann Model, Münster, Raesfeldstraße 17, nach der Sitte der Zeit ganz förmlich
bei der Mutter Hertas, der alten Frau Huyssen, die sich später
gern Huyssen-Rückert nannte, um die Genehmigung des Brief-
wechsels mit der Tochter nach. Und am 10. 10. bat er um die
Hand Herta Huyssens. Die Verlobung wurde am 31. 10. 1920
bekanntgegeben. Der Bräutigam scheint sich über den ganzen
Formalien der Tatsache bewußt gewesen zu sein, daß die noch
sehr wohlhabenden Huyssen vielleicht die Verbindung der
Tochter mit einem ziemlich mittellosen „preußischen" Offizier
nicht gern sehen würden. Um so glücklicher klingt ein Brief
vom 21. 10. 1920 an die Eltern: „... Herta, Schwiegermutter,
alle sind glücklich einverstanden. So wäre auch diese Affaire
mit gutem Soldatenglück erledigt. Kapp hat wohl kaum geahnt, daß er mit seinem Putsch auch etwas Gutes schaffen
würde..." Hinter der „erledigten Affaire" verbarg er in der
für ihn typischen kaltschnäuzigen Verschlossenheit gegenüber
Dritten seine Liebe und eine glückliche Ehe. Der Seitenhieb auf
Kapp ließ ahnen, wie sehr er den unsinnigen und obendrein
auch noch denkbar schlecht vorbereiteten Putsch in Berlin verurteilte, der die noch innerlich wenig gefestigte Reichswehr vor
eine Zerreißprobe gestellt hatte. Im August 1920 hatte er, wohl
im Rückblick auf die schweren Kämpfe bei der Niederwerfung
der „Roten Ruhrarmee", in einem Brief an seinen Vater geschrieben: „Nur kein Deutschland des 30jährigen Krieges. Bes-

ser ein 1813. Wer aber wird jetzt die uneinigen Deutschen einigen? . . . "

In die Verlobungszeit fiel die endgültige Konsolidierung des neuen Reichsheeres. Nach dem Kapp-Putsch übernahm General v. Seeckt die Heeresleitung. Die Aufstellung des Hunderttausendmann-Heeres war mit dem 1. 10. 1920 abgeschlossen. Hauptmann Model wurde zunächst Kompaniechef im Reichswehr-Infanterieregiment 18 in Münster. Bis 1921 führte er die Maschinengewehrkompanie des Regiments, dann wurde er Generalstabsoffizier beim Artillerieführer VI in Münster, Generalmajor Paul Hasse, einem Bruder des damaligen Chefs des Truppenamtes, des getarnten Generalstabes. Jede der sieben Infanteriedivisionen des kleinen Reichsheeres verfügte über einen Infanterie- und einen Artillerieführer mit kleinen Stäben für die jeweils drei Infanterieregimenter und das Artillerieregiment der Division. Seeckt wollte auf diese Weise Rahmenstäbe schaffen für die insgeheim geplante Verdreifachung der Armee im Fall der Reichsverteidigung.

Am 12. 5. 1921 fand in Frankfurt am Main in der Lukaskirche die Trauung mit Herta Huyssen statt. Model hatte dazu drei ihm nahestehende Offiziere des Regiments eingeladen, Hauptmann Nadrowski, Oberleutnant Souchay und seinen Kompanieoffizier Leutnant v. Tluck und Toschonowitz. Seine Eltern, die sich Wiesbaden als Alterssitz gewählt hatten, und sein Bruder Rechtsanwalt Dr. Otto Model mit seiner Frau nahmen an der Hochzeit teil, dazu kamen die alte Frau Huyssen-Rückert und deren Verwandtschaft, darunter der General v. Rango. Für die Hochzeitsreise nach Heidelberg hatte Model sechs Tage anberaumt, vermutlich nicht nur des Dienstes halber, sondern auch deshalb, weil das Gehalt eines Hauptmanns keine großen Sprünge erlaubte.

Das junge Paar bezog in Münster im Juli 1921 eine Wohnung in der Gerichtsstraße 4. Aus der Ehe gingen drei Kinder hervor, zwei Töchter, Hella und Christa, und ein Sohn, Hansgeorg, der gleich dem Vater wieder die Offizierslaufbahn einschlug.

Model hatte in Münster, nach Krieg und Revolutionswirren, wieder seine alte Passion für die Reitkunst entdeckt, er hielt sich neben seinem Dienstpferd bei der bespannten MG-Kompanie stets ein oder zwei Eigentumspferde und ritt am liebsten jeden Tag ein paar Stunden. Im Herbst ließ er keine Parforcejagd aus. Auch bei den schwersten Jagden kam er niemals aus dem Sattel. Auch ein Hund fehlte in diesem Hausstand nicht, ohne Hunde war der Hausherr im Grunde so wenig zu denken wie ohne Pferde. Die Ankunft eines neuen Hundes war ein so wichtiges Ereignis, daß Frau Model es für würdig hielt, in ihrem stichwortartig gehaltenen Tageskalender vermerkt zu werden.

Herta Model, an gesellschaftliches Leben gewohnt, verstand es vorzüglich, auch bei bescheidenen pekuniären Mitteln ein Haus zu führen, was für einen aufstrebenden jungen Offizier damals sehr wichtig war. Das Ehepaar ergänzte sich in beinahe idealer Weise. Model schätzte es nicht, wenn zu Hause über dienstliche Angelegenheiten oder gar über Politik und dergleichen gesprochen wurde, gerade weil er seinen Dienst mit so ungeheurer Intensität betrieb. Seine Frau interessierte sich auch nicht für politische Fragen, sie war es gewohnt, im Haushalt und im gesellschaftlichen Leben aufzugehen. Aber sie verstand es glänzend, durch ihre Liebenswürdigkeit, durch ihre Gewandtheit im Umgang mit Menschen Schroffheiten zu glätten, die sich ihr Mann nicht ganz selten zu Schulden kommen ließ. Model war weder Zeit seines Lebens ein großer Menschenkenner, noch war er es gewohnt, auf Untergebene Rücksicht zu nehmen, weil er selbst keine Rücksicht gegenüber der eigenen Person kannte, sich niemals schonte und so stark in der Erfüllung seiner dienstlichen Aufgaben aufging, daß er auf Menschen darüber nicht achtete. In den Beurteilungen aus den Kriegs- und Revolutionsjahren wird zwar oft sein bescheidenes, taktvolles Wesen gerühmt. In Friedenszeiten enthüllte sich jedoch, vor allem mit dem Aufstieg in höhere Rangstellen, daß er es bei seinen überaus hohen Anforderungen an alle Untergebenen oft an Takt fehlen ließ, und wenn ihm Vorgesetzte nicht paßten, kannte er auch keine Scheu, diesen seine Meinung zu sagen. Herta Model verstand es, mancherlei Ungeschicklichkeit ihres Mannes immer wieder auszugleichen, indem sie gekränkte Gemüter ins Haus lud. Und da ihr Mann Geselligkeit liebte und auch durchaus imstande war, eigene Fehler einzugestehen oder durch sein Verhalten wieder auszugleichen, konnte so „manch Porzellan wieder gekittet werden", das der Herr des Hauses zerschlagen hatte, wie man in der Familie später zu sagen pflegte.

Der Kreis der Geselligkeit beschränkte sich freilich in Münster vorwiegend auf das Offizierkorps des Standortes. Unter den Hausgästen, die im Tageskalender Herta Models auftauchen, fand sich auch der Oberstleutnant im Generalstab Ludwig Beck, in ganz anderen Zeiten später das Haupt der militärischen Fronde gegen Hitler. Model schätzte den sehr klugen, hochgebildeten und feingeistigen Mann als Menschen hoch. Von dem Chef des Generalstabs des Heeres der dreißiger Jahre hat er freilich gemeint, dieser sei als General „zu weich", habe auch gar keine Resonanz bei der Truppe. Von irgendwelchem Verkehr mit dem damals in Münster noch tonangebenden westfälischen Adel, der noch seine „Höfe", seine Stadthäuser hielt, findet sich keine Spur. Dagegen fällt die Bekanntschaft mit Pfarrer Martin Niemöller, einem ehemaligen U-Bootoffizier, in diese Zeit. Niemöller, auf dem theologischen Sektor vielfach ebenso unbequem und eigenwillig wie Model auf dem militärischen, war ein Mann nach dessen Herzen. Der einstige kaiserliche Seeoffizier schlug sich damals in Münster mühsam als Vikar in der Diaspora durch, betreute die Flüchtlinge aus den verlorenen Ostprovinzen Posen und Westpreußen im sogenannten „Rennbahnlager" und erlangte schließlich 1923 eine Stelle als Geschäftsführer der Inneren Mission in Bethel für Westfalen. Model fand ihn so fabelhaft, daß er alle seine drei Kinder, von denen das erste, eine Tochter, 1923 in Münster geboren wurde, von diesem „wehrhaften" Pastor taufen ließ.

In die Jahre in Münster fielen die Inflation, der Einmarsch der Franzosen im Ruhrgebiet, die Ära des von der Reichsregierung befohlenen passiven Widerstandes. Für das Wehrkreiskommando VI im nahen Münster war diese Krise des Jahres 1923 besonders ernst. Für den Fall eines weiteren Vorrückens französischer und der mit Frankreich verbündeten tschechoslowakischen Streitkräfte gegen Mitteldeutschland wurde seitens der Heeresleitung an bewaffneten Widerstand gedacht. Dafür wurden Zeitfreiwilligen-Verbänden formiert. Auch für den Generalstabsoffizier beim Artillerieführer VI waren damit besonders arbeitsreiche Zeiten gekommen. Für Models Einstellung zum Krieg, den er in seiner härtesten Form erlebt hatte, in den Materialschlachten des Westens, ist ein Wort bezeichnend, das Leutnant v. Tluck überliefert hat. Model haßte Erörterungen von Kriegserlebnissen. Immer daran denken, nie davon sprechen – das war seine Parole. Wehrkreisbefehlshaber und Kommandeur der 6. Division war damals in Münster Generalleutnant Friedrich v. Lossberg, einer der berühmtesten Abwehrexperten der Ludendorffschen Schule der Generalstabsführung. Als Chef des Generalstabs bei verschiedenen Armeen an der Westfront hatte Lossberg nacheinander vier Armeen sozusagen wieder saniert und durch Straffen der Führung und Beheben von Versorgungsmängeln für die Hebung der Kampfmoral gesorgt. In gewisser Weise ließ sich Friedrich v. Lossbergs Rolle im Ersten Weltkrieg mit derjenigen Models im Zweiten Weltkrieg vergleichen. Beide erwarben sich den Namen des „Abwehrlöwen", beide wurden immer dann gerufen, wenn die Lage verzweifelt zu sein schien. Bei den Planspielen unter Leitung Lossbergs und des Chefs des Stabes Oberst Alexander v. Falkenhausen fiel Model durch seinen Einfallsreichtum, sein klares Urteil und seine schnelle Entschlußfassung auf. Ein Kamerad aus Leutnantszeiten, der gleichfalls in Münster beim Stab Dienst tat, der spätere General Vierow, berichtet, Model habe damals den Spitznamen der „Zauberlehrling" erhalten. General der Infanterie Blumentritt, der als junger Generalstabsoffizier Model in Münster erlebte, meinte später, Untergebene hätten bei ihm nichts zu lachen gehabt. Der Schwabe Blumentritt sah in ihm wohl einen rasanten Preußen, gewahrte aber die großen soldatischen Fähigkeiten, die in diesem Hauptmann steckten. Leutnants vom Schlag Walther v. Tluck und Toschonowitz erschien er dagegen als die Verkörperung der besten preußischen Tugenden. Und die Leutnants fanden auch bald heraus, daß dieser harte Vorgesetzte insgeheim Verständnis für ihre kleinen Eskapaden hatte, wenn sie im Dienst das Ihrige bis zum Äußersten taten. Tluck erlebte auch, wie bei der Kritik nach einer Übung ein Leutnant gegen Äußerungen eines Vorgesetzten protestierte, die ihm unzutreffend erschienen. Model erklärte dazu kurz und knapp: „Endlich ein Leutnant, der nicht die Ohren anlegt."

1925 schienen sich die Verhältnisse in Deutschland wieder zu normalisieren. Mit seiner Frau unternahm Model im April und im Juni zwei Auslandsreisen nach den Niederlanden und nach England. Vor allem England beeindruckte ihn sehr stark, was ihn fesselte, war der britische Konservatismus, die Liebe zur Tradition. Im Grunde neigte auch er zu konservativem Denken. Politisch fand solche Denkweise allerdings keinen Niederschlag, Offiziere vom Schlag Models kümmerten sich prinzipiell nicht um Politik.

Die Ausbildung des Generalstabsoffiziers verlangte nach alter Regel den regelmäßigen Wechsel zwischen Stabs- und Truppendienst. Mit dem 1. 10. 1925 erreichte so die Zeit in Münster ihr Ende. Hauptmann Model wurde zum Infanterieregiment 8 in Görlitz versetzt und erhielt die 9. Kompanie, die zum III. Bataillon gehörte. Chef der 12. (Mg.-)Kompanie war Hauptmann Erich Jaschke, beim Ende des Zweiten Weltkrieges Waffengeneral der Infanterie beim „Führer". Jaschke und Model verband seit der Görlitzer Zeit ein besonders gutes kameradschaftliches Verhältnis, auch die beiden Familien blieben befreundet.

Models neue Kompanie hatte vorher der spätere Generaloberst Stumpff geführt, der gleich ihm aus einer Generalstabsstelle kam. Jaschke zufolge fragte man sich beim Regiment, ob das gut sei, daß gleich zwei Generalstäbler sich in der Führung der Kompanie ablösten. Nun, was Model betraf, so ging es sehr gut.

Die Familie siedelte nach Görlitz in die Gutenbergstraße 2 über. Die Stadt lag im Kerngebiet der Landschaft, aus der die Models stammten. Die 9. Kompanie lag allein für sich in der alten winkligen Kaserne am Jüdenring in der Altstadt. Wie dies nach Seecktschen Plänen in der Reichswehr üblich war, führte jede Kompanie, Schwadron oder Batterie die Tradition eines der alten Regimenter aus monarchischen Zeiten weiter, die 9./I. R. 8 die Überlieferung des Königin-Augusta-Gardegrenadierregiments Nr. 4.

Der neue Kompaniechef stürzte sich mit Verve in seinen Aufgabenbereich. Ausbildung und nochmals Ausbildung war Trumpf. Bei der Schwäche des Reichsheeres wurde mit Vorrang die Verteidigung geübt, hinhaltender Widerstand, Rückzug, überraschungsweiser Angriff aus der Rückhand. Um die Truppe an die im Versailler Vertrag verbotenen Panzerkampfwagen zu gewöhnen, verwendete man bei Übungen die sogenannten „Kampfwagen-Nachbildungszüge", Panzerattrappen auf Kraftfahrzeugen, die gleichfalls nicht erlaubten Infanteriegeschütze wurden durch Holzmodelle dargestellt.

Model wandte sich mit besonderer Energie der Weiterbildung des Unteroffizierkorps zu. Bei den zwölf Jahre dienenden Berufssoldaten des Reichsheeres teilte man das Unterführerkorps in drei Klassen ein, um für den Fall einer Heeresvergrößerung einen größtmöglichen Bestand an erstklassig geschultem Ausbildungspersonal zu gewinnen: „Unterführer-Klasse" (ab 4. Dienstjahr), „Führer-Klasse" (ab 7. Dienstjahr) und „Lehrer-Klasse" (ab 10. Dienstjahr). Der Ehrgeiz des Chefs der 9. Kompanie ging dahin, aus jedem seiner Unteroffiziere einen perfekten Zugführer für den Ernstfall zu machen. Die Unteroffizierbewerber wurden nicht nur mit Dienst überhäuft, sie mußten auch noch schriftliche Aufgaben bewältigen. Hauptmann Jaschke fand damals, Model verlange tatsächlich zuviel, aber – so Jaschke – es sei nun einmal seine Eigenart gewesen, stets und ständig zuviel zu verlangen.

Wie es seine Gewohnheit war, kümmerte er sich als Kompaniechef um alles und jedes. Da er feststellte, daß viele junge Soldaten mit ihrem Sold reichlich liederlich umgingen, führte er ein Zwangssparen ein. Jeder Kompanieangehörige mußte von seinem Sold eine bestimmte Summe beim Rechnungsführer, einem Unteroffizier, hinterlegen und konnte bei außergewöhnlichen Ausgaben, Urlaub oder dergleichen, eine bestimmte Summe abheben. Das Unternehmen ging, wie zu erwarten, schief, weil der Rechnungsführer der Aufgabe des Sparkassen-Amtmanns nicht gewachsen war, schließlich auch Gelder veruntreute. Er wurde entlassen, den Hauptmann Model kostete die Sache etliches Geld und Ärger mit den Vorgesetzten.

Im Grunde focht ihn das nicht weiter an. Er war nun einmal ein Gegner jeder Konvention. Der spätere Brigadegeneral Wolf v. Zawadsky trat unter Model als Fähnrich bei der 9. Kompanie ein. Model traf den gerade Eingekleideten per Zufall auf dem Kasernenflur. Zawadsky war noch nicht vereidigt und hatte sich diesen Akt wohl etwas feierlich vorgestellt. Model: „Ach, ich muß Sie ja noch vereidigen." Model riß die Tür einer gegenüberliegenden Stube auf, befahl Zawadsky, seinen Stahlhelm aufzusetzen, zog einen Zettel mit der Eidesformel aus dem Ärmelaufschlag seines Waffenrockes, verlas den Eid und ließ Zawadsky die Worte nachsprechen. Dann enteilte der Kompaniechef. Er hatte stets zuviel zu tun!

Bei einer Besichtigung der 9. Kompanie durch den Regimentskommandeur Oberst v. Schenckendorff erschien dieser fünf Minuten vor der festgesetzten Zeit. Die Kompanie war angetreten, Model meldete nicht. Oberst v. Schenckendorff: „Model, wenn Sie soweit sind, bitte ich um Meldung." Model zog schweigend die Taschenuhr und studierte das Zifferblatt. Dann: „Es sind noch fünf Minuten Zeit." Der Oberst wartete.

Neben dem täglichen Dienst beschäftigte ihn in der Görlitzer Zeit noch eine biografisch-kriegsgeschichtliche Studie. Das Reichswehrministerium hatte einen Wettbewerb zur Erstellung von Lebensabrissen hervorragender Feldherrnpersönlichkeiten ausgeschrieben, an dem sich rund hundert Offiziere beteiligten. Model wählte sich das Thema „Gneisenau" und hatte das Glück, daß seine Arbeit zusammen mit dreiundzwanzig anderen Lebensabrissen in dem von General v. Cochenhausen betreuten Sammelband „Führertum" aufgenommen wurde, der in dem altberühmten Militärverlag Mittler & Sohn in Berlin erschien. Models Studie, die dem genialen Generalstabschef, dagegen kaum dem im Sinne Scharnhorsts wahrhaft „politischen Offizier" galt, zählt gleichwohl zu dem Besten, was in neuerer Zeit über Gneisenau geschrieben worden ist. Und wenn er darin den Nachweis zu führen sucht, wie sehr sich Clausewitz bei der Abfassung seines Buches „Vom Kriege" auf Gneisenausches Gedankengut gestützt hat und feststellt, Clausewitz habe im Sinne des strategischen Überwinders Napoleons vom Führer im Krieg als unentbehrliche Eigenschaften den „coup d'oeil", den raschen Überblick und ferner den „courage d'esprit", die Entschlossenheit verlangt, so gab er damit, sicher noch unbewußt, ein Bild von jenen Führungseigenschaften, die ihn selbst später auszeichneten. Freilich, als Models *Gneisenau* 1929 erschien, konnte niemand ahnen, daß nur zehn Jahre später der Zweite Weltkrieg ausbrechen würde.

Die kriegsgeschichtliche Arbeit Models in der letzten Zeit in Görlitz wies bereits in die Richtung eines neuen Aufgabenbereichs, der ihm übertragen wurde. Mit dem 30. 9. 1928 endete die Kompaniechefzeit. Er wurde als Generalstabsoffizier zur 3. Division nach Berlin versetzt und in der getarnten Generalstabsausbildung verwendet, den Lehrgängen für „Führergehilfen". Hauptfächer waren Taktik und Kriegsgeschichte. Leiter der Lehrgänge war Oberst Hans Reinhardt, der spätere Generaloberst. Die Versetzung nach Berlin brachte Model 1929 auch die Beförderung zum Major.

Von den etwa fünfzehn Teilnehmern des „Führergehilfenlehrgangs", bei dem Major Model Kriegsgeschichte vortrug, wurden die Mehrzahl später im Zweiten Weltkrieg Generale, darunter Adolf Heusinger, Dr. Hans Speidel (damals Oberleutnant, 1944 Generalstabschef der Heeresgruppe B im Westen unter Rommel und Model), Ferdinand Jodl, der Bruder des späteren Chefs des Wehrmachtführungsstabes, August Winter, 1944/45 letzter stellvertretender Chef des Wehrmachtführungsstabes, und Siegfried Rasp. Drei von ihnen fielen im Krieg, einer, General Heistermann v. Ziehlberg, wurde nach dem 20. Juli 1944 hingerichtet.

Model nahm die Lagen von 1914 im Westen mit der Marneschlacht und die Schlacht von Tannenberg in Ostpreußen im gleichen Jahre durch. Nachgespielt wurde auch ein mögliches Zusammenwirken von Heer und Flotte bei der großen Westoffensive im Jahre 1914, das in praxi nicht stattgefunden hatte.

Für die Reichswehr besaß jedoch die Kooperation von Reichsheer und Reichsmarine bei der Sicherung der Seeverbindungen nach der von Polen halb umschlossenen Provinz Ostpreußen besondere Bedeutung. Der Vortragende schätzte unkonventionelle neue Überlegungen. Sein Kamerad aus Leutnantszeiten, Major Vierow, der im Truppenamt Dienst tat und den er nun in Berlin wiedertraf, hörte von ihm schon 1929 völlig neuartige Ideen über den Einsatz von Fallschirmverbänden weit hinter der feindlichen Front.

Model muß beträchtliche historische Studien in diese Lehrtätigkeit investiert haben. Er hatte die gesamte in- und ausländische Literatur präsent, und es bereitete ihm ein diebisches Vergnügen, wenn er einem der Schüler nachweisen konnte, dieser habe bei der oder jener Einzelausarbeitung irgendeine entlegene englische oder französische Quelle nicht berücksichtigt. War er ein guter Lehrer? Der spätere General Rasp fand, daß es keinen besseren hätte geben können. Dr. Speidel, der unter Hitler eher zu kritischer Beurteilung des Feldmarschalls Model neigte, meint, er habe damals viel von ihm gelernt. Model verlangte nicht nur detaillierteste Kenntnisse, sondern auch bei den Lagen im Nachspiel blitzartige Entschlußfassung und Befehlsformulierung. Wer da nicht mitkam – so Speidel –, hatte einen schweren Stand. Ein sehr bedachtsamer Geist wie der nachmalige General der Gebirgstruppen Winter fand, Model biete seinen Hörern eine Überfülle von Ideen, Material und Überlegungen an, spreche dabei ungeheuer hastig und werde sofort ungeduldig, wenn jemand nicht folgen könne. Winter hielt ihn nicht für das „Ideal" eines Lehrers. Ein anderer Zeuge, Major Reymann, äußerte aus der Rückschau, es habe bei den Lehrgängen eine Reihe von Leuten gegeben, die über die viele Arbeit gestöhnt hätten, die Model ihnen aufhalste. Hatten sie den Lehrgang dann glücklich absolviert, waren sie doch dankbar, daß sie bei ihm so viel gelernt hatten.

Vor allem Dr. Speidel und seine Frau empfanden es als sehr angenehm und nützlich, daß Model seine Hörer auch zu geselligen Abenden zu sich in die neue Wohnung in Moabit (Rathenower Str. 6) einlud. Der Lehrgangsleiter Oberst Reinhardt liebte solche Veranstaltungen nicht. Bei Models trug die immer liebenswürdige und charmante Dame des Hauses viel dazu bei, die Hörer die Härte der Studien und die Ungeduld ihres Mannes vergessen zu lassen. Speidel erlebte hier einen Abend mit dem damals berühmten Kriegshistoriker Prof. Elze, bei dem man noch einmal das in den zwanziger Jahren heiß umstrittene Problem durchsprach, wer der wahre Sieger von Tannenberg gewesen sei, der Oberbefehlshaber Hindenburg oder dessen Stabschef, General Ludendorff – den Model seit der Zeit bei der OHL in Bad Kreuznach hoch verehrte und der damals in seiner herrischen Manier den Ruhm des Sieges in der Umfassungsschlacht für sich allein beanspruchte und den alten Generalfeldmarschall sozusagen des Lorbeerdiebstahls beschuldigte. Wie Elze neigte Model der Ansicht zu, der Hauptanteil am Sieg gebühre Hindenburg, dies aber beileibe nicht deshalb, weil der alte Herr seit 1925 Reichspräsident und damit Oberbefehlshaber der Reichswehr geworden war. Liebedienerei war ihm völlig fremd, ja verhaßt, so wie er es auch haßte, wenn sie von Untergebenen ihm gegenüber versucht wurde.

1930 wurde Model in die 4. Abteilung des Truppenamtes (T 4) versetzt, die Ausbildungsabteilung, wo er das Referat für Vorschriften erhielt, aber auch Fragen des geheimen Grenzschutzes Ost bearbeitete. Kommandeur der T 4 war noch Oberst List, der spätere Generalfeldmarschall, dem bald darauf Oberst v. Brauchitsch folgte, der letzte Oberbefehlshaber des Heeres unter Hitler 1938 bis 1941. Wilhelm List, in Ulm geboren, ganz der Typus des gebildeten süddeutschen Offiziers, hat ein interessantes Urteil über Model gefällt: „Model verkörperte rein äußerlich, aber auch in der Art zu sprechen, einen Offizier, der im Ausland vielfach, aber auch in Kreisen des Inlandes als der Typ des preußischen Offiziers gegolten hatte und noch galt, der in der Reichswehr nurmehr vereinzelt anzutreffen war." Immerhin fand der sehr ruhige, zurückhaltende und jeden Entschluß dreimal wägende Oberst List Models Erscheinung höchst bemerkenswert, die kleine, eben mittelgroße drahtige Gestalt, die großen dunklen, wie List meinte, forschenden Augen, das übersprudelnde Temperament, und seinen Humor.

Der damalige Oberstleutnant Franz Halder – 1938 bis 1942 Chef des Generalstabes des Heeres – der gleichfalls in der T 4 Dienst tat, war jedenfalls nicht vom Typ Models beeindruckt und scheint den forschen Major mit dem Monokel im Auge nicht sehr geschätzt zu haben. Neben Halder arbeiteten hier auch Wilhelm Keitel, nachmals Chef des Oberkommandos der Wehrmacht und Generalfeldmarschall unter Hitler, und Major Friedrich Paulus, der mit der 6. Armee in Stalingrad unterging. Im Tageskalender Herta Models findet sich wohl Paulus als Hausgast verzeichnet, nicht jedoch Keitel, den Model nicht leiden konnte und später im Führerhauptquartier gern links liegen ließ. Im Grunde barg das kleine Truppenamt mit seinen vier Abteilungen für operative Fragen, Organisation, Fremde Heere und Ausbildung den Kern der Generalität des kommenden Zweiten Weltkrieges.

Im Herbst 1930 nahm Major Model auch an der Leitung einer großen Rahmenübung in Thüringen teil, die der bald darauf ausscheidende Chef der Heeresleitung Generaloberst Heye abhielt. Model mußte die Schlußkritik entwerfen, die Heye in Gegenwart des Reichspräsidenten Feldmarschall v. Hindenburg und des Reichswehrministers Generalleutnant a. D. Groener hielt. Der greise Reichspräsident mag sich dessen erinnert haben, daß der Major vom Truppenamt einmal Ordonnanzoffizier in der dritten OHL gewesen war.

Für die Zeit vom 20. 8. bis zum 1. 10. 1931 enthält der Tageskalender Herta Models den ominösen Vermerk: „Rußlandreise". Es hat sich auch noch eine Postkarte erhalten, die Major Model aus Moskau an seinen Bruder Otto schrieb. Die Niederschrift Models über seine Eindrücke in der Sowjetunion ist mit seinen Papieren auf seinen Befehl hin 1945 in Dresden vernichtet worden.

Die „Rußlandreisen" deutscher Generalstabsoffiziere gehörten in diesen Jahren zum Programm der geheimen Beziehungen zwischen Reichswehr und Roter Armee. Ihnen entsprach die Teilnahme sowjetischer Generalstäbler an Ausbildungskursen und auch an Übungen in Deutschland. In Rußland unterhielt die Reichswehr eine – verbotene – Jagdfliegerschule im Badeort Lipezk bei Charkow und an der Kama bei Kasan eine Kampfwagen-Ausbildungs- und Erprobungsstätte. Was und wieviel Model damals davon zu sehen bekommen hat, können wir nicht mehr sagen. Verschlossen, wie er nun einmal war, liebte er es nicht, über derartige militärische Fragen, zumal wenn es um Geheimsachen ging, ein Wort zu verlieren. Es ist auch kein Wort von ihm überliefert, das sich auf frühere Eindrücke im Sowjetreich bezog, als er selbst 1941 gegen die sowjetrussische Armee Krieg führen mußte.

Models Dienstjahre im Truppenamt standen unter den Zeichen der Wirtschaftskrise in Deutschland, der Massenarbeitslosigkeit, des Anschwellens radikaler Bewegungen auf der Rechten wie auf der Linken, bei den Nationalsozialisten wie bei den Kommunisten. In einem Brief an seine Schwiegermutter schrieb Model am 5. 8. 1930: „Wichtig ist, daß der Staat mit immer fester werdender Autorität jede Entgleisung ins Radikale verhindern kann." Das war noch ganz im Sinne des halbautoritären Regimes des Reichskanzlers Brüning gedacht, den der Chef des Ministeramtes im Reichswehrministerium, Oberst v. Schleicher, dem Reichspräsidenten als Regierungschef empfohlen hatte und der sich mühte, durch Notverordnungen die Krise zu bannen. Die kleine Reichswehr mit dem Minister General Groener und Oberst v. Schleicher an der Spitze, bildete jetzt den Rückhalt der Regierung. Angesichts der allgemeinen Not und Verelendung wurde es üblich, daß die Berliner Offiziersfamilien „ständige Mittagsgäste" in ihre Häuser nahmen. Bei Models war dies seit dem November 1931 ein verarmter Zeichner, Herr v. Myschinski, der erwerbslos war. Model scheint im Winter 1931/32 auch die Überzeugung gehabt zu haben, die evangelische Kirche müsse mehr für das allgemeine Wohl von Staat und Nation tun. Im März 1932 schrieb er seiner Schwiegermutter, die Kirche müsse „mehr Dampf aufmachen". Er wolle einmal mit Niemöller reden. Pastor Niemöller war inzwischen nach Berlin versetzt worden und im Hause Model stets gern gesehen.

Im Reichswehrministerium, insbesondere im Ministeramt und beim Chef der Heeresleitung – seit 1931 General der Infanterie

Freiherr v. Hammerstein-Equord – machte man sich seit 1930 Gedanken darüber, was geschehen würde, wenn kommunistische Aufstände ausbrächen, mit denen die Schutzpolizei der Länder nicht fertig werden könnte und Polen solche Gelegenheit benutzen würde, um Gebietsansprüche, die selbst die Sieger in Versailles nicht berücksichtigt hatten, in Oberschlesien und Ostpreußen mit Gewalt durchzusetzen. Der Reichswehrminister Gen. a. D. Groener und der Ministeramtschef Generalmajor v. Schleicher überlegten sich auch, wie man die ob der Arbeitslosigkeit verzweifelnde Jugend für den Wehrgedanken gewinnen und wie man die in den großen paramilitärischen Verbänden organisierten Gruppen für die Reichsverteidigung nutzen könne. All diese Überlegungen mündeten 1932 in den Versuch, eine Reichsstelle für „Jugendertüchtigung" zu schaffen. General v. Schleicher hatte inzwischen das Kabinett Brüning-Groener desavouiert und in Franz v. Papen, einem katholisch-konservativen Aristokraten, dem alten Feldmarschall-Reichspräsidenten einen neuen Kanzler empfohlen. Er selbst schied aus dem aktiven Dienst und übernahm das Reichswehrministerium, die Schlüsselposition in der neuen autoritären Regierung.

Schleicher verwirklichte die lange ventilierten Pläne, die Jugend wieder an den Wehrdienst heranzuführen und sozusagen auf kaltem, sorgfältig offiziell getarntem Weg die Formationen der sogenannten „Wehrverbände" unter Kontrolle zu bringen. Mit dem 13. 9. 1932 nahm das neugegründete „Reichskuratorium für Jugendertüchtigung", das nach außen der Dienstaufsicht des Reichsinnenministeriums unterstellt wurde, seine Tätigkeit auf. Präsident des Kuratoriums wurde der General der Infanterie a. D. Edwin v. Stülpnagel, bis Ende 1931 Befehlshaber im Wehrkreis IV in Sachsen. Rund fünfzig aktive Offiziere sollten ihm zur Verfügung gestellt werden. Edwin v. Stülpnagel war ein begeisterter Soldat, den die Tagespolitik der Herren v. Papen und v. Schleicher wenig kümmerte, den aber die Aufgabe hinriß, weiterhin für die Reichsverteidigung wirken zu können.

Als Chef des Stabes des Reichskuratoriums, eine Stelle, für die ein hochqualifizierter und politisch möglichst wenig engagierter

Generalstabsoffizier benötigt wurde, wählte er sich den Major Model von der T 4. Er kannte Model aus Danzig und wußte, daß dieser innerlich vollkommen souveräne Mann, der in Danzig vermutlich auch manche Reiberei mit den Leuten vom A. u. S.-Rat mit Anstand und Festigkeit bestanden hatte, ganz der rechte Stabschef war, um gegenüber den sehr verschieden gearteten, zum Teil schroff antirepublikanischen Wehrverbänden die gemeinsame Sache der Reichsverteidigung nach außen wie nach innen durchzusetzen.

Model, der 1932 Oberstleutnant wurde, nahm die Aufgabe offensichtlich mit der gleichen Begeisterung auf wie der General-Präsident des Kuratoriums, zumal ihm Stülpnagel als Chef des Stabes völlig freie Hand ließ.

Die Stärkung des bestehenden Staates, an dessen Spitze Generalfeldmarschall v. Hindenburg stand, lag ihnen beiden am Herzen. Im übrigen waren hier zwei perfekt unpolitische Soldaten vor hochpolitische Aufgaben gestellt worden. Der „Geländesport" – von Wehrsport konnte offiziell nicht die Rede sein –, den sie organisieren sollten, stieß bei dem national-konservativen „Stahlhelm Bund der Frontsoldaten" und dem ihm angegliederten „Jungstahlhelm", bei den Marinebünden, beim demokratischen „Jungdeutschen Orden" auf die stärkste Resonanz. Die Organisation des „Reichsbanners", mit ihren militanten „Schutzformationen" Repräsentantin demokratisch-sozialistischer Kräfte, verhielt sich zunächst nicht völlig ablehnend, vor allem was den Reichsbannerführer Höltermann betraf. Die größte Sorge bereiteten die rund 400 000 Mann zählenden „Sturmabteilungen (SA)" und „Schutzstaffeln (SS)" Hitlers, des „Führers" der nationalsozialistischen Bewegung. Ihr Wehrwille war unbestritten, nicht minder unbestritten war die Abneigung Hitlers, der Republik von Weimar auch nur einen Mann zur Verfügung zu stellen, und das Mißtrauen des Stabschefs der SA, des bayrischen Hauptmanns i. G. a. D. Ernst Röhm gegen jede Kontrolle seiner Parteimilizen durch die Reichswehrführung. Einer der Mitarbeiter des Reichskuratoriums, Oblt. a. D. Dr. Boysen, gewann die Überzeugung, Model sei aufgrund der ewigen Schwierigkeiten mit der SA-Führung damals zum Gegner der NSDAP geworden. Fraglos aber gab es für Offiziere vom Schlage Models zwei verschiedene Probleme, als der „Führer" der NSDAP, Adolf Hitler vom alten Feldmarschall-Präsidenten 1932 zum Reichskanzler berufen wurde – das Verhältnis zum neuen Regierungschef, und das Verhältnis zur neuen herrschenden Partei.

Jedenfalls ging der Oberstleutnant i. G. Model mit der ihm eigenen ungeheuren Arbeitskraft und Energie an die Aufgabe, den „Geländesport" in Form zu bringen. Es sei höchste Zeit, schrieb er der Schwiegermutter im November 1933, der Jugend wieder eine befriedigende Tätigkeit zu geben. Frau und Kinder müßten sich jetzt mit „dem späteren Pensionär" begnügen. Im Reichskuratorium übernahm der ehemalige General Geim das Pressereferat. Die Leitung des gesamten Ausbildungswesens erhielt der ehemalige Oberstleutnant Griepenkerl. Über Leitstellen, sogenannte „Zwischenstellen", die überwiegend ehemaligen Generalen anvertraut wurden, schuf Model ein Netz von „Ausbildungslagern". Die Wehrbünde benannten die Kandidaten für die drei bis acht Wochen dauernden Kurse – Bewegung im Gelände, Kartenlesen, Marschübungen, Kleinkaliberschießen. Die Kursleiter waren abkommandierte aktive Offiziere und Unteroffiziere des Reichsheeres, verabschiedete Reichswehrangehörige oder frühere Offiziere.

Im Dezember 1932 stellte Schleichers Abwehrchef, Oberst v. Bredow, fest, das Ganze lasse sich recht gut an. Allerdings bekam der Reichsbannerführer Höltermann, der sich gegenüber dem Kuratorium positiv eingestellt hatte, Schwierigkeiten mit der SPD-Führung. Und beim Stabschef der SA war man nach wie vor mißtrauisch. Schließlich hatte noch das Kabinett Brüning-Groener im April 1932 die gesamte SA und SS verboten, eine Maßnahme, die dann die Regierung Papen-Schleicher wieder rückgängig gemacht hatte. Aber auf unterer und mittlerer Ebene gelang auch hier in unterschiedlichem Ausmaß eine Kooperation. Von bedingungslosem Gehorsam gegenüber Hitler war im damaligen SA-Führerkorps keine Rede. Vom Chef des Stabes im Reichskuratorium sind keinerlei Äußerungen über all diese heiklen Fragen überliefert. Vermutlich kümmerte er sich seinem Naturell nach wenig um die verschlungene Tagespolitik, sondern setzte seine ganze Kraft für die Erfüllung der ihm gestellten Aufgabe im Dienst der Verteidigung von Reich und Nation ein – eine Aufgabe, die unermüdlichen Einsatz erforderte.

Am 30. Januar 1933 berief der Reichspräsident Generalfeldmarschall v. Hindenburg, der Verfassung nach Oberbefehlshaber der bewaffneten Macht, nach langem Widerstreben den Chef der stärksten Partei im Reichstag, Adolf Hitler, zum Reichskanzler. Die Situation für das Reichskuratorium komplizierte sich. Die SA, die zum Teil auch als „Hilfspolizei" gegen Gegner des neuen Regimes eingesetzt wurde, erlangte eine ungeahnte Bedeutung. Nach den Vorstellungen Röhms und vieler hoher SA-Führer, oft ehemaliger im Zivilleben gescheiterter Frontoffiziere, mußte die SA das künftige „Volksheer" des Nationalsozialismus bilden. Demgemäß betrachtete man hier die zunächst weiterlaufende Arbeit des Reichskuratoriums mit scheelen Augen.

„Mitten in der augenblicklichen kalten Revolution", schrieb Model, immer noch Stabschef des Kuratoriums, am 22. 3. 1933 an seine Schwiegermutter, „ringen natürlich alle möglichen Richtungen und Strömungen miteinander; sie werden sich ausgleichen, wenn der veredelnde Teil stark genug bleibt . . ." Das verrät noch kühle Distanz gegenüber der Entwicklung. Aber mit dem „veredelnden Teil" war ebenso Hitler wie die Reichswehrführung gemeint. Wahrscheinlich sah Model sehr gut, aus eigenem Erleben, welch revolutionär-proletarische Kräfte sich in der SA breitmachten. Anders als er hat damals kaum ein höherer Offizier der Reichswehr gedacht, nicht der Chef der Heeresleitung Hammerstein-Equord, nicht der Kommandeur der 1. Kavalleriedivision, General Beck, noch der neu ernannte Reichswehrminister General v. Blomberg und sein Stabschef im Ministeramt, das in „Wehrmachtamt" umgetauft wurde, Oberst v. Reichenau. Die Parole war: Kaltes Warten, im übrigen war dieser Hitler nun einmal Regierungschef geworden. Model kannte ihn nicht, sollte ihn erst fünf Jahre später persönlich von nicht sehr angenehmer Seite erleben.

Im Frühjahr 1933 starb ganz plötzlich General Edwin v. Stülpnagel an einer Embolie nach einer Beinoperation. Model verlor in ihm nicht nur seinen Quasi-Oberbefehlshaber, sondern auch einen Freund und Gönner. Er trug selbst das Ordenskissen bei der Beisetzung. Ein Nachfolger für den Präsidenten des Reichskuratoriums, dieser Schöpfung des nunmehr in Acht und Bann getanen Generals v. Schleicher, der den letzten Reichskanzler vor Hitler abgegeben hatte, um dessen Machtübernahme zu vereiteln, wurde nicht bestellt. Trotzdem lief die Arbeit noch weiter. Dienstlich wurde das neugegründete Reichserziehungsministerium eingeschaltet, die Aufsicht in militärischen Dingen blieb inoffiziell beim Reichswehrministerium, in praxi bei der T 4 und damit bei deren abkommandiertem Oberstleutnant i. G. Model. Schon der äußeren Erscheinung nach, in Haltung und bisweilen überspitzt selbstbewußtem Auftreten mit dem Einglas im kaltblickenden Auge, konnte dieser Reichswehroffizier auch recht hochmütig wirken. Auf die rüden Berliner SA-Führer, eine Mischung von Landsknechten und Kriminellen, muß er provozierend gewirkt haben, obwohl er geschickt genug war, offene Zusammenstöße zu vermeiden. Letzthin brauchte er auch diese Typen für den guten Zweck!

Aber schließlich obsiegte, wie zu erwarten war, der „Chef Ausbildungswesen" der SA, SA-Gruppenführer Jüttner. Das Reichskuratorium wurde aufgelöst. Oberstleutnant Model, bisher Stabschef der unbeliebt gewordenen Organisation, wurde Anfang November 1933 als Bataillonskommandeur zum Infanterieregiment Nr. 2 nach Allenstein versetzt. Im Zusammenhang mit dem im Herbst 1933 stattfindenden großen Revirement in höheren Führungsstellen der Reichswehr und im Hinblick auf das Bestreben Oberst v. Reichenaus, des neuen Chefs des Wehrmachtamtes wie des Chefs des Heerespersonalamtes, General v. Schwedler, unter dem Regime Papen-Schleicher besonders exponierte Offiziere aus Berlin zu entfernen, um sie vor Weiterungen zu bewahren, läßt sich die Versetzung auf einen Routineposten im fernen Ostpreußen wohl auch als Vorsichtsmaßnahme deuten. Noch war der Streit um die neue Armee zwischen SA und Reichswehr keineswegs entschieden.

Oberstleutnant Model erhielt das II. Bataillon des I. R. 2. Der Regimentskommandeur Oberst Kühne war nicht sehr glücklich über die Neuerwerbung aus Berlin. Er glaubte eine gewisse „gefühlsmäßige Hinneigung" zum Nationalsozialismus bei Model konstatieren zu müssen, die Kühne gar nicht paßte. Als mit dem 1. 2. 1934 General v. Hammerstein-Equord die Heeresleitung abgab und durch General der Artillerie Freiherrn v. Fritsch ersetzt wurde, ergab sich im Gespräch, daß der Kommandeur Hammersteins Abgang für eine „Beseitigung" hielt. Hammerstein-Equord, ein enger Freund Schleichers, hatte für einen Gegner des Nationalsozialismus gegolten. Model, der die Berliner Verhältnisse und Hammerstein-Equords heftige Abneigung gegen Schreibtischarbeit besser kannte als Kühne, fand den Wechsel in der Heeresleitung ausgezeichnet. Jetzt ging es um die Aufstockung der Armee, und v. Fritsch selbst bekannte später in einer Niederschrift, sein Vorgänger habe praktisch nie etwas getan.

Oberst Kühne war offensichtlich auch das Tempo unheimlich, das sein neuer Bataillonskommandeur im Dienst entwickelte. Beim Einkauf von Pferden beim Grafen Lehndorff-Steinort erklärte Model brüsk, er müsse sich Vollblüter anschaffen, damit er auf dem Truppenübungsplatz schneller von einer Kompanie zur andern komme. In der Familie war sein Lieblingsspruch bei allen möglichen Anlässen berühmt: „Läßt sich das nicht beschleunigen?"

Immerhin – der Ausbau des Heeres ging 1934 seinen Weg. Oberst Kühne erhielt eine sogenannte „Heeresdienststelle", einen der vielen neuen Rahmenverbände, Model, zum Obersten befördert, übernahm das Regiment 2. Damit kam ein frischer Wind in den wohl ein wenig in Routine erstarrten Dienstbetrieb der ostpreußischen Garnison. Seine Leutnants schmiedeten nach einer höchst schweißtreibenden Übung auf dem Truppenübungsplatz Arys folgende Verse auf ihren Kommandeur: „... Wir solln vor Frische uns gar überschlagen – Und alle müden Schläfer macht er wach ..." Der Chef der 14. (Panzerjäger-)Kompanie des Regiments, Hauptmann Erich Reuter, der seit den Allensteiner Tagen zum Bewunderer Models wurde, kam auf die Idee, in den heißen ostpreußischen Sommern den Dienst einschließlich Geschützexerzieren an den Ostseestrand zu verlegen und als Anzug „Badehose" zu befehlen. So etwas gefiel dem inspizierenden Regimentskommandeur, er zog sich gleich selbst die Badehose an und nahm an dem ganzen fröhlichen Betrieb teil.

Von den großen Ereignissen des Jahres 1934, der Bartholomäusnacht des „Dritten Reiches", dem 30. Juni 1934, der blutigen Auseinandersetzung mit dem alten SA-Führerkorps und der Ermordung der ehemaligen Generale v. Schleicher und v. Bredow, dem Tod Hindenburgs und der Selbsternennung Hitlers zum „Führer und Reichskanzler" (und damit zum Obersten Befehlshaber der Wehrmacht) findet sich keine Spur mehr in der Hinterlassenschaft Models. Da Hitler sich damals zunächst auf die Zwei-Säulen-Theorie von Wehrmacht und Partei im Staat festlegte, die dem Konzept der Generale v. Blomberg und v. Fritsch – Reichswehrminister und Chef der Heeresleitung – entsprach, ist nicht anzunehmen, daß einen so sehr dem Tag und dem Dienst ergebenen Regimentskommandeur wie Model sonderliche Bedenken angewandelt haben.

Daß er sich seine Eigenständigkeit voll bewahrte, daß er in Fällen, in denen es ihm ernst war, nicht danach fragte, ob dieser oder jener Schritt der herrschenden Partei passe oder nicht, lehrt die Tatsache, daß er seinem alten Chef aus Kreuznach, General Ludendorff, zu dessen 70. Geburtstag am 12. 4. 1935 ein Glückwunschtelegramm sandte. Ludendorff war inzwischen ein konsequenter Gegner des neuen „Führers" und Reichskanzlers geworden und hatte dessen Angebot, er wolle ihn zum Generalfeldmarschall ernennen, mit der Bemerkung abgelehnt, von einem Gefreiten lasse er sich nicht zum Feldmarschall befördern.

Ludendorff sandte Model folgendes Brieftelegramm: „Mein herzlicher Wunsch ist, daß alle Kameraden erkennen, wohin heute mein Streben geht, und zwar mein Streben seit dem Weltkrieg, ein geschlossenes Volk hinter die Wehrmacht zu stellen. Es lebe die Freiheit! gez. Ludendorff."

Die beiden Allensteiner Jahre zwischen dem November 1933

und dem 15. 10. 1935 waren sicher eine glückliche Zeit in dem turbulenten Leben dieses Soldaten – einem Leben, dem nur noch ein Jahrzehnt bestimmt war. In Allenstein konnte er wieder Hunde halten, was ein tierfeindlicher Hauswirt eine Zeitlang unterbunden hatte. Er konnte seine reiterliche Passion ausleben. Im Herbst ließ er keine Parforcejagd aus, und er hielt darauf, daß auch das Offizierkorps sich auf dem Pferderücken tummelte, obwohl dem Regiment nun schon motorisierte Einheiten wie die Panzerjägerkompanie angehörten. Wer sein Herz bei der Jagd nicht über die Hürde werfen konnte, wer mit seinem Pferd nicht fertig wurde, konnte sicher auch mit der ihm anvertrauten Mannschaft nicht fertig werden und besaß im Ernstfall keinen Schneid – das war wohl sein Credo.

Die zahlreichen Güter in der Umgebung von Allenstein boten Gelegenheit zur Jagd. Die Besitzer luden den Allensteiner Regimentskommandeur gern ein. Bisweilen begleitete Frau Model ihren Mann auf der Frühpirsch. Aber Models Temperament, die bisweilen verzehrende Ungeduld und Unrast, die ihn erfüllte, spielten ihm auf der Jagd – wie in der Menschenbehandlung – manchen Streich. War ihm ein guter Rehbock freigegeben, so hielt es ihn manchmal nicht auf dem Ansitz. Der verfluchte Bock kam ja nicht. Model wurde dann wütend: So viel Zeit habe er nicht. Und ging davon, zum Dienst. Und dann trat der Bock aus – und möglicherweise schoß ihn ein anderer.

Die nächste Station in der militärischen Laufbahn wäre vermutlich in normalen Zeiten die Stelle eines 1. Generalstabsoffiziers (Ia) bei einer Division oder einem Korps gewesen. Doch die Ära der Heeresvermehrung war kaum mehr als normal zu bezeichnen. Für den Ia einer Division kam Model der Rangliste nach als Oberst nicht mehr in Frage. Er erhielt eine völlig andersgeartete, neuartige Verwendung im Generalstab des Heeres, für die kein Vorbild existierte.

Im März 1935 hatte Hitler die Wehrfreiheit und die Wiedereinführung der allgemeinen Wehrpflicht proklamiert. Der Reichswehrminister v. Blomberg verwandelte sich in den Reichskriegsminister und wurde in der Folge zum Generalfeld-

marschall ernannt. Der Chef der Heeresleitung, General d.
Art. v. Fritsch, wurde Oberbefehlshaber des Heeres, eines der
Wehrmachtsteile neben der Kriegsmarine und der verselbstän-
digten Luftwaffe. Aus dem Chef des Truppenamtes, seit dem
Herbst 1933 der Model aus Münsterschen Zeiten wohl bekann-
te General d. Art. Ludwig Beck, wurde der Chef des General-
stabes des Heeres. Dem Ressort nach stand der legendenum-
wobene Generalstabschef jetzt an vierter Stelle unter dem
Reichskriegsminister, dessen Stabschef im Wehrmachtamt und
dem Oberbefehlshaber des Heeres. Beck, der sich als Hüter des
Erbes von Moltke und Schlieffen betrachtete, fiel es schwer, diese
Untergliederung zu realisieren.

General d. Art. Beck hatte die Idee, im neuen Generalstab
eine besondere Abteilung zum Studium der strategischen Möglichkeiten in zukünftigen Kriegen einzurichten, die völlig vom
Alltagsbetrieb abgesetzt arbeiten sollte. Zu solcher Aufgabe gehörte, als Basis, natürlich auch die Untersuchung technischer
Neuentwicklungen im Ausland wie im Inland. Militärtechnische
Studien waren jedoch keineswegs die spezifische Aufgabe dieser
völlig neuen 8. Abteilung unter den zwölf in Anschlag ge-
nommenen Sektionen des Heeres-Generalstabes, obwohl sie
offiziell als „Technische" Abteilung galt. Formal sollte die 8.
Abteilung, zusammen mit der traditionell vornehmsten und
wichtigsten, der Operationsabteilung, dem Oberquartiermeister I unterstellt werden, zunächst 1935/36 Generalleutnant v.
Wietersheim, dann ab Oktober 1936 Generalleutnant Fritz-
Erich v. Lewinski gen. v. Manstein. Beck schätzte jedoch den
direkten vortragsweisen und persönlichen Umgang mit seinen
Abteilungschefs sehr hoch, so daß das Unterstellungsverhältnis
nur relativ zu bemessen ist.

Oberst i. G. Friedrich Hossbach, seit Juli 1935 Chef der Zentralabteilung des Generalstabes – gleichzeitig Militäradjutant
bei Hitler –, dem die Bearbeitung der Personalien aller Generalstabsoffiziere unterstand, schlug den Allensteiner Regimentskommandeur Oberst Model als Leiter der 8. Abteilung vor.
Er hatte, während der Teilnahme an einem „Führergehilfen-
lehrgang" in Münster, Model zum erstenmal als Stabsoffizier

beim Artillerieführer VI erlebt – gleich General Beck. In der Bearbeitung von „Führergehilfenpersonalien" wohl bewandert, war ihm natürlich Models Dienstauffassung und Models kriegsgeschichtliche Arbeiten und Lehrtätigkeit bekannt. Er hielt ihn für einen wachen, neuen Entwicklungen gegenüber höchst aufgeschlossenen Kopf. Hossbach betont heute, daß seine Vorgesetzten, die Generale v. Fritsch, Beck und auch Wietersheim, seinen Vorschlag akzeptiert hätten – mit Recht. So wurde Oberst Model am 15. Oktober 1935 zum Chef der 8. Abteilung im Generalstab des Heeres ernannt – einer Studienstelle, die einen kontemplativen Denker verlangte.

Hossbach vertraute auf Models Phantasie. Einbildungskraft besaß dieser auf dem militärischen Sektor fraglos in außerordentlichem Maß. Die Frage war nur, wie er dieselbe als Abteilungschef anwenden würde. Für die Rolle eines Militärweisen war er nicht geboren. Model besaß überhaupt keinen Sinn für technische Details. So brillant er als Reiter war, so miserabel fuhr er Auto. (Der Führerschein gehörte natürlich zum Repertoire des Reichswehroffiziers.) Aber im Gegensatz zu vielen Offizieren des Beckschen Generalstabes, besaß er geradezu einen sechsten Sinn für technische Möglichkeiten – wie für die generelle Bedeutung der Technik im modernen Krieg, für den schlachtentscheidenden Einsatz von gepanzerten, durch Funk zu führenden Großverbänden, für die Verwendung von Fallschirm- oder Luftlandetruppen, für die Nutzung der Luftwaffe. Deren Bedeutung sah er freilich nicht im strategischen Einsatz, sondern betrachtete sie im wesentlichen als taktische Hilfswaffe des Heeres, quasi als fliegende Artillerie.

Manstein, der zweite, höchst aristokratische Oberquartiermeister I, dem die 8. Abteilung unterstellt war, hat später in seinen Erinnerungen gemeint, Model habe „als Hecht im Karpfenteich der Ämter des Ministeriums" recht nützlich gewirkt. Model lag ihm nicht besonders. Mit diesem Urteil jedoch charakterisierte er die Tatsache, daß der Chef der 8. Abteilung seine Aufgabe nicht darin sah, sich tiefgründigen Studien theoretischer Natur weit ab vom Alltagsgetümmel hinzugeben, sondern sich mitten in den Alltag zu stürzen und technische Neuentwicklungen voranzutreiben. Die Voraussetzungen dafür allerdings studierte er höchst intensiv. Manstein registrierte seinen Ideenreichtum, die Fülle von Anregungen, die allerdings oft nicht zu verwirklichen waren.

Die 8. (Techn.) Abteilung, deren Chef im März 1938 zum Generalmajor befördert wurde, verfügte über einen winzigen Mitarbeiterstab: den Hauptmann i. G. Hans Röttiger, einen tatsächlich ein wenig philosophisch angehauchten Kopf, einen gründlichen Denker, und den ebenso fleißigen wie schüchternen, reaktivierten Hauptmann (E) Guderian, einen Bruder jenes Generals, der damals zum Schöpfer der deutschen Panzerwaffe geworden war. Röttiger hatten Skeptiker prophezeit, nach sechs Wochen Umgang mit dem wilden Model werde er – so Röttiger selbst – „auf der Decke liegen". Aber bei aller Bedachtsamkeit war Röttiger ein charakterfester Mann – und solche Eigenschaft honorierte der für seine Rasanz bereits berüchtigt gewordene Model. Außerdem konnte gerade dieser Abteilungschef schwerlich ohne einen besonnenen ersten Mitarbeiter auskommen, ebensowenig ohne eine „Arbeitsbiene", wie man den Hauptmann Guderian spöttisch nannte. Glücklicherweise liebte Model häusliche Geselligkeit, und so bat er die Hauptleute Röttiger und Guderian auch mit ihren Damen zu Gast in die neue Wohnung in der Theklastraße 9 in Berlin-Lichterfelde, wo seine Frau abermals ihr Talent an den Tag legen konnte, dienstliche Schroffheit ihres Gemahls mit ihrem Charme zu glätten. Röttiger, nach 1945 der erste Heeresinspekteur der Bundeswehr, hat Model niemals dessen Eigentümlichkeiten im Dienst nachgetragen. Eher war das Gegenteil der Fall.

In der Sicht Models war die Hauptaufgabe der 8. Abteilung das Studium der ausländischen Rüstung und die theoretische Entwicklung neuer oder die Förderung bereits vorhandener eigener Waffenentwicklungen, in Zusammenarbeit mit den Inspektionen der Infanterie, Artillerie und der schnellen Waffen und dem übergeordneten Heereswaffenamt unter General der Artillerie Prof. Dr. h. c. Becker. Model traf hier Bekannte aus der Görlitzer Zeit wieder. Oberst Jaschke war inzwischen Chef des Stabes der Infanterieinspektion geworden. Jaschke notierte die schier übersprudelnde Fülle von Anregungen. Model wollte in seiner Ungeduld am liebsten jede Idee sofort verwirklicht sehen.

Eine seiner wertvollsten Anregungen war die Konstruktion eines motorisierten, gepanzerten Infanteriebegleitgeschützes anstelle der pferdebespannten Begleitartillerie des Ersten Weltkrieges. Jaschke erlebte, wie Model selbst solch „Sturmgeschütz" skizzierte, niedrig, beweglich, schwer bestückt, vorn stark gepanzert. Oberstleutnant Beißwänger, damals bei der Artillerieinspektion Bearbeiter für Optik, Meßwesen und Wetterkunde, bezeugt das gleiche. Die „Sturmartillerie" des Zweiten Weltkrieges wurde konzipiert. Der Oberquartiermeister I, General v. Manstein, begriff den Wert solcher Neukonstruktion sofort und förderte das neue „Sturmgeschütz", um dessen Unterstellung sich dann alle Waffengattungen stritten, Artillerie, Infanterie und die neue Panzerwaffe.

Model machte sich ferner zum Fürsprecher der Ideen General Guderians über die schlachtentscheidende Rolle der in Großverbänden einzusetzenden Panzerwaffe in einem etwaigen neuen Krieg. Guderians engster Mitarbeiter General Nehring bestätigte dies ausdrücklich in seiner Geschichte der deutschen Panzerwaffe. Damit freilich kollidierte Model – quasi hinter den Kulissen – mit den Vorstellungen seines höchsten Chefs, General Beck, der solchen Überlegungen weit skeptischer gegenüberstand, schon deshalb, weil er prinzipiell nur in den Konzeptionen eines Verteidigungsfalles dachte. Die Panzerenthusiasten von Guderian über Nehring bis zu Model dachten offensiv – ohne jegliche politische Konklusionen, als Soldaten. Sie hatten gelernt, daß der Angriff noch immer die beste Parade sei.

Wie stets im Dienst kannte der Chef der 8. Abteilung keine Scheu. Er mußte des öfteren mit Vertretern der Rüstungsindustrie konferieren. Bei der derzeit weltberühmten Firma Rheinmetall ließ er sich durch Direktor Romberg das Holzmodell einer projektierten 24 cm-Kanone mit Motorzug vorführen. Das artilleristische Ungetüm wurde auf sieben Lastern transportiert. Generalmajor Model, kalt mit seinem Monokel funkelnd, zu Direktor Romberg: Wie lange brauche man, um vom Fahrgestell zur Feuerbereitschaft zu gelangen? – Direktor Romberg: Das wisse man noch nicht, vielleicht drei bis vier Stunden. – Model: Viel zu lange, können wir nicht brauchen! Der anwesende Vertreter der Artillerieinspektion, Oberstleutnant Beißwänger, protestierte recht unangenehm berührt: Das Urteil müsse doch seiner Inspektion und dem Heereswaffenamt überlassen bleiben! General Model verließ brummend die Szene.

Das Jahr 1937 wurde für die 8. Abteilung des Generalstabes und ihren Chef ein besonders spannendes Jahr. Das erste – und einzige – große Wehrmachtsmanöver fand in Mecklenburg statt. Im Rahmen dieser, um mit Hitler zu sprechen, gigantischen Übung wurde der Versuch unternommen, durch von der Straße weg requirierte Last- und Personenkraftwagen ein Reserve-Kraftwagentransportregiment zusammenzustellen. Mittels des so zusammengerafften Kraftwagen-Großtransportraums sollte eine ganze Division – ohne deren motorisierte, jedoch mit sämtlichen pferdebespannten Einheiten – verlastet und über weite Räume in den projektierten Einsatzraum gebracht werden. Solche Versuche faszinierten Model. Er war Tag und Nacht auf den Beinen, um das Gelingen zu kontrollieren – mit einigem Ach und Krach wurde das Vorhaben tatsächlich einigermaßen realisiert.

Nachdem das Wehrmachtmanöver im September 1937, zu dem auch der italienische Staatschef Mussolini erschien, überstanden war, wartete auf Generalmajor Model eine andere Aufgabe, die ihm als Experten für militärtechnische Entwicklungen sozusagen auf den Leib geschnitten war. „Walter verreist", so notierte Frau Model im Tageskalender für die Zeit vom 24. 11. bis zum 13. 12. 1937.

Ihr Mann war für eine strikt geheime Studienreise nach Spanien abkommandiert. In Spanien waren im 1936 ausgebrochenen Bürgerkrieg zwischen Weiß und Rot neben umfangreichen italienischen Freiwilligenverbänden deutsche Lehr- und Versuchsverbände von Heer und Luftwaffe im Kampf gegen die rotspanische Regierung eingesetzt. Für den Chef der 8. Abtei-

lung war es wichtig, die Erfahrungen des deutschen Lehr- und Versuchspersonals und die Wirkung der Spanien zur Verfügung gestellten Waffen kennenzulernen. Wieder fehlt ein möglicherweise abgefaßter Bericht Models. Doch in Avila, im Hotel „Italia" traf ihn der Kompaniechef einer Offizieranwärterkompanie aus Spaniern, Oberleutnant v. Knobloch. Knobloch war höchst beeindruckt von dem Abteilungschef, der aus Berlin gekommen war. Er erzählte, wie seine spanischen, sehr braven Fähnriche rasend schnell lernten und sehr bald alles Gelernte wieder vergaßen. Die Caballeros von Spanien griffen an – wozu brauchten sie viel Taktik und Gefechtslehre? Was geschah in der Familie, wenn der Herr des Hauses plötzlich gen Spanien fuhr? Herta Model hat das so beschrieben: „Mein Mann fuhr eben dienstlich ab, nach Spanien. Fragen gab es nicht!" Und wenn er zurückkam? Herta Model: „Dann war er wieder da!" Die Dienstreise war geheim. Auf neugierige Fragen von irgendwelcher Seite hätte dieser Generalstäbler pur sang vermutlich kalt gesagt: Kann ich nicht beantworten – Geht Sie nichts an!! Model liebte sowieso keine großen Reden. Von Politik, das bezeugen die Damen Model und Jaschke, die beide gut befreundet waren in alter Zeit, wurde auf Gesellschaften oder im engsten Familienkreis bei Models nie gesprochen. Mit einer Ausnahme: dem Kirchenkampf. Model war mit Pastor Niemöller gut befreundet. Er hielt auf steten Besuch des Gottesdienstes am Sonntag, selbstverständlich in voller Uniform und nicht minder selbstverständlich keineswegs bei einem Pfarrer, der sich den pronationalsozialistischen „Deutschen Christen" verschrieben hatte. Der Feldmarschall Model blieb ein vielleicht ganz ursprünglich einfältiger, herzensfrommer lutherischer Christ. Pastor Niemöller hatte inzwischen, aus Protest gegen die hitlerhörige Politisierung der evangelischen Kirche, die Notgemeinschaft evangelischer Pfarrer gegründet, die Urzelle der „bekennenden Kirche".
Das alles ist auch im Hause Model erörtert worden, sogar am Familientisch. Schließlich war der Feldmarschall Sohn, Enkel und Urenkel evangelischer Kantoren.
1937 wurde Pastor Niemöller wegen staatsfeindlicher Um-

triebe in Berlin-Dahlem verhaftet. Erst 1945 wurde er aus der Haft im Konzentrationslager befreit. Es hat sich ein Privatbrief Models von 3. August 1937 erhalten, in dem es zum Kirchenstreit heißt: „Personenstreit und kleinliche Lösungen lehne ich und viele meiner kirchlich eingestellten Kameraden ab. Alte Verdienste sagen nicht alles; man kann sich verrennen, siehe Niemöller, den ich nicht verstehe. Im übrigen ist das Heer auf Hitler vereidigt, ich muß es deshalb als aktiver Offizier grundsätzlich ablehnen, mich in Kirchenfragen zu mischen..." Der Brief ist nicht uninteressant. Vom „Führer" ist nicht die Rede, nur von „Hitler". Aktives Eingreifen in die Kirchenpolitik lehnt der Briefschreiber ab, wohl auch, weil ihm das ganze Terrain unbekannt war. Martin Niemöller, der ins Konzentrationslager verbrachte Taufpastor seiner drei Kinder, hat damals wohl gehofft, Model könne und würde sich als höherer Generalstabsoffizier für ihn einsetzen. Was aber konnte ein Abteilungschef im Generalstab, noch dazu Leiter einer der kleinsten Abteilungen, in jener Zeit in solcher Sache wirklich tun? Nichts! Niemöller hat ihm indes diese Untätigkeit nie verziehen. Die Verbindung riß ab.

Den ganzen Winter 1937/38 und die Monate bis zum Herbst 1938 beschäftigte den Chef der 8. Abteilung im Generalstab ein Sonderproblem: Er sollte die Entwicklung des schweren Mörsers 13 vorantreiben und die Verhältnisse an den sehr gut ausgebauten Bunkerlinien der Tschechoslowakei studieren. Mit dem Mörser wollte Hitler die tschechische Grenzverteidigung aufbrechen. Das alles hing zusammen mit der zum ersten Mal am 5. 11. 1937 gegenüber den Oberbefehlshabern der drei Wehrmachtsteile, Heer, Marine und Luftwaffe, phantastischflüchtig skizzierten Absicht Hitlers, den 1918 von den Siegern eingesegneten Vielvölkerstaat der Tschechen, Sudetendeutschen, Slowaken, Ungarn und Ruthenen in der tiefen Südostflanke des Reiches zu zerschlagen.

Wie Model geartet war, konzentrierte er alle Energie auf die gestellte Aufgabe. Inzwischen verlief die politische Entwicklung ganz anders, als Hitler sie im November 1937 skizziert hatte. Der Reichskriegsminister Generalfeldmarschall v. Blomberg scheiterte Ende Januar 1938 an seiner zweiten Ehe mit einer Frau von sehr zweifelhafter Vergangenheit. Angesichts dieses Skandals schob die Geheime Staatspolizei Hitler wieder eine Akte zu, die auf Hitlers Befehl vor einigen Jahren hatte vernichtet werden sollen, die aber jetzt rekonstruiert worden war. Danach hatte sich der Oberbefehlshaber des Heeres, Generaloberst v. Fritsch, homosexueller Handlungen schuldig gemacht. Nach Blomberg schied auch Fritsch aus dem Amt. Hitler übernahm selbst den Oberbefehl über die Wehrmacht. Rund ein Dutzend älterer Generale, die alle gleich Fritsch christlich-konservativer Haltung verdächtig waren, wurden verabschiedet. Oberst Hossbach, der aus eigenem Entschluß und gegen das ausdrückliche Verbot Hitlers Fritsch vor der Intrige gewarnt hatte, wurde als Adjutant beim „Führer" abgelöst. Models unmittelbarer Vorgesetzter, der Oberquartiermeister I v. Manstein, erhielt eine Division. Sein Nachfolger, Generalleutnant Franz Halder, ehedem stellvertretender Abteilungsleiter der T 4, hielt Model zwar für sachlich sehr tüchtig, schätzte aber dessen oft brüske Manieren und seine ungeheure Betriebsamkeit wenig. Von Model ist keine Äußerung über Halder erhalten. Und dieser, vom Spätsommer 1938 bis zum 24. 9. 1942 als Nachfolger Becks Chef des Generalstabes des Heeres, hat sich immer nur sehr mürrisch und sparsam zum Fall Model vernehmen lassen.

Noch einschneidender für die dramatische Entwicklung im Jahre 1938 wurde die Beseitigung des klerikal-konservativen Regimes Schuschnigg in Österreich durch Hitler. Österreich verschwand von der Landkarte und ging als „Ostmark" im neuen, von dem Österreicher Hitler erstrebten „Großdeutschen Reich" auf.

Das Revirement in der Heeresgeneralität brachte die Beförderung General Guderians zum Inspekteur der Schnellen Truppen. Es brachte Model am 1. 3. 1938 die Beförderung zum Generalmajor. Das Tempo der Heeresvermehrung steigerte sich. Für zukünftige Armeechefs benötigte man hochqualifizierte Generalstabsoffiziere. Für manchen von ihnen vollzog sich der Aufstieg jetzt ungeheuer schnell. Unklar bleibt, was der bisherige Oberst Model von den streng geheimgehaltenen Hintergründen der Affaire Blomberg-Fritsch erfahren hat.

Im Mai 1938 traf der damalige Hauptmann im I. R. 62 in Berlin-Spandau, Dr. Helmuth Boysen, ein früherer Mitarbeiter im Reichskuratorium, den neugebackenen Generalmajor in Linz an der Donau. Model trug Zivil (was ihm nicht gut stand), sagte Boysen, niemand dürfe wissen, wer er wirklich sei, seine Mission sei geheim, gab aber zu, diese bestehe in der Erkundung der Grenzbefestigungen an der früheren tschechisch-österreichischen Grenze, der sogenannten „Schober-Linie". Boysen war gar kein Freund des NS-Regimes und sprach seinen einstigen Stabschef sofort auf die Fritsch-Krise an. Model schien betroffen zu sein. Dann bedeutete er Boysen, als junger Offizier möge sich dieser besser nicht um solche Dinge kümmern, das müsse dem höheren Offizierkorps vorbehalten bleiben. Er werde in Berlin „der Sache" nachgehen. Das war typisch für ihn. Er fürchtete nichts mehr, als daß das Heer in innere Konflikte verwickelt werden könnte, die seine Schlagkraft beeinträchtigten.

Im Sommer 1938 arbeitete der Chef des Generalstabes General d. Art. Beck eine große Denkschrift gegen den von Hitler geplanten Angriffskrieg gegen die Tschechoslowakei aus. Deckname für den Aufmarschplan war „Grün", entsprechend älteren Verteidigungsaufmärschen gegen die mit Frankreich verbündete Republik für den Fall eines Angriffes der beiden Alliierten auf deutsches Reichsgebiet. Trat „Grün" in Kraft, so war Model damals als Chef des Stabes der 7. Armee unter General Freiherrn Seutter v. Lötzen vorgesehen, der Sicherungsaufgaben im Westen zugedacht waren.

General Beck gedachte mit seiner grundsätzlichen Denkschrift gegen einen unprovozierten Angriffskrieg dem Oberbefehlshaber des Heeres, seit dem Abgang v. Fritschs Generaloberst v. Brauchitsch, eine Arbeitsgrundlage an die Hand zu geben, damit dieser die führenden Generale des Heeres zu einer einheitlichen Stellungnahme gegen Hitlers Politik und Pläne veranlassen könne. Dafür sicherte er sich die Zustimmung der an operativen Planungen beteiligten Oberquartiermeister und Abteilungschefs. Nach der Ansicht Hossbachs dürfte Beck schwerlich General Model zu diesen gezählt haben, da die 8. Abteilung nach der Dienstanweisung und den Vorstellungen Becks ganz andere Aufgaben hatte – gleichgültig, womit sich Model selbst im Augenblick beschäftigte oder beschäftigt wurde. Für Beck und seine engsten Mitarbeiter handelte es sich auch nicht etwa darum, den Generalstab gegen Hitler aufzuwiegeln. Es war vielmehr ein Versuch, auf die Zielsetzung und die Methoden der Politik Hitlers Einfluß zu nehmen. Man darf annehmen, daß Model mit diesem Denkschriftenfeldzug unmittelbar nichts zu tun hatte.

Mochte die politische Lage sein, wie sie wollte, ihre Beurteilung war gemäß seiner Einstellung nicht Sache des Offiziers. Als Soldat handelte er bei jeder Aufgabe nach der schlichten Weisheit: Ziel erkannt – Kimme und Korn gefaßt. Models erste Bewährungsprobe unter den Augen des „Führers" und Obersten Befehlshabers der Wehrmacht kam, als Hitler Mitte August 1938 auf dem Artillerieschießplatz Jüterbog bei Berlin zu einem Probeschießen mit dem neuen Mörser auf nachgebaute tschechische Bunker erschien. Um die Entwicklung des schweren Mörsers hatte sich Model speziell gekümmert. Zu dem großen Tag fand sich alles ein, was Rang und Namen hatte, der „Führer", die Oberbefehlshaber von Heer und Luftwaffe, Generaloberst v. Brauchitsch und Generalfeldmarschall Göring, die kommandierenden Generale, die Inspekteure der Waffengattungen und sämtliche Amts- und Abteilungschefs des Oberkommandos des Heeres samt Generalstab.

Hitler, ein militärisch höchst interessierter Laie, und seit dem 4. Februar 1938 nunmehr persönlich, kraft eigenen Entschlusses, Oberbefehlshaber der Wehrmacht, hatte das Versuchsschießen selbst befohlen. Generalmajor Model, verantwortlich für die Entwicklung und Förderung neuer Projekte der Militärtechnik, den die zahlreich existierenden konservativen Skeptizisten im Generalstab im engsten Kreis einen „Revolutionär" nannten, trug vor und leitete das Versuchsschießen. Die „allerhöchsten" Herrschaften mitsamt dem „Führer" begaben sich in vorbereitete Deckung. General Model blieb stehen, um die Wir-

kung des Mörsers 18 selbst zu verfolgen, der umherschwirren-
den Splitter nicht achtend. Der Tag war nicht gut für ihn – der
erste Tag, an dem er dem „Führer" präsentiert wurde.
Der Mörser 18 hatte nicht die von Hitler erwartete Wirkung
Der „Führer" gab sich ungehalten. Er befahl dem Chef des
Heereswaffenamtes, General der Artillerie Prof. Dr. h. c.
Becker, die Entwicklung des besagten Mörsers voranzutreiben.
Inzwischen hatte er Kenntnis von der Denkschrift Becks, des
Chefs des Generalstabes des Heeres, erhalten, vom darin dar-
gelegten Protest gegen jedweden Angriffskrieg.
Er wünschte daher, wohl im Hinblick auf die Beckschen Expek-
torationen hinter verschlossener Tür, zur anwesenden Generali-
tät und den Amtschefs zu sprechen. Für den charismatischen
„Führer" war die Volksrede das einzige Mittel, sich der Um-
welt mitzuteilen, um diese zu überzeugen, wie er das nannte,
und damit für sich und seine Mission in den Bann zu schlagen.
Also wurde nach einem Essen im Kasino der Artillerieschule
Jüterbog ein Hörsaal für die „Führeransprache" requiriert.
Hitler selbst teilte Stabsoffiziere zur Bewachung von Flur und
Fenster ein. Er war äußerst besorgt um Geheimhaltung. Nach
dem Zeugnis des Adjutanten des Heeres beim „Führer" und
Reichskanzler, dem damaligen Hauptmann Gerhard Engel,
war auch Model Zuhörer bei der Ansprache Hitlers.
Was Model sich gedacht hat, mag dahingestellt bleiben. Jeden-
falls muß Hitler in dieser – im Wortlaut, soweit bekannt, bis-
her nicht vorliegenden – Rede seinen wie immer in solchem
Rhetorenanfall unabänderlichen Willen kundgetan haben, die
Tschechoslowakei so oder so zu zerschlagen. Und das bedeutete
Krieg. Immerhin hatte die Tschechoslowakei ein Militärbünd-
nis mit Frankreich.
Nach der Ansprache Hitlers fuhr General d. Art. Haase, Inspekteur der Artillerie mit Oberstleutnant Beißwänger, einem
freilich nicht völlig unkritischen Bewunderer Modelscher Aktivitäten im Generalstab, zu seiner Privatwohnung in der Base-
lerstraße (Berlin-Lichtenfelde-West) zurück. Er war todernst,
tief erschüttert und sagte kein Wort. Dem Fahrer befahl er,
etwa hundert Meter vor seiner Wohnung zu halten. Dann nahm

er Beißwänger beiseite, damit der Fahrer nichts hören konnte. Haase erklärte, der „Führer" habe die Weitergabe seiner Ansprache bei Todesstrafe verboten. Nach den üblichen „Sprüchen" habe er bekanntgegeben, er sei fest entschlossen, das „Staatsgebilde" Tschechoslowakei zu zerschlagen. War dies der Krieg? Model scheint dies nicht geglaubt zu haben. Das läßt sich im Rückschluß folgern aus Äußerungen seiner Frau gegenüber, die er im Sommer 1939 getan hat: Diesmal sei die Lage so verzwickt, daß es wohl zum Krieg gegen Polen kommen werde – im Gegensatz, der unausgesprochen blieb, zur Situation während der Tschechenkrise. Für den Fall „Grün", Einschreiten gegen die Prager Regierung, war Model wie gesagt, als Chef des Generalstabes der 7. Armee unter General Seutter v. Lötzen vorgesehen. Der Ernstfall trat nicht ein. Auf Insistieren Mussolinis, des italienischen Diktators, einigten sich angesichts massiver Kriegsdrohungen Hitlers und seiner Ankündigung, andere Territorialwünsche werde er niemals mehr vorbringen, die Premierminister von Großbritannien und Frankreich mit den zwei Diktatoren in München am 29./30. September 1938 darüber, daß die Tschechoslowakei, die gar nicht mehr gefragt wurde –, die sudetendeutschen Randgebiete im böhmischen und österreich-schlesischen Raum abtreten solle. Die deutschen Truppen rückten ein, wie im Fall Österreich quasi mit Blumen bekränzt.

Gab es in diesen Jahren zwischen 1935 und 1938 überhaupt Ruhepunkte in Models Leben? O ja, er hielt durchaus, inmitten aller dienstlichen Raserei, auf Urlaub. Wenn er abends nach Haus kam und die Familie genießen wollte, schaltete er dann mit gewohnter Energie völlig ab. Alles Dienstliche blieb vor der Tür. 1936 kaufte er sich ein Auto, ein Mercedes-Cabriolet. Ungeduldig, zornmütig wie er war, war er ein entsetzlicher Autofahrer. Die Familie war höchst erleichtert, als der „Führer" ein Verbot erließ, daß Generale ihren Wagen selbst steuerten. Model war zu dieser Zeit schon General.

Aus den Tageskalendern von Frau Model ergibt sich auch eine Reise nach Paris 1937. Seinen einstigen Hörsaalteilnehmer und Schüler Dr. Speidel, der beim Militärattaché in Paris Dienst tat, scheint er nicht aufgesucht zu haben. Hatte er Urlaub, machte er Urlaub, mit aller Intensität.

Die Mobilmachungsverwendung bei „Grün" – Chef des Generalstabes einer Armee – ließ bereits darauf schließen, daß man Model höhere Fähigkeiten zutraute. Angesichts des steigenden Bedarfs an qualifizierten Generalstabsoffizieren beim abermals erweiterten Ausbau des Heeres und angesichts des Rücktritts von General Beck als Generalstabschef des Heeres Ende August 1938 löste man dessen Schöpfung, die 8. Abteilung auf, so wie man aus den gleichen Gründen die Wehrmachtsakademie zur Schulung von Generalstabs- und Admiralstabsoffizieren alle drei Wehrmachtsteile im dreidimensionalen Denken moderner Kriegsführung zu Lande, zur Luft und auf See, auflöste.

Generalmajor Model wurde mit Wirkung vom 10. 11. 1938 zum Chef des Generalstabes des IV. Armeekorps in Dresden ernannt. Kommandierender General in Dresden war der ehemalige Chef des Heerespersonalamtes in der Ära Fritsch-Beck, General d. I. v. Schwedler, ein durchaus konservativer und sehr milder Mann. Model hatte schon 1936 an einen der Bataillonskommandeure seines alten Allensteiner Regiments, Oberstleutnant Peschel, geschrieben, manchmal sehne er sich aus dem „großen Kasten" heraus und wünsche sich, von der Theorie wieder zur Praxis übergehen zu können. Nun hatte ihn die Praxis wieder. Und er stürzte sich mit einem den neuen Stab schockierenden Eifer in diese Praxis.

Das Generalkommando IV in Dresden war solide Friedensarbeit gewöhnt. Jetzt stellte der Ia des Korps, Oberstleutnant Edgar Röhricht, fest, daß Model als Wehrkreischef in normaler Zeit „schwer zu ertragen" war. Röhricht fand, der neue Chef des Stabes sei zwar ein heller Kopf, doch triumphiere stets sein Temperament über den Kopf. Er habe „den ganzen Laden durcheinandergebracht", den unmöglichsten Leuten Aufträge erteilt, für die sie nicht zuständig, und denen sie auch nicht gewachsen waren. In der Rückschau urteilte der spätere General d. Inf. Röhricht etwas sarkastisch, er wolle nicht behaupten, daß es Model an Intelligenz gefehlt habe, und meinte, dieser habe die zehn Zentimeter, die ihm an Körpergröße fehlten, um stattlich wirken zu können, durch hervorstechende Leistungen ausgleichen wollen. Jedenfalls fehlte es nicht an Kontroversen zwischen dem „Revolutionär" aus dem Oberkommando des Heeres und dem ersten Generalstabsoffizier wie mutmaßlich auch mit dem Kommandierenden General. Im Kreis der älteren, zu gewissenhaftem Abwägen aller Möglichkeiten und zu kritischem Denken erzogenen Generalstabsoffiziere erschien Model, obwohl der gleichen Gedankenschule entstammend, immer ein wenig als unbequemer Außenseiter. Dazu kam, daß General v. Schwedler und Oberstleutnant Röhricht zu denen gehörten, die die allgemeine militärische Lage mit Skepsis beurteilten. Model aber haßte nichts mehr als Skepsis.

Das IV. Korps lag mit seinen drei Divisionen im alten Königreich Sachsen und mit der 4. Division, deren Stab von Dresden nach Reichenberg übergesiedelt war, im neugewonnenen Sudetenland. Im Mobilmachungsfall hatte das Korps sechs neue Divisionen aufzustellen. Arbeit gab es genug, und die Zeiten glichen im Grunde kaum noch normalen Friedenszeiten. Jüngere Generalstabsoffiziere, so der Ia der 14. Division in Leipzig, Oberstleutnant Beutler, den Model sich im Frühjahr 1939 als Nachfolger für Röhricht holte, und der Ia der 24. Division in Chemnitz, Major Feyerabend, stellten fest, daß der neue Korpschef zwar nicht selten Dinge verwirklicht sehen wollte, die sich unmöglich verwirklichen ließen, daß er ihnen aber doch durch seinen Elan viel gegeben und daß sie viel von ihm gelernt hätten. Der Adjutant der 4. Division, Major Pilling, der Model damals kennenlernte und der einmal der letzte Adjutant (IIa) des Feldmarschalls sein sollte, bewunderte die Frische, Tatkraft und Wendigkeit dieses ungewöhnlichen Offiziers.

Die Familie bezog in Dresden ein Haus in der Comeniusstraße Nr. 62. In Dresden lag nicht nur das Generalkommando IV, sondern auch der Stab der Heeresgruppe 3, mit Generaloberst Blaskowitz als Oberbefehlshaber und Generalmajor Felber als Chef. Das brachte zahlreiche gesellschaftliche Verpflichtungen. Die Familien Blaskowitz und Model blieben bis zum Ende befreundet; in einem der Stabsoffiziere des Generalkommandos, dem damaligen Hauptmann Leuthold, gewann Model einen Mann, auf den er sich in Dresden verlassen konnte, auch nachdem er im Felde war. Der Markgraf von Meissen, der Chef des sächsischen Königshauses, der immer bemüht war, die traditionellen Verbindungen der Wettiner zur Armee weiter zu pflegen, bat, wie üblich, den neuen Chef des Stabes und seine Frau zu einem Frühstück. Distanziert blieben die Beziehungen zwischen Offizierkorps und Partei. Der sehr grobschlächtige und ungehobelte Reichsstatthalter und Gauleiter Mutschmann von Sachsen lud General Model ostentativ nicht ein, als er für die Prominenz von Partei und Wehrmacht eine große Jagd veranstaltete, obwohl Models Jagdpassion bekannt war. Vielleicht wußte man auch bei der Gauleitung, daß der General ein sehr kirchenfrommer Mann war und regelmäßig den Gottesdienst besuchte.

Im Januar 1939 begann die zweite Tschechenkrise ihre Schatten vorauszuwerfen. Der tschechoslowakische Rumpfstaat drohte am Konflikt zwischen dem tschechischen und dem nach Selbstbestimmungsrecht verlangenden slowakischen Volk auseinanderzubrechen, wobei Berlin unterderhand die slowakischen Separationswünsche förderte. Beim IV. Korps im nordböhmischen Raum betrieb Model verstärkte Gefechtsausbildung, auf dem Truppenübungsplatz Königsbrück wie durch Geländebesichtigungen und Übungen an der ehemaligen tschechischen Bunkerlinie im Sudetenland, deren Eigenschaften er 1937/38 so gründlich in der Theorie hatte studieren müssen. Beim Korps wie bei der Heeresgruppe rechnete man damit, daß die sehr gute und hochgerüstete tschechische Armee dem Zerfall des Staates nicht tatenlos zusehen würde.

Ende Januar 1939 erschien der deutsche Militärattaché in Prag, Oberst Toussaint, bei Model in Dresden zu Besuch. Über den Inhalt der Besprechungen ist nichts bekannt, fraglos aber dienten sie der Orientierung des IV. Korps für den Fall einer Intervention des Reiches in der Tschechoslowakei. Als die Krise Anfang März sich zuspitzte, vermerkte Frau Model im Tageskalender für den 6./7. 3. 1939: „Walter in Prag“. Der Chef des Stabes in Dresden wollte sich nach seiner Art, da dies noch möglich war, selbst ein Bild von der Lage in der Hauptstadt des möglichen Gegners machen. Dann kam die Weisung aus Berlin, die Truppen im tschechischen Grenzraum hätten sich zum Einsatz bereitzustellen. Für den Korpschef bedeutete dies, daß er Tag und Nacht auf dem Posten war. In Spannungszeiten war General Model erst recht in seinem Element. In der Nacht vom 14./15. 3. 1939 kapitulierte der tschechische Staatspräsident in Berlin gegenüber Hitler, angesichts massiver Drohungen mit der Anwendung militärischer Gewalt und einem Luftbombardement von Prag. Die erste tschechoslowakische Republik strich die rotweißblaue Flagge. Für das IV. Korps erging am 14. 3. 1939 Befehl, mit der 4. und 24. Division am 15. 3. den Einmarsch zu beginnen, das Tagesziel hieß Prag. Am 15. 3. 1939 erreichten die ersten Panzerspähwagen einer Vorausabteilung der 4. Division um 8.45 Uhr den Hradschin in Prag. Gegen Mittag traf General v. Schwedler mit seinem Chef des Stabes ein. Die tschechische Armee hatte, dem Befehl des Präsidenten der Republik gemäß, keinerlei Widerstand geleistet.

Für die Soldaten war der 15. März 1939 sicher ein großes Erlebnis. Militärisch hatte die Intervention „geklappt". In den Augen der Weltöffentlichkeit, vor allem in London, Paris und Washington, aber auch in Moskau erkannte man jetzt, daß es Hitler im Grunde nicht um die Beseitigung der Fesseln des Versailler Vertrages noch um das Selbstbestimmungsrecht der Deutschen ging, sondern um reine imperiale Machtpolitik. Mit der von Hitler schon 1938 beabsichtigten Zerschlagung der Tschechoslowakei, mit der Verwandlung des tschechischen Teils in das Reichsprotektorat Böhmen und Mähren und der Verselbständigung der Slowakei unter dem Schutz des Reiches aber geriet auch Polen in eine tödliche Umklammerung in der tiefen Flanke im Süden wie im Norden von Ostpreußen aus. Jenes Polen, das sich 1938 eilfertig an der Ausplünderung der Tschechoslowakei beteiligt hatte, jetzt jedoch einer Regelung der Korridorfrage in Westpreußen und des Status von Danzig in restloser Überschätzung der eigenen Kräfte sich hartnäckig widersetzte.

Die nächste Krise kündigte sich an. General Model hat sie offenbar für weit ernster als die Sudetenkrise vom Vorjahr gehalten, da sich jetzt die Westmächte wie auch die USA gegen weitere einseitige Aktionen Hitlers wandten. Im Juni 1939 leitete er die übliche große Generalstabsreise des Korps in Böhmen und legte sie bewußt so an, daß sie die historischen Kampfgebiete von 1866 an der Iser und bei Königgrätz an der Elbe berührte. Die Planung der Übung war bemerkenswert: Die Blaue Partei wurde – in der Theorie – mit gepanzerten und motorisierten Großverbänden im Sinne Guderians ausgestattet, Rot focht infanteristisch-artilleristisch nach der konventionellen Methode. Blau umging die Roten und schlug sie vernichtend in der Kesselschlacht. Die meisten Teilnehmer der Reise fanden die Anlage der Übung utopisch, machten ihre Witze über den Chef, einige äußerten, das seien ja alles „Hirngespinste". Noch war die Verwendung großer, durch Funk geführter Panzerverbände, wie Model sie von Guderian übernommen hatte, kaum geistiges Allgemeingut im Generalstab geworden. Ein Jahr darauf feierte sie ihre ersten Triumphe auf den Schlachtfeldern in Flandern und im Artois.

Im Sommer verdüsterte sich der Horizont. Der Krieg gegen Polen rückte in den Bereich des Möglichen. Auf Fragen seiner Frau hat Model damals – wie schon erwähnt – gesagt, diesmal sei die Lage zu verzwickt, daß es wohl zum Kriege kommen könne. Herta Model: „Und dann?" Model: „Dann sind eben wir da." Wir, das war die Armee, waren die Soldaten. Das Heer würde seine Pflicht tun. Von Begeisterung, wie sie 1914 geherrscht hatte, war allerdings keine Rede.

Ursprünglich hatte er guten Grund zu der Annahme gehabt, er werde im Herbst 1939 Kommandeur der 8. Division in Neisse werden. Jetzt kam am 20. 8. der Befehl, das IV. Korps habe im Rahmen des Aufmarschplanes gegen Polen seine Bereitstellungsräume in Niederschlesien zu beziehen. Unter dem Datum des 21. 8. 1939 notierte Frau Model im Tageskalender: „Walter abgefahren ins Feld."

Drittes Kapitel

Korpschef in Polen – Armeechef in Frankreich
Die Blitzfeldzüge „Fall Weiß" und „Fall Gelb"
1939/40

In den frühen Morgenstunden des 1. Septembers 1939 begann der Angriff auf Polen – ohne Kriegserklärung. Der Stab des IV. Armeekorps lag in Guttentag im oberschlesischen Regierungsbezirk Oppeln mit dem Schloß der ehemaligen Könige von Sachsen. Auch der Stab der 46. Infanteriedivision hatte Guttentag als Quartier. Models einstiger Fähnrich v. Zawadsky vom I. R. 8 in Görlitz tat hier jetzt Dienst als Hauptmann i. G. und versäumte nicht, sich bei ihm zu melden. Er fand den General frischer, aktiver denn je. Von den makabren Umständen, unter denen der Angriff auf Polen ausgelöst war, ahnte man beim Korps nichts. Wohl aber wußte man natürlich vom Nichtangriffspakt Hitlers und Stalins vom 23. August 1939. Polen befand sich in einer tödlichen Umklammerung.

Wie immer, wenn er vor eine neue Aufgabe gestellt wurde, entfaltete Model eine womöglich noch fiebrigere Aktivität denn je zuvor, als wolle er sich und allen anderen beweisen, daß die Aufgabe gelöst werden müsse. In Dresden hatte man ihm im Stab den Namen „Stachanow" gegeben, nach dem fabulösen sowjetischen Arbeiter, der stets jedes Soll übererfüllte. Der ehemalige Ia des Korps Röhricht hatte einmal den Korpsarzt gefragt, ob dieser Chef eigentlich seine fünf Sinne beisammen habe. Der Korpsarzt, Generalarzt Dr. Lohse, erwiderte vorsichtig, das könne er so aus dem Handgelenk nicht sagen. Nach drei Tagen erklärte er Röhricht: „Es reiche nicht." Die Geschichte wurde im Kasino erzählt und viel belächelt. Sie kam auch Model zu Ohren. Dieser lachte nur.

„Stachanow" im Krieg muß indessen jetzt auch seinem neuen Ia Oberstleutnant i. G. Beutler auf die Nerven gegangen sein. Beutler klagte über die „tollen Turns" des Chefs, mehrfach weigerte er sich, Befehle Models abzuzeichnen. Die beiden rauften sich dann wieder zusammen. Aber es war ersichtlich, daß diese überschäumende Natur eigentlich größerer Aufgaben bedurfte, um sich voll ausleben und auswirken zu können. Das IV. Korps, das zur 10. Armee des Generals v. Reichenau gehörte, hatte in Richtung Lublinitz – Tschenstochau-Kielce anzugreifen, rechter Nachbar war das XV., linker Nachbar das XVI. Korps mit der Masse der damals verfügbaren gepanzerten und motorisierten Verbände. General d. Art. v. Reichenau kannte Model vom I. R. 18 in Münster, seinen Chef des Stabes Generalmajor Paulus vom Truppenamt in Berlin. Besaß der sehr ruhige General v. Schwedler in Model einen außerordentlich dynamischen Chef, so war das Verhältnis bei der 10. Armee genau umgekehrt. Hier war Reichenau der Stürmer und Dränger, am liebsten immer vorn bei der Truppe, und General Paulus der äußerst gewissenhafte Schreib- und Kartentischarbeiter, der jeden Entschluß dreimal überdachte.

Zum Korps Models zählten bei Kriegsbeginn die 4., 14. und 46. Division, dazu an Korpstruppen zwei Abteilungen schwerer Artillerie, zwei Brückenkolonnen und eine Nachrichtenabteilung. Bei den ersten größeren Kampfhandlungen zerschlug das Korps die 14. polnische Infanteriedivision. Am 3. 9. 1939 – es war der Tag, an dem England und Frankreich dem „Großdeutschen Reich" den Krieg erklärten – nahm das IV. A. K. Tschenstochau. In der großen Kesselschlacht von Radom zwischen dem 7. und 11. 9. 1939 vernichtete die 10. Armee die in diesem Raum versammelten starken polnischen Kräfte. 60 000 Kriegsgefangene waren das Resultat. Das IV. Korps hatte dabei den Auftrag, in der Lysa Gora die Kesselfront gen Westen abzuriegeln und Ausbruchsversuche des Gegners zu vereiteln. Darauf trat man auf breiter Front den Vormarsch auf die Weichsel an und weiter in Richtung auf den Bug. Mit zwei Brückenköpfen über den Wjeprsh stießen Schwedlers und Models Einheiten mitten durch nach Süden strömende polnische Truppenteile weit vor. Den Bug selbst durften sie nicht mehr forcieren, er gehörte bereits zum sowjetischen Operations- und Territorialbereich. Am 17. 9. 1939 griff die Rote Armee ein, um

dem todwunden Polen den Fangstoß zu geben, offiziell unter
dem Prätext, es sei angesichts der Auflösung des polnischen
Staates notwendig, die weißrussische und ukrainische Bevölkerung in Ostpolen zu schützen und ihre Rechte zu sichern.
Als der Feldzug nach achtzehn Tagen praktisch beendet war,
hatte das IV. Korps seinen Gefechtsstand in Lublin, das wieder
geräumt und der sowjetrussischen Armee übergeben werden
mußte. Am 26. 9. 1939, nach dem Erlöschen der Kampfhandlungen, schrieb General Model in einem Brief an seine Schwiegermutter: „Der polnische Soldat kann einem nur leid tun,
ebenso das Volk". Soldaten und Volk hätten ihre Qualitäten,
Führung und Organisation seien jedoch miserabel gewesen.
Den Grund dafür sah er in der Vernachlässigung der „sozialen
Frage". Wollte er damit sagen, daß ihm diese in Deutschland
besser gelöst zu sein schien? Wahrscheinlich! Dann fuhr er fort:
„Die Angst der Besitzenden vor der sehr armen Bevölkerung
ist frappierend. Alles flüchtet deshalb, Gutsbesitzer, Pfarrer
usw. alle die, die nun eigentlich auf ihrem Posten vorsterben
müßten ..."
Ob die polnische Aristokratie, die Intelligenz, der Klerus wirklich nur aus Furcht vor der polnischen „Dorfarmut" flohen, diese Frage scheint sich der Briefschreiber nicht gestellt zu haben.
Offenbar kam ihm in seinem Korpsbereich nichts davon zur
Kenntnis, daß die in Polen eingesetzten SS-Verbände vieler-
orts bereits Jagd auf Adel, Intelligenz, Geistlichkeit und vor
allem auf die vielen Juden machten. Von den schweren Kontroversen zwischen Heeresbefehlshabern und der SS-Führung
über Greueltaten in Polen und Judenmassaker hat er offenbar
auch nichts mehr gehört, oder es ist dem trümmerhaften Stand
der Quellen zuzuschreiben, daß wir nichts von solchen Dingen
erfahren. Sein Kommandierender General, v. Schwedler, war
jedenfalls seiner konservativen Grundhaltung nach durchaus
nicht der Mann, um derartige Exzesse hinzunehmen, sofern sie
in seinem Bereich auftraten.
Außerdem waren Models Tage im besetzten Polen gezählt.
Nachdem England und Frankreich auf Hitlers geharnischtes
Friedensangebot nach der Zerschlagung Polens und dessen Tei-

lung zwischen Hitler und Stalin nicht eingegangen waren, entschloß sich Hitler, noch im Spätherbst des gleichen Jahres zur Offensive im Westen überzugehen. Dafür wurden die Hauptkräfte nach dem Westen verlagert, wurden neue Armeeoberkommandos gebildet. Models Ruf als Korpschef in Polen muß militärisch sehr gut gewesen sein. Am 13. 10. 1939 notierte der ihm an sich kritisch gegenüberstehende Chef des Generalstabes des Heeres, Halder, in seinem stichwortartig geführten Tagebuch, für die neue 16. Armee sei Model als Chef des Generalstabes vorgesehen. Sechs Tage darauf folgte der lakonische Vermerk: „Model – ruhiger Ia".

Am 22. 10. 1939 heißt es in Herta Models Tageskalender: „Walter unverhofft gekommen." Model blieb die Nacht über in Dresden. 8.30 Uhr morgens ging die Fahrt am 23. weiter nach Westen. Er war als Chef des Generalstabes zur neu formierten 16. Armee versetzt worden, deren Stab in Bad Bertrich an der Mosel zusammengestellt wurde.

Neuer Armeeoberbefehlshaber war General d. Inf. Ernst Busch, zuletzt im Frieden Kommandierender General des VIII. Korps in Breslau und Model ganz gut bekannt aus der Zeit in Münster. Ernst Busch, geboren 1885 in Essen-Steele als Sohn eines Waisenhausdirektors, Pour-le-Mérite-Träger des Ersten Weltkrieges, war gleichsam der ideale Oberbefehlshaber für einen dynamischen und eigenwilligen Chef. Der große, massiv wirkende Mann, der im Gegensatz zu Model etwas phlegmatisch erschien, war ein prachtvoller Gesellschafter, liebte einen erstklassigen Rotwein und war ein großer Pferdeliebhaber und als Pferdekenner wahrscheinlich Model weit überlegen. Er wußte Gegensätze auszugleichen, doch von höherer militärischer Führung verstand er wenig und erkannte das selbst in seiner Bescheidenheit auch. Er hat später geklagt, eigentlich habe man ihn immer auf Posten gestellt, auf denen er sich militärisch überfordert gefühlt habe, das sei schon so gewesen, als er Kommandeur des Infanterieregimentes 9 in Potsdam gewesen sei (jenes berühmten Reichswehrregiments, das die Tradition der Garde trug und wegen seines meist adeligen Offizierkorps den Spitznamen „Graf Neun" führte). Als er im November 1943 als Generalfeldmarschall die Führung der Heeresgruppe Mitte im Osten übernahm, bemerkte er, es sei ihm schleierhaft, wie er eigentlich zu dieser Ehre gekommen sei. Andererseits war er auch wieder in aller Stille eitel genug, um Freude an hohem Avancement zu haben. Praktisch führte das Armeeoberkommando 16 jedoch Generalmajor Model, ab April 1940 zum Generalleutnant befördert. Und Busch konnte nur mit Gemütlichkeit und Gelassenheit dafür Sorge tragen, daß Schwierigkeiten infolge des heftigen Temperaments seines Chefs wieder geglättet wurden.

Der von Halder gewünschte „ruhige Ia" für Model wurde in dem Oberstleutnant i. G. Hans Boeckh-Behrens gefunden, bisher Chef eines Korpsstabes. Ic (Feindlagebearbeiter) der Armee wurde Major v. Uckermann, Oberquartiermeister für die Nachschubfragen zunächst General Crüwell, dann einer der Hörer Models aus dem T 4-Kurs für Kriegsgeschichte, Oberst Gerlach, IIa (Armee-Adjutant) Oberst Graf Bogislav v. Schwerin. Die Kronzeugen für Models Aktivitäten als Armeechef sind tot, schriftliche Hinterlassenschaften existieren nicht. Feldmarschall Busch starb 1945 in englischer, Hans Boeckh-Behrens, zuletzt General und Divisionskommandeur, in sowjetischer Kriegsgefangenschaft 1955. Major v. Uckermann und Graf Schwerin fielen. Vom Hilfsoffizier des Ia, Hauptmann v. Busekist, wissen wir indes, daß Model als Chef ebenso gefürchtet war, wie er wegen seiner rastlosen Tätigkeit respektiert wurde. Busekist fand, er habe eben „viele Ecken" gehabt.

Arbeit gab es für den Chef des Generalstabes der 16. Armee mehr als reichlich. Die Armee war neu zusammengestellt, die Verbände mußten aneinander gewöhnt, die höhere Führung der Korps und Divisionen in Planspielen und Übungen an ihre neuen Aufgaben herangeführt werden. Dazu verlangte der sehr strenge Winter 1939/40, der in Deutschland erhebliche Versorgungsschwierigkeiten für die Zivilbevölkerung zur Folge hatte und auch den Nachschub für die Truppe erschwerte, da sich auf der maßgeblichen Wasserstraße, der Mosel, ein riesiger Eisstau bildete, erhöhte Fürsorge für die Mannschaft. Die Sorge um die Truppe war Models Steckenpferd, für den einfachen Mann

hatte er stets mehr Herz als für Stäbe, oder, um es richtiger zu
sagen, bezeigte er offen mehr Herz.

Die 16. Armee gehörte zur Heeresgruppe A. im Mittelabschnitt
der Westfront. Ihr Hauptquartier befand sich in Koblenz. Oberbefehlshaber war Generaloberst v. Rundstedt, Chef des Generalstabes General v. Manstein, erster Generalstabsoffizier General v. Sodenstern, von denen die beiden letzten Models Manieren gar nicht schätzten. Der erste Operationsplan für die
Westoffensive, noch halb konventionell vom alten Schlieffen-
plan her entwickelt, sah vor, daß das deutsche Heer mit der Masse der Kräfte, der Heeresgruppe B, durch Belgien und die Niederlande (beides neutrale Staaten) und Nordfrankreich zur
Kanalküste durchbrechen sollte, um eine breite Ausfallbasis für
eine kombinierte Land- Luft- und Seekriegführung gegen den
„Hauptfeind" England zu gewinnen. Doch die Offensive fand
nicht statt, wurde immer wieder verschoben, und der Gegner,
die in der Maginotlinie verschanzte französische Armee, rührte
sich kaum. Die deutschen Truppen lagen an der Hitlerschen
Kopie der Maginotlinie, dem vielgerühmten, jedoch nie völlig
fertiggewordenen Westwall. Inzwischen entwickelte Manstein,
fraglos der klügste operative Kopf des Heeresgeneralstabs, einen neuen Angriffsplan für die projektierte „Offensive Gelb":
Verlagerung des Schwerpunktes zur Heeresgruppe A. – Durchbruch mit der Masse der Panzer- und motorisierten Divisionen
durch das vom Gegner nicht geschützte Gebiet der Ardennen
und Stoß durch das Zentrum über Maas und Somme hinweg
zur Kanalküste.

Der Plan fand Rundstedts Billigung. Manstein notierte jedoch
später, Model habe „kritiklos" am offiziellen Aufmarschplan
festgehalten. Entweder begriff Model damals noch nicht die
Genialität der neuen Konzeption – oder er sagte sich als Armeechef, was das nützen solle, wenn er gegen den befohlenen Aufmarsch opponiere. Noch war wohl auch sein Selbstvertrauen
nicht so gewachsen, als daß er sich gestattet hätte, über Befehle
des „Führers" hinwegzugehen, wenn er diese als militärisch
falsch erkannt und die Möglichkeit zu eigenständigem Handeln
hatte.

Der „Manstein-Plan" ging dem Oberkommando des Heeres, Generaloberst v. Brauchitsch und General d. Art. Halder zu und blieb beim Generalstabschef in der Schublade, zumal er, seinem Nachlaß nach zu urteilen, einen engverwandten eigenen Plan entwickelt hatte. Halder, der später geäußert hat, über Model bei der 16. Armee könne er nichts sagen, er habe nie mit den Armeechefs, sondern nur mit den Heeresgruppenchefs gearbeitet, hing damals noch ganz anderen Überlegungen an: ob es nicht über illegale diplomatische Kanäle möglich sei, günstige Friedensbedingungen beim Gegner zu erkunden, falls das Westheer Hitler durch einen Staatsstreich stürzen würde. Generaloberst v. Rundstedt hat dazu geäußert, hätte er etwas derartiges befohlen, so wäre ihm „der Degen in der Hand zerbrochen". Er meinte, es sei unmöglich, das Heer, das keine geschlossene Truppe in der Art der Reichswehr mehr war, gegen Hitler zu führen. Stellt man sich Männer wie General Busch und seinen Chef vor, so erscheint es ganz ausgeschlossen, daß sie, noch dazu angesichts eines unentschiedenen Krieges, Sinn und Zweck eines Militärputsches begriffen und sich an ihm beteiligt hätten.

Bei der Heeresgruppe A hatten Rundstedt und Manstein ihren eigenen, objektiv besseren Plan noch nicht fallengelassen. Um diesem Auftrieb zu geben, hielt die Heeresgruppe am 7. 2. 1940 in Koblenz im Divisionstabsgebäude der 34. Division und am 14. 2. in Mayen bei Koblenz ein großes Kriegsspiel ab, zu dem auch General Halder gebeten war. Für die Blaue Partei, die die Offensive zu führen hatte, war Model dabei die 16. Armee anvertraut. Sein Oberbefehlshaber General Busch, dem sein Ia Boeckh-Behrens belassen war, mußte bei Rot die Rollen des französischen Generalissimus Gamelin und des Oberbefehlshabers der französischen Nordostfront in Belgien-Nordostfrankreich übernehmen. Models 16. Armee fiel die Deckung der notwendigerweise rasch länger werdenden Südflanke des projektierten Panzerkeils zu. Busch zeigte sich in seiner Rolle als Gamelin gar nicht schlecht, es erwies sich, daß man den Panzerkeil, die Durchbruchsgruppe, noch nicht stark genug angesetzt hatte.

Noch verhielt sich General Halder abwartend. Manstein wurde erst einmal wegversetzt und erhielt ein neu aufzustellendes Korps in Stettin. Dabei wollte es der Zufall, daß General Schmundt, Hitlers Chefadjutant der Wehrmacht, hinter den neuen Plan kam und Manstein Gelegenheit gab, auf der Durchreise in Berlin Hitler sein Konzept vorzutragen. Damit war der „Neue Plan" gerettet, ohne seinen Schöpfer.

Die Aufgabe für die 16. Armee, wie sie in Koblenz durchgespielt war, stand jetzt fest. Und wie Model geartet war, machte er sich den „Neuen Plan", dessen Vorzüge ihm wohl erst bei dem großen Planspiel deutlich geworden waren, voll zu eigen. Mansteins Nachfolger als Heeresgruppenchef, General v. Sodenstern, gehörte freilich auch nicht zu den Verehrern Modelscher rücksichtsloser Aktivität, bei der aus Truppe und Stäben für die Vorbereitung der Offensive auch das Allerletzte herausgeholt wurde. Oberst Blumentritt notierte das geflügelte Wort bei der Armee „Model ante portas" und meinte, Model habe ein Vergnügen daran gefunden, „ängstliche Gemüter" in Verlegenheit zu bringen. Beliebte Opfer seien für ihn die „Spezialisten" gewesen, die Generale für Artillerie-, Pionier- und Nachrichtenwesen bei der Armee – ganz nach dem Allensteiner Leutnantswitz: „Und jeden müden Schläfer macht er wach." Aber die gnadenlose Erziehungsarbeit trug ihre Früchte. Als die Stunde kam, war die 16. Armee ein festgeschmiedetes Instrument in der Hand des Oberbefehlshabers und seines Chefs.

Im Nachlaß Feldmarschalls Models findet sich ein unsigniertes Manuskript in Maschinenschrift, betitelt: „Die Mosel-Armee. Die 16. Armee von der Mosel zur Mosel. Kurze Übersicht über die Tätigkeit vom 10. Mai bis 22. Juni 1940". Nach der Art der Darstellung und nach Erinnerungen Überlebender läßt sich annehmen, daß der Chef des Generalstabes der Armee, Generalleutnant Model, selbst den Bericht verfaßt oder zumindest maßgeblich redigiert hat.

Die Stunde für die 16. Armee schlug am 9. Mai 1940, 13.00 Uhr. In Bad Bertrich traf der Befehl der Heeresgruppe A ein: „Grenzübertritt" am 10. Mai 1940 5.35 Uhr. Die Grenze war diejenige des zwar gleichfalls neutralen, aber ganz wehrlosen Großherzogtums Luxemburg. Die Aufgabe – wie schon erwähnt – war die Abschirmung der Südflanke des Hauptangriffskeils, der Panzergruppe des Generals der Kavallerie v. Kleist mit Guderians XIX. Panzerkorps gegen französische Gegenangriffe aus dem Raum Diedenhofen - Metz - Verdun. Rechter Nachbar war die Gruppe Kleist mit ihren Panzer- und motorisierten Divisionen, links verhielt nach dem Plan zunächst die Heeresgruppe C vor der Maginotlinie. Model – vorausgesetzt, daß er der Autor war – gab an, er habe soweit wie möglich an das Vorfeld der Maginotlinie herangehen und dieses nehmen wollen. In Südluxemburg traf die Armee mit ihren Korps (VII., XIII. und XXIII. A. K.) auf französische Sicherungskräfte, eine Spahi-Brigade und die 5. Kavalleriedivision, sogenannte „Dragons portés", motorisierte Reiterverbände, die geschlagen wurden.

Am 12. 5. 1940 erschien die 16. Armee nach dem Durchzug durch Luxemburg vor Longwy auf französischem Boden. Bereits am 10. 5. hatte man, eine Idee Models, eine Vorausabteilung der 34. Division in 25 „Störchen" weit vor der eigenen Front im luxemburgisch-französischen Grenzbereich aus der Luft gelandet. Mitte Mai wurde die Maginotlinie durchstoßen, das große, hart verteidigte Panzerwerk 505 genommen und Versuche des Gegners vereitelt, gegen den auf Sedan weiter rollenden Panzerkeil vorzugehen. Vielfach jedoch wich jetzt der Gegner schon aus, zum Teil fluchtartig. Der 22. bis 25. 5. 1940 zeitigten noch harte Kämpfe zwischen dem Ardennenkanal und der Maas. Doch der Stoß der Panzergruppe in Richtung auf die Kanalküste war gesichert worden.

Vom 18. 5. an begann die große Umgruppierung für den zweiten Teil der Offensive, den Stoß nach Zentralfrankreich und in den Rücken der Maginotlinie am Oberrhein. 23 Divisionen mußten durch das rückwärtige Gebiet der 16. Armee geschleust werden. Der sehr trockene Bericht läßt nur ahnen, welche Generalstabsarbeit in solchen Bewegungen lag. Am 31. 5. 1940 war die riesige Kesselschlacht in Flandern und im Artois mit dem Untergang der dort kämpfenden französischen Heeresgruppe, der belgischen Armee und dem – freilich geglückten – Entweichen des britischen Expeditionskorps über See aus Dünkirchen abgeschlossen.

Der zweite Teil von „Gelb" begann, die große Offensive gegen Zentralfrankreich. Bisher hatte die 16. Armee Deckungsaufträge gehabt. Mit dem 5. 6. 1940 begann ihre große Zeit in Frankreich, der Angriff – damals Models Element, im Gegensatz zu dunkleren Jahren. Die 16. Armee durchbrach unter schweren, verlustreichen Kämpfen mit dem VII. Korps die französische Hauptkampflinie, ging gegen die Linie Stenay-Montmédy vor und erlebte dann, wie die französischen Verbände aufgaben. Die Franzosen fluteten zurück, zum Teil in Panik, um sich ostwärts der Argonnen und östlich der Maas einer drohenden Umklammerung zu entziehen. Mitte Juni 1940 erschien das VII. Korps vor dem im Ersten Weltkrieg heiß umkämpften Verdun. Die Gürtelfestung war nach 1918 mit Panzertürmen und kasemattierten Batterien noch stärker ausgebaut worden, als dies 1916 der Fall gewesen war. Ursprünglich gedachte die französische Führung hier den Deutschen die gleiche „Blutmühle" wie anno 16 aufzuzwingen. Infolge der allgemeinen Auflösung der französischen Armee war dies jetzt nicht mehr möglich. Model schwebte vor, unter Zusammenfassung aller verfügbaren Artillerie der Armee den Handstreich zu versuchen. Am Juni 1940 nahmen Teile des VII. A. K. und das Höhere Kommando XXXVI nacheinander die weltberühmten Forts Vaux und Douaumont und die Zitadelle von Verdun, um die einst Ströme französischen wie deutschen Blutes vergossen worden waren, in einem Ringen, bei dem beide Parteien schließlich am Sinn des Materialkrieges zu zweifeln begonnen hatten. An diesem 15. 6. 1940 gerieten noch etwa 15 Offiziere und 1100 Mann Franzosen in Gefangenschaft, die letzten Verteidiger der umpanzerten Gürtelfestung. Die Deutschen verzeichneten acht Offiziere und 154 Mann an Gefallenen. Frankreichs Armee war schon ausgeblutet und erschöpft.

Der Gegner war nun im Festungsbereich zwischen dem Rhein und der oberen Maas von den deutschen Kräften umschlossen.

Gegen die hier kämpfenden französischen Verbände wurden die 12. Armee und die Panzergruppe v. Kleist über das Plateau von Langres hinweg angesetzt auf Besançon - Vesoul, die 16. Armee in Richtung auf Neufchatel. Die altumstrittene große Festung Metz übergab der Maire dem Kommandeur einer Vorausabteilung der 169. Division der 16. Armee am Spätnachmittag des 17. Junis 1940.

Die 16. Armee riegelte von Norden und Süden her die noch in der Maginotlinie stehenden gegnerischen Kräfte ab, gegen die von Osten her die Heeresgruppe C mit der 1. und 7. Armee zum Angriff antrat. Die beiden Armeen, unterstützt von Panzern des Generals Guderian, erzielten rasch den Durchbruch. Die Gruppe Guderian nahm Belfort. Mit dem 18. Juni 1940 traten Guderian und die 16. Armee unter den Befehl der Heeresgruppe C des Generalobersten Ritter v. Leeb.

Die 16. Armee schlug ihre letzte große Schlacht in Frankreich im Raum der Riesenfestung Toul. Die Festung war mit 13 Forts, 13 Zwischenwerken, 29 gepanzerten Geschützdrehtürmen, 19 Maschinengewehrtürmen auf das modernste ausgebaut. Die Forts waren auch gegen Beschuß mit schwerster Artillerie von 21 cm Kaliber sicher. Doch der französischen Armee blieb keine Zeit mehr, die Gürtelfestung voll zu besetzen. Was an Kräften vorhanden war, hatte bereits seine düsteren Erfahrungen mit den Deutschen, ihren Panzern und ihren herabheulenden „Stukas" (Sturzkampfflugzeugen) hinter sich. Am 19. Juni nahm die 76. Division ein überhaupt nicht mehr verteidigtes Fort. Am 22. Juni 1940 war nach zum Teil noch sehr erbitterten Straßenkämpfen die Kesselschlacht um Toul zu Ende. Generalleutnant Model, der den Tag vom Fall Verduns zu seinem Leidwesen nicht hatte persönlich erleben können, war hier selbst Zeuge der Kämpfe. 22 französische Generale, 278 Offiziere und 68 370 Mann gingen in deutsche Kriegsgefangenschaft. Die Materialbeute war sehr groß.

Am 25. Juni 1940 kapitulierte die französische Regierung unter Marschall Pétain, der 1916 der Retter Verduns gewesen war. Nach neununddreißig Tagen war der Feldzug in Frankreich für die 16. Armee zu Ende. Die Bilanz für die Armee betrug nach den Angaben des Verfassers des Feldzugsberichtes: 189 Offiziere und 3649 Unteroffiziere und Mannschaften an Gefallenen. Verwundet wurden 460 Offiziere und 15 217 Unteroffiziere und Mannschaften. Der Munitionsverbrauch der Armee hatte 28 500 Tonnen betragen. Die Erstausstattung betrug 7 100 Tonnen, rund 20 000 Tonnen waren nachgeführt worden. Gerade solche Zahlenangaben sprechen für Models Autorschaft. Für derartige Versorgungsfragen, die im modernen technischen Krieg ausschlaggebend werden konnten, hatte er ausgesprochen Sinn.

An französischen Kriegsgefangenen konnte die 16. Armee verbuchen: 7 498 Offiziere, 180 598 Unteroffiziere und Mannschaften. Rund 11000 meist noch brauchbare Geschütze waren erbeutet worden.

Am 19. Juli 1940 erging eine wahre Flut von Beförderungen und Auszeichnungen über die siegreichen Armeen Hitlers. Die drei Oberbefehlshaber der Heeresgruppen und der Oberbefehlshaber des Heeres, Rundstedt, Bock, Leeb und Brauchitsch, wurden Generalfeldmarschälle, der von Hitler spöttisch als „Studienrat" bezeichnete Chef des Generalstabes des Heeres, Franz Halder, Generaloberst, desgleichen Models Oberbefehlshaber Ernst Busch. Generalleutnant Model ging leer aus. Er hatte nicht nur Freunde, und seine brüske Art, der Sache zu dienen und nicht nach der Gunst der Umgebung zu fragen, brachte ihm manchen Feind. Er konnte sich mit dem Wort des Generals v. Seeckt trösten, daß Generalstabsoffiziere keine Namen haben. Aber sein Studienobjekt, der Generalfeldmarschall Graf Gneisenau, hatte darüber stets mit sich selbst gehadert, daß er in den Feldzügen von 1813/15 mit ihren großen Siegen immer hinter dem greisen Blücher als Oberbefehlshaber hatte zurückstehen müssen – was den Ruhm der Siege anbetraf.

Die 16. Armee blieb zunächst in Frankreich. Hauptquartier wurde Nancy, das damals von großdeutschen Phantasten schon wieder als die alte deutsche Stadt „Nanzig" bezeichnet wurde. Anfang August 1940 nahm Generalleutnant Model den ersten Urlaub seit Kriegsbeginn. Er fuhr im Wagen, und obwohl er

links als Fahnenjunker 1909

als Leutnant 1910

als Fahnenjunker-Uffz. 1910
(Mitte der oberen Reihe)

im Großen Hauptquartier,
Bad Kreuznach 1918
(In der Mitte FM v.
Hindenburg, rechts von ihm
Gen. Ludendorff;
ganz links Hptm. Model)

▼

als Hauptmann 1919

Herbst 1925 in Münster

▼

Görlitz 1926

*Allenstein 1934 (von links:
Gen. v. Brauchitsch,
Gen. Frhr. v. Fritsch, Gen. v.
Niebelschütz, Obstlt. Model)*

▼

*als Chef des Generalstabes der
16. Armee mit deren Ober-
befehlshaber GenOb Busch,
August 1940*

*als Generalleutnant und Chef
des Generalstabes der 16. Armee
bei Toul, Juni 1940* ▼

als Generalleutnant und Kdr. der 3. Panzerdivision in Rußland, Juni 1941

▼ *Rußland, Juli 1941 (von links: Hptm. Barth, GenLt Model, Obstlt. i. G. Pomtow, Maj. v. Oppen, Lt. v. d. Knesebeck)*

als GenOb und Ober-
befehlshaber der 9. Armee,
Oktober 1942

als GenOb und OB
der 9. Armee bei Rshew,
Dezember 1942

▼

Frühsommer 1943

bei Rshew, November 1942

nicht selbst fuhr – gemäß „Führer-Befehl" – hatte er Pech. Bei einem Unfall am 3. August 1940 wurde er leicht am Kopf verletzt. Der unvermeidliche Hund, den er auch ins Feld mitgenommen hatte, bekam einen solchen Schreck, daß er aus dem Wagen sprang und fortlief. Zu Models Ärger wurde er nicht wieder aufgefunden.

In Dresden hatte die Familie inzwischen den Lebensstandard dem Krieg angepaßt. Der eigene Wagen, den der Hausherr ohnedies nicht mehr fuhr, war im Frühjahr an die Wehrmacht verkauft worden, das große, für Repräsentationspflichten geeignete Haus an der Comeniusstraße aufgegeben und zu gunsten einer bescheideneren Wohnung in der Leubnitzerstraße 25 vertauscht worden. Urlaub bedeutete für Model wie immer „Abschalten". Die Ansprüche waren bescheiden, Kinobesuch, Theater, Essen mit guten Bekannten, wobei er durchaus erstklassige Lokale bevorzugte, wie die berühmten Linkeschen Weinstuben in Dresden. Er mochte dann auch vom Krieg nicht viel hören, höchstens daß er den Kindern erfreuliche Geschichten erzählte.

Dann rief die Armee in Nancy wieder. England hatte das naive Friedensangebot Hitlers abgewiesen. Hitler erwog die Forcierung Englands durch die Luftwaffe, die für eine Luftoffensive jetzt die besten Absprungplätze an der europäischen Westküste zwischen den Niederlanden und der Bretagne gewonnen hatte, und eine Landung auf der Insel selbst. Das „Unternehmen Seelöwe" wurde befohlen. Dafür wurde auch die 16. Armee eingeteilt, die aus dem Raum Calais übergesetzt werden sollte. Freilich fehlten für „Seelöwe" eigentlich alle Voraussetzungen. Nicht nur, daß die Luftoffensive nicht zum Erfolg führte, die Ausschaltung der britischen Jagdverteidigung nicht gelang. Die Kriegsmarine, deren Überwasserstreitkräfte beim Unternehmen gegen Norwegen im April 1940 schwere Verluste hatte hinnehmen müssen, war nicht mehr imstande, geeignete Deckungsstreitkräfte auf See zur Verfügung zu stellen. Was die Übersetzmittel betraf, mußte man sich mit Hilfsschiffen begnügen.

Models damaliger Begleitoffizier, der Oberleutnant d. R. Alsen, einer Industriellenfamilie entstammend, hat indes bezeugt, daß sich der Chef des Generalstabes der Armee wieder mit Feuereifer des „Seelöwen" annahm. Er fragte nun einmal nicht nach Zweifeln, er fragte nach der Arbeit. Auch Oberleutnant Alsen befand, er sei kein „bequemer" Vorgesetzter; kam aber ganz gut mit ihm aus.

Aus dem ersten Termin – 25. August 1940 – für den „Seelöwen" wurde nichts. Was man beim Stabe in Nancy nicht ahnen konnte, war, daß Hitler schon seit Ende Juli 1940 ganz andere, gefährlich weitgespannte Ideen beschäftigten – der Angriff nach Osten, um das zu sichern, was er als „deutschen Lebensraum" für notwendig hielt. Das hieß: Angriff auf die Sowjetunion. Daß er mit Stalin einen Nichtangriffspakt geschlossen hatte – nach seinen Worten einen Pakt mit „Satan" –, spielte für ihn keine Rolle.

„Seelöwe" verlor an Bedeutung, zumal nach der deutschen Niederlage in der Luftschlacht über Kent Mitte September 1940. Schließlich wurde der Plan nur noch zur Tarnung der wahren deutschen Planungen aufrechterhalten. Hitler plante den Ostfeldzug. Model ließ die der 16. Armee damals unterstehenden Verbände, das XXXXI. motorisierte Korps mit der 29. mot. Division und der 3. und 10. Panzerdivision, unentwegt weiter „Seelöwe" üben. Die 3. Panzerdivision machte auf dem Schießplatz Putlos dabei Versuche mit Unterwasserfahrten von Panzern, wobei es tragische Unfälle gab. Aber was eigentlich sollte der Chef eines Armeestabes anderes tun, als nach seinen Direktiven handeln ...

Dann kam die große Überraschung. Im November 1940 wurde Model zum Kommandeur der 3. Panzerdivision ernannt, Standort Rathenow bei Berlin, beziehungsweise Berlin selbst. Die Division, die den Berliner Bären als Wappentier führte, hatte die Panzerabteilung z. b. V. 88 für die „Legion Condor" in Spanien gestellt, die Model einst selbst besucht hatte. Unter dem bisherigen Kommandeur Generalleutnant Stumpff hatte sie im Frankreichfeldzug nicht gerade leuchtende Leistungen zu verzeichnen gehabt, obwohl sie als „Garde" des Heeres galt. Obendrein war Model sozusagen gelernter Infanterist, hatte allerdings seine theoretischen Erfahrungen in moderner Panzer-kriegführung in der 8. (Techn.) Abteilung des Generalstabs vervollkommnen können.

Generalfeldmarschall v. Brauchitsch, der Oberbefehlshaber des Heeres, bei dem sich Model anläßlich der Versetzung melden mußte, sagte ihm, er gebe ihm „das Modernste", was er habe – eben die 3. Panzerdivision. Vielleicht sollte diese Floskel ein Trostpflaster dafür sein, daß Model beim Segen vom 19. Juli übergangen worden war?

Als er sich vom Stab in Nancy verabschiedete, war die Szene bezeichnend für ihn. Er hatte allen das Letzte abverlangt, was sie zu leisten vermochten, er hatte viele vor den Kopf gestoßen, oft ganz unnötigerweise. Jetzt tat ihm das alles leid, er wußte sehr wohl, daß er oft zu rasch und zu hart oder grob war. Jedem seiner engsten bisherigen Mitarbeiter gab er die Hand, die er lange hielt und sagte ihm zu Herzen gehende Worte. Welch merkwürdiger Mensch!

Aber jeder Teilnehmer der Verabschiedung, auch diejenigen, die ihm gram gewesen waren, die ihm gezürnt oder die ihn gefürchtet hatten, waren in diesem Augenblick davon überzeugt, daß hier ein außergewöhnlicher Soldat die 16. Armee verließ, ein Mann, der das Herz auf dem rechten Fleck hatte und dem man abnehmen konnte, er tue das Richtige, wo immer er stehen würde. Models Laufbahn ging fortan steil nach oben. Doch der Krieg brachte kein Jahr mehr, das so voll trügerischen Glanzes gewesen war wie das von 1940 in Frankreich.

Viertes Kapitel

„Durch und vorwärts"
Kommandeur der 3. Panzerdivision
im Rußlandfeldzug 1941

Panzerdivisionen waren sicherlich damals die modernsten
Großverbände, über die das Heer verfügte. Wenn aber Feldmarschall v. Brauchitsch, ein sehr liebenswürdiger und wohl-
erzogener Kavalier (leider eben darum gegenüber Hitler recht
wehrlos), Model versichert hatte, er gebe ihm „das Modernste",
was er habe, so war das sehr euphemistisch gesagt. Die 3. Panzerdivision, die nach dem Westfeldzug in ihre berlin-branden-
burgischen Standorte zurückverlegt worden war, befand sich in
völliger Auflösung, als Model das Kommando übernahm. Erhebliche Teile der Division mußten an die für Nordafrika bestimmte 5. Leichte Division abgegeben werden, darunter das
Panzerregiment 5, die Aufklärungsabteilung, Artillerie und
Panzerjäger. In Nordafrika hatte die 10. italienische Armee,
die nach dem Kriegseintritt Italiens auf Ägypten angesetzt
worden war, angesichts einer britischen Gegenoffensive schwere
Schlappen erlitten.
Generalleutnant Model sah sich der Aufgabe gegenüber, die
Division erst wieder einsatzfähig zu machen. In Ferngesprächen
erörterten Brauchitsch und Halder am 9. und 11. 11. 1940 die
Übernahme der Division durch Model. Der bisherige Kommandeur, Generalleutnant Stumpff, erhielt die neue 20. Panzerdivision. Sämtliche Panzerdivisionen wurden damals durch Abgabe eines ihrer bisherigen beiden Panzerregimenter halbiert,
um auf diese Weise die Zahl der Divisionen zu erhöhen. Dafür
erhielt jede Division zwei motorisierte Schützenregimenter,
„Panzergrenadiere", wie sie später benannt wurden. Diese generelle Umstellung komplizierte die Situation bei der Komman-
doübernahme durch Model zusätzlich. Dessen Stimmung war
dementsprechend explosiv.

Am 13. 11. 1940 übernahm er die Division in Berlin. Unter dem 20. 11. 1940, einem Mittwoch, notierte General Halder: „Model (bisher Chef Generalstab 16. Armee) meldet sich als Kommandeur 3. Pz. Div." Vielleicht hat Model bereits bei dieser Gelegenheit hinsichtlich des Zustandes der Division kein Blatt vor den Mund genommen. Oder er hat dies bei einer anderen Gelegenheit Anfang 1941 getan, wie man sich in der Familie erzählte, von der jedoch das Haldersche Tagebuch nichts verlauten läßt. Jedenfalls hat sich der Chef des Generalstabes des Heeres, den wohl auch Beschwerden von Generalstabsoffizieren über Models brüske und burschikose Sitten erreichten, einmal höchst abfällig über ihn vernehmen lassen.

Als Model die Panzerdivision übernahm, galt er als gelernter Infanterist, und seine Fremdheit gegenüber technischen Dingen war mindestens in der Familie wohl bekannt. Wenn er trotzdem sofort natürliches Verständnis für die Eigenart der Panzerwaffe bewies und sich über ihre schlachtenentscheidende Bedeutung in der damaligen modernen Kriegsführung durchaus im klaren war, so lag das daran, daß er bereits in der T 4 mit kriegstechnischen Studien befaßt worden war und daß er als Chef der 8. Abteilung des Generalstabes genügend Gelegenheit gehabt hatte, sich mit den Guderianschen Thesen über die Panzerführung vertraut zu machen. Im Gegensatz zu Beck und Halder war er in diesem Sinne ein Anhänger der „Tankschule" gegenüber den Konservativen, von der britische Kriegshistoriker so gern sprechen.

Der Divisionsstab setzte sich damals aus dem Oberstleutnant i. G. v. dem Borne (Ia), Hauptmann i. G. Barth (Ib), Oberleutnant v. Schubert – später dann Oberleutnant v. dem Kenesebeck (Ic) und dem Adjutanten (IIa) Major v. Oppen zusammen. Borne ging nach Nordafrika und wurde durch den Major i. G. Heinz Pomtow ersetzt. Die meisten Herren konstatierten, daß sie einen „schwierigen Vorgesetzten" als Kommandeur erhalten hätten, der für den Hausgebrauch „eine zu scharfe Klinge" schlug (Pomtow). Zunächst einmal wurde der Stab von Berlin nach Buckow verlegt, damit er nicht „in Berlin versauere", wie Model das nannte. Als Major i. G. Pomtow sich bei ihm als

Nachfolger v. dem Bornes meldete, fauchte Model ihn an: „So, Sie sind also der neue Ia! Warum kommen Sie erst jetzt? Sie könnten schon längst da sein! Gehen Sie zum IIa und lassen Sie sich einweisen." Der Major fand den Ton nicht kasinomäßig. Doch er entdeckte rasch, daß derjenige, der sich nichts gefallen ließ, bei diesem Kommandeur die Partie gewann. Und Model ließ Pomtow niemals ablösen, sondern sagte später in Rußland, dieser sei ein „guter Panzer-Ia".

Zur Division gehörten nach der Umstellung das Panzerregiment 6, 1935 aufgestellt aus dem Reiterregiment 4, Kommandeur Oberstleutnant v. Lewinski die motorisierten Schützenregimenter 3 und 394, Kommandeure Oberstleutnant v. Manteuffel und Oberstleutnant Audörsch, das Panzer-Artillerieregiment 75 (Oberst Ries, der noch unter Model in Rußland fiel), Kraftrad-Schützenbataillon 3 (Major v. Corvin-Wiersbitzki, dann Major Pape) sowie eine Panzer-Jägerabteilung, ein Panzer-Pionierbataillon und eine Panzer-Nachrichtenabteilung. Die Panzer führte als Brigadekommandeur Generalmajor Breith, später General Linnarz, die beiden Schützenregimenter hatten als Brigadekommandeur Oberst Kleemann.

Die Kommandeure machten die gleichen Erfahrungen wie der Stab. Model verlangte nicht viel, sondern stets alles von der Truppe. Er suchte sich diese in die Hand zu spielen, indem er selbst jeden Truppenteil inspizierte, nicht nur mit den Offizieren, sondern noch lieber mit der Mannschaft sprach, indem er Übung auf Übung in gemischten Verbänden, am liebsten in Kampfgruppen veranstaltete, als ob er die Erfordernisse des Rußlandfeldzuges vorausahne, so wenig der Division einstweilen derartige Pläne Hitlers bekannt waren. Am meisten empört zeigte sich Oberst Kleemann über den superscharfen Dienstbetrieb, bei dem Offizier wie Mann nichts geschenkt wurde. General Breith, die Oberstleutnante v. Lewinski und v. Manteuffel entdeckten rasch, welch große Qualitäten in diesem harten Herren steckten. Oberstleutnant Audörsch von Regiment 394, das aus einem Infanterieregiment zum mot. Schützenverband umgewandelt worden war und dessen eines Bataillon noch weit weg von Berlin in Hamburg-Wandsbek lag, erlebte, wie General Model plötzlich zur Besichtigung in Wandsbek erschien. Er ließ sich vom Bataillonskommandeur Major Kratzenberg die Mannschaften vorstellen, meist Hamburger Ersatz, der ihm fremd war, sprach mit den Leuten, wollte wissen, was sie im Zivilleben waren, wie es um ihre Familien stand. Dann wurde ein Planspiel im Kasino veranstaltet. Model verfolgte den Verlauf etwa zweieinhalb Stunden lang, dann erhob er sich abrupt, verbeugte sich gegenüber dem Offizierkorps und enteilte. Audörsch konnte ihn noch vor der Tür erwischen, Major Kratzenberg noch zwischen Tür und Angel. Audörsch sagte leise zu seinem Bataillonskommandeur, Model habe ihm bedeutet, hier sei ja alles in Ordnung, hierher brauche er nicht mehr zu fahren.

Einen losen Scherz erlaubte sich Major Frhr. v. Türckheim zu Altdorf, der spät die noch ungenügend ausgerüstete Panzer-Jägerabteilung 543 der Division übernahm und natürlich von den rauhen Sitten des Generals hatte läuten hören. Er ließ eine Batterie 2 cm Vierlings-Flak bei der gefürchteten Besichtigung so gut getarnt aufbauen, daß Model sie nicht entdeckte. Dann wurde Feuerbefehl (mit Platzpatronen) gegeben. Dem Kommandeur fiel das festeingeklemmte, unvermeidliche Monokel aus dem Auge. Und der Kommandeur fand das großartig. Türckheim hatte die Besichtigung gewonnen.

In der Division ging das Spottwort um, die „verstumpfte" Division werde jetzt gründlich „umgemodelt." Der Ausbildungsstand hatte bereits zu Beginn des Jahres 1941 einen solchen Ruf erlangt, daß Teile zu einer Lehr- und Schauübung nach Zossen befohlen wurden, wo sich das Generalstabslager befand. Unter Führung ihres Generals übte die Truppe vor dem sowjetischen Militärattaché General Purkajew, seinem Gehilfen General Beljakow und dem Luftwaffenspezialisten Oberst Skornjakow, die von Oberstleutnant v. Mellenthin von der Attaché-Abteilung des OKH begleitet wurden. Es ist nicht anzunehmen, daß Generalleutnant Model damals schon eine Ahnung davon gehabt hat, daß er ein halbes Jahr später seine Division nach Rußland führen müßte.

Ein wenig mehr von zukünftigen Aufgaben ließ mutmaßlich

eine große Divisionsübung ahnen, die im Frühjahr 1941 im Raum Marienwerder/Eberswalde vor General Guderian veranstaltet wurde. Gegenstand war das Übersetzen einer Panzerdivision über den Finow- und Hohenzollernkanal unter Einsatz aller kriegstechnischen Mittel einschließlich von Tieffliegerangriffen.

Am 31. 5. 1941 erhielt die 3. Panzerdivision Befehl zur Verlegung nach „Ostdeutschland". In der Truppe dachte man an eine Verwendung im Grenzschutz. Die Marschoperation erfolgte im Mot-Marsch. Model brauste in seinem Opel hin und her, um die Marschdisziplin zu kontrollieren, und benutzte die Gelegenheit, „Einlagen" zu befehlen, kleinere Übungen.

Zuvor aber hatte er sich im April etwas ganz Besonderes einfallen lassen, als bräche plötzlich bei ihm das Erbe von drei Generationen Kantoren durch. Zwischen allen Übungen hatte er einen Gesangs- und Musikwettstreit befohlen, eine Pause völliger Entspannung. Darüber wurden natürlich viele Witze gerissen, der General galt ja immer als etwas verrückt. General Breith meinte jedoch später, das Ganze habe auf die Truppe vorzüglich gewirkt und sei ihr gut bekommen...

Mitte Juni 1941 bezog die 3. Panzerdivision ihre Bereitstellungsräume westlich des Bugs, in polnischen Wäldern, deren Mückenschwärme zur Plage wurden. Die Division war jetzt dem XXIV. Armeekorps (mot.) unter dem General der Panzertruppen Leo Freiherr Geyr v. Schweppenburg unterstellt, das zur Panzergruppe 2 des Generalobersten Guderian gehörte. Seit April 1941 muß Model klar gewesen sein, was die Stunde geschlagen hatte: Krieg gegen die Sowjetunion. Im April war er zu einem großen Kriegsspiel in Posen kommandiert worden, das der Oberbefehlshaber der 4. Armee, Generalfeldmarschall v. Kluge, geleitet hatte: Thema – Angriff nach Osten.

Der Hitler-Stalin-Pakt, der Nichtangriffs- und Freundschaftsvertrag mit der Sowjetunion, verbunden mit wirtschaftlichen Abmachungen über die Lieferung von Rohstoffen und Öl für die deutsche Kriegsmaschinerie, war noch voll in Kraft. Was sich General Model bei all dem gedacht hat, wissen wir nicht. Welch wunderlich primitive Version er der Truppe vermittelte, werden wir hören. Vielleicht war sein Credo, daß die Politik den Soldaten nichts angehe, in diesem Fall für ihn sehr nützlich. Es ersparte ihm das Nachdenken. Ihn beschäftigte weit stärker der Umstand, daß es ihm wie der Truppe an Osterfahrungen fehlte. Die einst für „Führergehilfen" der Reichswehr beinahe obligatorische Rußlandreise konnte da nicht viel nutzen. Im Ersten Weltkrieg hatte er an der Westfront gestanden. Irgendwie muß ihn der Gedanke erfüllt haben, daß dieser Feldzug in die Weiten Rußlands – wurde er nicht blitzschnell gewonnen – sehr ernst werden würde. Er ließ in verstärkter Form üben, auch die Trosse mußten, wie schon vorher, Gefechtsbereitschaft exerzieren. Er ließ, zur Entrüstung Oberst Kleemanns, drüben auf der sowjetischen Seite die Brücken vor seinem potentiellen Einsatzabschnitt nach der Karte vermessen. Der Oberst dachte daran, daß man einen Pakt mit der UdSSR hatte. Model verlangte, daß die Truppe lerne, mit dem fertigzuwerden, was sie erwartete: Flußübergänge, Waldkampf, schlechte Wege, die die Beweglichkeit behindern konnten und doch niemals behindern durften ...

Mit seinem Armeeoberbefehlshaber, Generaloberst Guderian, verband Model viel: die rein militärische Denkweise bei der Lösung der gestellten Aufgabe, die Neigung, als Panzerkommandeur stets von vorn zu führen, mit den Stäben per Funk zu verkehren und deren Arbeit allenfalls am Abend nach der Rückkehr von der Frontfahrt zu kontrollieren und zu leiten. Komplizierter war das Verhältnis zum Kommandierenden General des XXIV. A. K. (mot.). Leo Geyr v. Schweppenburg, bis zum Februar 1940 Kommandeur der 3. Panzerdivision, war Aristokrat vom Scheitel bis zur Sohle, ein frommer Katholik, strikt klerikal-konservativ eingestellt, und neigte, ehedem Militärattaché in London, zu einer höchst skeptischen Beurteilung der Kriegsaussichten, zumal eines Krieges gegen die Sowjetunion mit einem nicht besiegten Großbritannien im Rücken. Natürlich war er Soldat und gehorchte, hielt es auch für Soldatenpflicht, im Kriege nicht daheimzubleiben. Aber von Models Denken trennten ihn Welten. Model war überzeugt, daß er von seinen Leuten nur den letzten Einsatz bis zum Tod ver-

langen konnte, wenn er selbst jeden Zweifel aus seiner Brust
von vornherein verbannte. Geyr v. Schweppenburg hütete seine
Skepsis. Aber der Aristokrat fand doch, daß sein Divisionskommandeur ein „brillanter Soldat" war, tapfer bis zum
Leichtsinn.

Am 21. 6. 1941 ging die Division in die für den X-Tag be-
fohlenen Angriffsräume, westlich des Bug, etwa 20 Kilometer
südlich Brest-Litowsk. Am 22. Juni 1941 würde in den frühen
Morgenstunden der Angriff beginnen. Entscheidend für den
Übergang der Panzer über den Bug war die handstreichartige
Fortnahme der Brücke bei Koden. Der General inspizierte die
Einheiten in der vordersten Linie. Auf dem Kirchturm von
Koden fragte er den Beobachter, der das vom folgenden Tag
an feindliche Ufer überwachte, einen Reserveleutnant vom
Schützenregiment 3, Ernst Mertens: „Was sagen Sie nun Ihren
Männern morgen, wenn wir rübergehn?" Der Leutnant
schwieg. Model: „Sagen Sie ruhig, wir brauchen Lebensmittel
für einen langen Kampf gegen England, die holen wir uns
jetzt." Daß Hitler – ohne Krieg, aber unter Kriegsdrohung –
damals von Stalin eben diese Lebensmittel in überreichem Maß
hätte haben können, davon hatte der General keine Vorstel-
lung. Er wußte auch ganz einfach nicht, daß noch in der Nacht
vor dem Angriff sowjetische Züge mit vereinbarten Lieferun-
gen gen Westen rollten, auf Stalins Geheiß. Ein schlichter
Divisionskommandeur konnte das alles auch damals gar nicht
wissen.

Der Krieg gegen die Sowjetunion, den Hitler ohne realen
Grund am 22. Juni 1941 begann, aber barg noch ganz andere
Probleme. Am 30. 3. 1941 hatte Hitler für diesen Feldzug, der
den Decknamen „Barbarossa" erhalten hatte, in Erinnerung
an die Kreuzzüge mittelalterlicher Kaiser, vor der höchsten
Generalität die Vernichtung des „jüdischen Bolschewismus"
und damit den Verzicht auf soldatische Ritterlichkeit proklamiert. Am 6. Juni 1941 war der sogenannte Kommissarbefehl
vom OKW ergangen: Danach wurden „politische Kommissare",
das heißt, die mit politischer Schulung und Truppenfürsorge
betrauten Politoffiziere der sowjetischen Armee, quasi für

vogelfrei erklärt. Die Regeln des Völkerrechts für Kriegsgefangene sollten für sie keine Gültigkeit haben. Bei Widerstand im Kampf oder in anderer Form waren sie „mit der Waffe zu erledigen". Sonst sollten sie bei Gefangennahme auf ihr Verhalten überprüft und gegebenenfalls ebenfalls „erledigt" werden.

Hitlers Befehl war für jede deutsche soldatische Tradition ein Schlag ins Gesicht. Leutnant Liebrecht, damals Begleitoffizier Generalleutnant Models, hat bekundet, grundsätzlich sei bei der 3. Panzerdivision jeder Befehl „Befehl" gewesen. Von Model gibt es keine Äußerung zu diesem Befehl des OKW. Aber die Praxis, soweit sich diese nach fast dreißig Jahren rekonstruieren läßt zeigt, daß der Divisionskommandeur den Befehl entgegengenommen, ihn aber nicht an die einzelnen Einheiten weitergegeben hat. Doch der scheußliche Mordbefehl schlug Wellen weit über den selbstgewählten Tod Generalfeldmarschall Models 1945 hinaus.

Im Prozeß gegen die Hauptkriegsverbrecher in Nürnberg präsentierte der sowjetische Ankläger Oberst Pokrowsky am 13. 2. 1946 den deutschen Kriegsgefangenen Hans Drews als Zeugen. Drews gab an, er habe der 4. Kompanie des Panzerregiments 6 (3. Panzerdivision) angehört. Er kenne einen Befehl des Generalleutnants Model, wonach keine Kriegsgefangenen gemacht werden sollten. Besagter Drews konnte auch in Nürnberg aussagen, General Nehring, Kommandeur der 18. Panzerdivision, habe den gleichen Befehl erteilt. Drews erinnerte sich ferner einer Instruktionsstunde am 20. 6. 1941 in seinem Regiment: Da sei erklärt worden, sowjetischen Verwundeten seien keine Verbände anzulegen, die deutsche Armee habe keine Zeit, sich mit Kriegsgefangenen Mühe zu machen . . .

Mag sein, daß der Soldat Drews Latrinenparolen wiedergegeben hat, wie sie unter Soldaten aller Zeiten üblich gewesen sind. Den Tatsachenbeweis konnten weder er noch sein Produzent Pokrowsky antreten.

Für den 22. Juni 1941, den 1. Tag von „Barbarossa" gab der Kommandierende General des XXIV. A. K. (mot.), General Geyr v. Schweppenburg, die Parole aus „Durch und vorwärts".

Die 3. Panzerdivision ging mit beachtlicher Stärke in den „Kreuzzug". Das Panzerregiment 6 verfügte über 58 (leichte) Panzer II, 108 Panzer III (mit kurzer Kanone) und 32 Panzer IV (mit langer 7,5 cm-Kanone) sowie über acht große und drei kleine, mit Funk ausgestattete Panzerbefehlswagen. Um 4.30 Uhr morgens erschien Generalleutnant Model bereits mit der Führungsstaffel, Kübelwagen und gepanzertem Funkwagen, an der Brücke von Koden, die unversehrt durch Handstreich in deutsche Hand fiel. Am anderen Tag, dem 23. 6. 1941, schlug er seinen Gefechtsstand bereits in Kobryn auf, bislang Hauptquartier des Generals Korobkow, Oberbefehlshabers der 4. sowjetischen Armee, die über vier Schützendivisionen verfügte. In zweiter Linie focht hier das XIV. Mechanisierte Korps des Generalmajors Oborin, das durchbrochen wurde.

Oberkommandierender auf der gegnerischen Seite war General Pawlow, Befehlshaber des Westlichen Militärbezirks, dem drei Armeen mit einem Kavalleriekorps, drei moto-mechanisierten Korps und sieben Schützendivisionen unterstanden. Infolge der Taktik Stalins, dem deutschen Angriff ausweichen zu wollen, war der Gegner zwar stark an massierten Grenzsicherungsverbänden, aber unvorbereitet auf einen jähen Überfall. Gleichwohl war der Widerstand, zunächst oft wenig koordiniert, außerordentlich hartnäckig.

Die 3. Panzerdivision unterstand im Rahmen der Panzergruppe 2 der Heeresgruppe Mitte des Generalfeldmarschalls Fedor v. Bock. Fernziel war Moskau, nach der Aufmarschplanung des OKH, die mit der Grundanschauung Hitlers, wonach die Entscheidung auf den Flügeln im Süden und Norden zu suchen sei, nicht harmonierte.

Models Panzerkolonnen erzielten zwischen dem 22. 6. und 3. 7. 1941 den Durchbruch über den Bug südlich der noch von den Sowjets erbittert verteidigten Festung Brest-Litowsk, sie stießen bei Bobruisk über die Beresina und strebten weiter zum Oberlauf des Dnjeprs bei Rogatschew. Noch häufiger als Guderian, eigentlich immer, war der Divisionskommandeur vorn bei der Truppe.

Es gab bezeichnende Szenen. Kurz nach der Einnahme des

brennenden Sluzk befahl Major Kratzenberg, Kommandeur des I. Btl./Sch. Rgt. 394 einen Stop zur Überholung seiner Schützenpanzerwagen. In der Nähe stritt sich General Model mit dreien seiner Kommandeure, sämtlich im Oberstenrang, über das gleiche Thema. Hernach sprach der Major die Obristen an, die Fahrzeuge müßten überholt werden. Die Obristen waren höchst erbost und beleidigt. Das solle der Major doch besser dem General selbst vortragen. Dieser habe ihnen gegenüber Töne angeschlagen, wie sie selbst unter Holzknechten nicht üblich seien. Darauf erschien Model bei Major Kratzenberg, der ungescheut seine Meinung äußerte. Model: „Kratzenberg, Sie haben vollkommen recht. Ich sage Ihnen aber, daß es nicht anders geht. Jede Minute, die wir jetzt verlieren, wird uns große Verluste kosten, die wir uns nicht leisten können, wir müssen jetzt vorwärts, sonst wird das Ganze nichts. Beeilen Sie sich mit dem technischen Dienst, viel Zeit ist nicht."

Am 3. 7. 1941 vermerkte der Generalstabschef des Heeres, Generaloberst Halder, in seinen Tagesnotizen, der Krieg im Osten sei gewonnen, aber noch nicht beendet. Generalleutnant Model schien den Eindruck zu haben, das Ende sei noch fern, aber es sei möglich, das Ende zu erkämpfen. Und der Vormarsch ging ja weiter, in dörrendem Sommer, an Regentagen, die sofort alle Wege in Schlamm verwandelten, in immer neue Weiten, ohne Horizont. Der General trieb voran, im Juli 1941 erhielt er das Ritterkreuz zum Eisernen Kreuz. In den Briefen, die er in diesen Jahren aus dem Felde nach Hause, an seine Frau, an den Sohn, an die Töchter, an die Schwiegermutter oder Verwandte schrieb, hastigen Elaboraten, vorsichtig gefaßt, weil niemand wissen konnte, ob nicht solche Post in Feindeshand fiel oder von Unberufenen mitgelesen wurde, verrät sich nur ein einziges Bestreben: der Heimat deutlich zu machen, daß sie dem Heer im Osten in unerschütterlicher Zuversicht und ungebrochener Arbeitskraft den Rücken stärken müsse, damit – bei ihm unausgesprochen – nicht ein zweites 1918 einträte. Der Krieg im Osten, das muß er bald gesehen haben, fraß sich in immer neue Räume hinein. Und die Panzerstärke der eigenen

Division schmolz rasch dahin, weniger durch Gefechts- als durch technische Ausfälle.

Die zweite Phase der Ostschlachten, in die Models Panzerdivision hineingebannt war, brachte das Ringen um Mogilew, den Übergang über den Dnjepr und damit den Durchbruch durch die sogenannte „Stalin-Linie", die Ende Juli 1941 abgeschlossen waren, und darauf in den ersten Augustwochen die Schlacht um Roslawl, die Kesselschlacht bei Klimowitschi und das Ringen um Gomel und Kritschew.

Mit dem auf Hitlers Befehl erfolgten einstweiligen Wechsel im Hauptoperationsziel, das nicht mehr Moskau hieß, sondern die Einkesselung der sowjetischen Kräfte in der West- und Mittelukraine, mußte auch die 3. Panzerdivision im Rahmen der Panzergruppe 2 Guderian nach Süden zum Angriff antreten.

Die Riesenkesselschlacht von Kiew begann für die 3. Panzerdivision am 21. August 1941. Unmittelbar davor lagen die schweren Kämpfe um das Straßenkreuz Starodub und um Enetscha, wo die Sowjets versuchten, von Nordwesten her die Nahtstelle zwischen der 3. und 4. Panzerdivision zu durchstoßen. Bei der Schließung des Riesenkessels im Raum um Kiew fiel der Modelschen Division eine Bravouraufgabe zu. Eine gepanzerte Kampfgruppe der Division stieß in siebenstündigem „Kampfmarsch" über Lochwitza bis Lubny, 200 Kilometer östlich Kiew durch, wo sie Verbindung mit Kräften der an der Einschließungsoperation maßgeblich beteiligten Heeresgruppe Süd gewann. Als Generalleutnant Model die Meldung darüber auf seinem Gefechtsstand erhielt, sagte er in seiner kalten Art: „Nun machen wir die Bude dicht." Das Krad-Schützenbataillon 3, das nunmehr Major Pape führte, nahm in der Kesselschlacht den Artilleriekommandeur der 5. sowjetischen Armee, Generalmajor Sostinski, mit seinem Stab gefangen.

Während der Kesselschlacht wurde Model am 2. 9. 1941 leicht verwundet. Er hatte das Bedürfnis, seine Pflicht bei den Männern zu tun, denen er Tag um Tag das Härteste abverlangte. Als der ihm wohlbekannte Major Kratzenberg vom Schtz. Rgt. 394 bei den Kämpfen um den Übergang über die Beresina im

Wald bei Kalista in seiner unmittelbaren Nähe bei einem Feuerüberfall schwer verwundet wurde, ging er ungerührt mitten im Kugelhagel zu ihm, um mit ihm zu sprechen. Und der Major sagte, der General sei schuld an seiner Verwundung, seine „roten Hosen" hätten dem Feind ein zu gutes Ziel geboten. Das war ein Offizier nach Models Herzen.

Die Kesselschlacht von Kiew mit rund 665 000 Gefangenen war in Hitlers Augen ein „gigantischer" Sieg. Der Sieg kostete die Entscheidung im Feldzug von 1941: Die rechtzeitige Einnahme von Moskau, dem wichtigsten Platz der europäischen Sowjetunion. Gleichwohl befahl Hitler die letzte Offensive gegen Moskau. Sie trug den schönen Decknamen „Taifun". Die Panzergruppe 2, mit ihr das XXIV. A. K. (mot.) mit der 3. und 4. Pz. Div. und der 10. Infanteriedivision (mot.), mußte nach Norden eindrehen, um in Richtung Nordost über Tula den projektierten Ring um Moskau zu schließen. Der „Führer" verfuhr mit Heeresgruppen, Armeen, Panzergruppen wie beim friderizianischen Bataillonsexerzieren. Offiziell fand die Kesselschlacht am 21. 9. ihr Ende. Mitte September 1941 verfügte das Panzerregiment der 3. zeitweilig über ganze 10 einsatzfähige Panzer aller Typen. Noch waren Kampfmoral und Siegesgewißheit der Truppe ungebrochen. Doch das Material schmolz dahin.

Angriffsziele für das Korps Geyr v. Schweppenburgs und Models Division waren die Straße Gluchow-Ssewsk, darauf die Straße Orel-Briansk, im Rahmen der Kesselschlacht um Orel-Briansk und der Ausräumung des Teilkessels Karatschew-Briansk – sämtlich Orte, die Model wieder und wieder in anderer Position beschäftigen sollten, als die Sowjetmacht 1943 zum Gegenschlag ausholte. Dann kam der letzte Auftrag: Stichwort „Schlußjagd" – Angriff auf Tula, die klassische Rüstungsschmiede des versunkenen Zarenreiches und damit der Stoß von Nordwest nach Nordost auf Moskau, befohlen am 22. 10. 1941.

Wenn der Generalstabschef des Heeres, Generaloberst Halder, im Tagebuch für Anfang Oktober 1941 strahlendes Herbstwetter im Zentralmittelabschnitt der Ostfront notierte, so mußte

General Model schon am 1. 10. 1941 melden, daß Herbstregen
die Wegelage im Raum Karatschew erheblich beeinträchtige.
Der russische Herbst mit der Schlammperiode nahte. Dahinter
lauerte der Winter. Der Gegner, dessen Kräfte, wie wir heute
aus den Memoiren des Marschalls G. K. Schukow wissen, aufs
äußerste strapaziert waren, setzte alles ein, was er gerade zur
Hand hatte – nicht nur den neuen, äußerst gut konstruierten
Panzer T-34, der noch nicht in genügender Stückzahl geliefert
werden konnte, nicht nur seine Kavallerie-Großverbände, deren Attacken das Schtz-Rgt. 394 schon beim Kampf um Roslwal
im Sommer erlebt hatte, sondern auch ganz ungewöhnliche
Kampfmittel: „Minenhunde", Kampfhunde, die mit Spreng-
ladungen auf dem Rücken ausgerüstet auf die Linien der 3.
Panzerdivision losgehetzt wurden. Es kostete Mühe, sie rechtzeitig abzuschießen.

Generalleutnant Model arbeitete noch die Befehle für „Schlußjagd" aus. Da erreichte ihn am 26. 10. 1941 auf dem Gefechtsstand Toljtsche, in einem russischen Bauerndorf, die Versetzung
als Kommandierender General des XXXXI. Panzerkorps im
Mittelabschnitt. Gleichzeitig wurde er mit Wirkung vom 1. 10.
1941 zum General der Panzertruppen befördert. Die rasante
Karriere begann, die hernach gerade ausländische Militär-
schriftsteller zu der Annahme veranlaßt hat, Model habe eben
seine Kräfte der Partei, vulgo der NSDAP, zur Verfügung
gestellt und sei dafür belohnt worden. Doch die NSDAP hatte
damit nichts zu tun. Die ständig kritischer werdende Lage in
der Schlacht um Moskau, die durch das falsche Kalkül des
„Führers" und Obersten Befehlshabers der Wehrmacht entstanden war, hatte zur Folge, daß man Ausschau nach Männern
mit noch ungebrochener Energie halten mußte, die geeignet
schienen, die Lage noch zu meistern.

Bei der kurzen Abschiedsfeier mitten im Ansatz für die imagi-
näre „Schlußjagd" sah der Divisionsstab den temperamentvol-
len, unruhigen und schwer berechenbaren bisherigen Kommandeur mit gemischten Gefühlen scheiden. Die erfahrenen,
traditionell denkenden älteren Offiziere dachten wohl, es würde der Nachfolger mehr Kontinuität an den Tag legen, aber sie

empfanden doch auch, daß in kritischer Stunde sie ein Soldat verließ, der bislang in jeder Lage noch den Ausweg gewußt, der einen sechsten Sinn dafür besessen hatte, vorauszuahnen, was der Gegner vermutlich im nächsten Takt tun würde.

Model gab die Berliner „Bärendivision" an seinen ehemaligen Brigadekommandeur Generalmajor Hermann Breith ab, der von Juli bis Oktober 1941 beim OKH als General der Schnellen Truppen Dienst getan und für die Belange der Panzerwaffe Sorge getragen hatte.

Fünftes Kapitel

Die erste große Krise: Niederlage vor Moskau Kommandierender General des XXXXI. Panzerkorps

Der russische Herbst mit der Schlammperiode beherrschte die Stunde, als General Model beim XXXXI. Panzerkorps in Kalinin, dem alten Twer, eintraf. Straßen und Wege hatten sich in Morast verwandelt, Kraftfahrzeuge und schwere Kolonnenfahrzeuge waren unbeweglich geworden, zu Hunderten verendeten Artillerie- und Troßpferde infolge von Überanstrengung oder Futtermangel. Die große Offensive auf Moskau, die dort zeitweilig eine Panik erzeugt hatte, war zum Stillstand gekommen.

Das XXXXI. Panzerkorps hatte am 14./15. 10. 1941 mit der 1. Panzerdivision unter Generalleutnant Kirchner noch Kalinin genommen, einen wichtigen Eisenbahnknotenpunkt an der Strecke Moskau-Leningrad. Doch dann reichten die Kräfte nicht mehr. Mit der gleichfalls zum Korps gehörenden 36. Infanteriedivision (mot.) des Generals Gollnick mußte man sich darauf beschränken, gegen sowjetische Gegenangriffe einen Brückenkopf in diesem Raum zu halten.

Bis zum 8. 10. 1941 hatte General der Panzertruppen Hans Reinhardt das Korps geführt, einstmals Models Lehrgangsleiter im Truppenamt. Reinhardt hatte darauf die Panzergruppe 3 erhalten, zu deren Verband das XXXXI. und das LVI. Panzerkorps rechneten. Als Model auf der Bühne erschien, war sein Korps der 9. Armee des Generalobersten Strauß unterstellt. Chef des Generalstabes bei seinem Korps war ein alter Bekannter aus der 8. (Techn.) Abteilung, Oberst i. G. Hans Roettiger. Roettiger hatte mit Reinhardt, einem sehr ruhigen, sehr abgewogen urteilenden Mann, vorzüglich zusammengearbeitet. Er sei „nicht glücklich" gewesen, schrieb er später, als er erfahren habe, Model werde den Befehl übernehmen. Er kannte dessen

Impulsivität, und seine unberechenbaren Einfälle. Ihm schwante nichts Gutes, und diese Stimmung des Chefs mag sich dem Stab mitgeteilt haben. Der Ia und der Ib, die Majore Graf v. Nostitz und Liebig, der Adjutant (IIa) Major Richter (später gefallen) fanden den neuen Kommandierenden denn auch rasch unmöglich. Gnade fand Model wunderlicherweise beim Korpsintendanten (IVA) Merz, obwohl er gewöhnlich alles, was mit Intendantur und Zahlmeisterei zu tun hatte, besonders scharf aufs Korn nahm, weil er argwöhnte, diese Herren sorgten mehr für den eigenen Magen als für den der Truppe. Die Stimmung wurde gespannt, Roettiger hörte bittere Beschwerden und mußte schließlich Model melden, am besten sei es wohl, dieser lasse den ganzen Stab ablösen – Versetzungsgesuche gebe es schon genug – und suche sich einen anderen Stab. Wie es Models Art entsprach, wollte er das auch nicht; etwas betroffen sagte er Roettiger, „so" habe er alles doch nicht gemeint. Die Schroffheit, mit der er sich in neue Kommandostellen einzuführen liebte, rührte wohl immer aus dem Bestreben, sofort allen Mitarbeitern, vulgo Untergebenen, klarzumachen, es wehe ein frischer neuer Wind, bislang hätten sie nicht genug geleistet. Im Grunde war es ihm gleichgültig, ob diese Methode Sympathien weckte, oder ob er sich damit solche verscherzte. Ihm war es egal, was die Leute von ihm dachten.

Auf der Reise mit Flugzeug und Kübelwagen hatte er Smolensk passiert, um sich bei seinem höchsten Vorgesetzten, dem Oberbefehlshaber der Heeresgruppe Mitte, Generalfeldmarschall v. Bock, zu melden. Beim Feldmarschall, den er „fabelhaft frisch" fand, herrschte noch ungebrochener Angriffswille. Sowie der erste Frost kam, sollte der Sturm auf Moskau wiederaufgenommen werden. Model imponierte das. Als er dann beim Korps angelangt war, wollte er sofort die Truppe sehen. Unter Kopfschütteln Roettigers, der dauernde Frontexkursionen für überflüssig hielt, fuhr der Kommandierende alltäglich frühmorgens los. Am 29. 10. 1941 erschien er schon bei General Gollnick auf dem Gefechtsstand der 36. I. D. (mot.) an der oberen Wolga. Gollnick ging mit ihm bis zur Beobachtungsstelle eines Regimentsgefechtsstandes, Model wollte den Frontverlauf studieren. Ein paar Tage später kam er noch einmal. Die Generale marschierten zu Fuß zu einem Bataillon nördlich der Oberen Wolga, Model störte es nicht, daß der Weg über eine vom Feind aus gut einsehbare hochgelegene Brücke führte, auf die der Russe gern mit Panzerabwehrkanonen schoß, wenn sich dort etwas bewegte. Im Laufschritt wurde die Brücke überwunden. Dann suchte man den Bataillonsgefechtsstand und fand eine ganze Menge Leute, zu Tode erschöpft, in tiefem Schlaf in einer Bauernhütte auf Strohschütten. Der Bataillonskommandeur war kaum wachzurütteln; schließlich war einer der Kompaniechefs in der Lage, Meldung zu machen.

Das eben war's, was Model mit eigenen Augen sehen wollte. Die Einheiten seines Korps waren nicht mehr voll kampfkräftig, und dennoch sollte er jetzt noch das Allerletzte aus ihnen herausholen. Als daher die Panzergruppe 3 am 5. 11. 1941 bei der Heeresgruppe in Smolensk schwere Bedenken gegen eine erfolgreiche Wiederaufnahme der Offensive anmeldete, fand ihr Memorandum volle Unterstützung bei Model wie bei dessen Chef Roettiger. Reinhardt und Model wünschten, daß die Heeresgruppe ihr Votum an das Führerhauptquartier weitergäbe. Doch Feldmarschall v. Bock tat dies nicht, weil er immer noch der Überzeugung war, man könne die erste Frostperiode bis zu hohem Schnee noch ausnutzen, um Moskau zu erreichen.

General Gollnick, ein bewährter Troupier, später Träger des Eichenlaubs zum Ritterkreuz, war offensichtlich ein Divisionskommandeur nach Models Herzen. Zum Kommandeur der 1. Panzerdivision, General Kirchner, fuhr er dagegen nicht; Kirchner war dienstälter als Model, viel erfahrener in Panzerkriegführung und hätte eigentlich das Korps erhalten müssen, in normaler Zeit wohl auch erhalten. Model war es wohl peinlich, ihm zu begegnen. Außerdem wurde Kirchner Ende Oktober bereits durch Generalmajor Krüger ersetzt, einen Mann, der an Eigenwilligkeit Model wenig nachgab. Immerhin dichtete der vielseitig begabte und etwas mokante Ia der Division, Major Wenck, damals im schwer umkämpften Kalinin etliche Spottverse als Mahnung auf den neuen hohen Kommandierenden General:

„Wir wissen, daß uns, nach wie vor, – noch immer hilft das hohe Korps,! – Es stiehlt für uns von jeder Seite, – 'ne Truppe, die uns hilft im Streite..."

Das war schon auf Models Methode gemünzt, in Krisen durch Formierung von Kampf- oder Alarmgruppen, durch rücksichtsloses Auseinanderreißen vorhandener Verbände Abhilfen zu schaffen für diejenige Stelle, an der es gerade am stärksten brannte. Wenck erklärte, sie lebten hier in Twer vom „Borgen", das Pumpgeschäft für schwere Waffen blühe.

Mitte November 1941 nahm die Heeresgruppe Mitte bei leichtem bis mäßigem Frostwetter den Angriff auf Moskau wieder auf. Die Panzergruppe 3 erhielt den Auftrag, die lang und länger sich angesichts des Stoßes nach Osten dehnende Nordflanke der 4. und der 4. Panzerarmee abzuschirmen und gleichzeitig damit der linken Anschlußgruppe, der Heeresgruppe Nord, Entlastung zu bringen. Einstweilen hielt jedoch Generaloberst Strauss, ein sehr vorsichtiger Oberbefehlshaber, der jedes Risiko scheute, das XXXXI. Panzerkorps noch im Raum Kalinin fest. Erst ab 29. 11. erhielt Model Bewegungsfreiheit nach vorn. Mit der dem Korps vorübergehend unterstellten 6. Panzerdivision unter General Erhard Raus, einem ehemaligen österreichischen Offizier, wurden die Brücken über das Wolga-Staubecken genommen. Der Angriff schien noch einmal in Schwung zu kommen. Über Spas-Saulok, Sawidowo und Klin hinweg zielte er, immer an der Nordflanke der Hauptangriffsgruppe Mitte, auf den Moskau-Wolga-Kanal bis südlich Dmitrow. Damit erreichte das Korps eine Position nördlich der Hauptstadt des Sowjetreiches. Model, der die 56. Division wieder abgeben mußte und dafür die 23. I. D. unter General Hellmich erhielt, sah sich um die Wende November/Dezember 1941 einer dreifachen Aufgabe gegenüber: 1. Sicherung der Nordflanke der Panzergruppe 4 des Generals Hoepner – 2. Halten des Moskau-Wolga-Kanals – und 3. Angriff westlich des Kanals nach Süden auf die nördlichen Vorstädte von Moskau. Dies alles bei abnehmender physischer wie moralischer Kraft der Truppe, bei schwindendem Material. Die Panzerregimenter seiner 1. und 6. Division glichen bestenfalls noch verstärkten Regimentskampfgruppen. Aber wie immer in Tagen der Hochspannung bekundete Model dreifachen Optimismus. Der Ia der 6. Panzerdivision, Major Graf v. Kielmansegg, der ihn damals zum erstenmal aus der Nähe erlebte, ein scharfer und sehr kritischer Kopf, fand diese bewußte Unterschätzung aller Schwierigkeiten typisch für Model. Die Truppe sollte wissen, daß es in der Sicht des Kommandierenden Generals überhaupt keine Schwierigkeiten gab. Nur keine Unsicherheit aufkommen lassen – das war die Devise des Generals. Schwächere Seelen sprachen von unsinnigem „Zweckoptimismus".

General Raus, der den Beinamen „der Nachdenker" führte, vertrug sich sonderbarerweise glänzend mit Model. Der Österreicher fand sich sofort in des Preußen etwas knappe, abgehackte Sprache und Denkweise. Probleme schrumpften, wenn man sie blitzschnell erörterte. Er wußte Model auch geschickt zu parieren, wenn dieser die Grenze überschritt. Beim zweiten Besuch bei der 6. Panzerdivision erspähte Model ein in der Nähe des Gefechtsstandes gelegenes schönes Landhaus auf einer Anhöhe. Das Haus – Gott mochte wissen, wem es einmal gehört hatte – schien ihm als Korpsgefechtsstand vortrefflich geeignet zu sein. Raus widersprach, der Landsitz liege viel zu weit vorn, sei viel zu exponiert. Model geriet in Hitze, Raus desgleichen. Schließlich erklärte Raus, seine Pioniere hätten im Gebäude Zeitzünderminen festgestellt.: „Wollen Sie denn samt Ihrem Stab hochgehen?" schrie er. Model mußte lachen, Raus hatte die Partie gewonnen.

Anfang Dezember 1941 verschärfte sich die Lage. Frost bis minus 20 Grad wirkte sich hemmend auf die Bewegungen motorisierter Truppenteile aus; obwohl Betriebsstoff knapp und knapper wurde, mußte man die Motoren auch nachts laufen lassen, damit sie nicht einfroren. Winterbekleidung fehlte, hoher Schnee vermehrte die Schwierigkeiten. Gleichwohl bezeigte Model Optimismus, gleichwohl wurde für den 4. 12. mit der 1. und 6. Panzerdivision und der 23. I. D. der Angriff nach Süden befohlen. Am 4. 12. 1941 stießen Models Verbände bis Lobuja und Kusjaewo 20 und 30 Kilometer nördlich von Moskau vor. Das Ziel lag in greifbarer Nähe. Unter normalen Umständen betrug die Entfernung noch eine knappe Panzermarsch-stunde.

Am 5. und 6. 12. 1941 schlug jedoch der Gegner zurück. Auf den Raum zwischen Moskau-Wolga-Kanal und Klin im Westen wurden Teile der sowjetischen Heeresgruppe „Westfront" – Oberbefehlshaber Armeegeneral G. K. Schukow – unter Generalmajor Leljuschenko angesetzt, auf den Raum Kalinin die „Kalininfront" unter Generaloberst I. S. Konjew (mit dem Model fortan immer wieder die Klingen kreuzen sollte), auf das deutsche Zentrum das Gros der „Westfront" und der nördliche Flügel der „Südwestfront" unter Marschall S. K. Timoschenko. Auf deutscher Seite rechnete man mit dem Einsatz von 88 Schützendivisionen, 15 Kavalleriedivisionen und 24 Panzerbrigaden.

Die sowjetische Offensive, zunächst ohne weitgespannte Ziele, nur um der Entlastung von Moskau willen, eingeleitet, traf auf weit überdehnte, dünne deutsche Linien. Wenn Marschall Schukow sich in einer grimmigen Manier in seinen Memoiren darüber mokiert, daß die Deutschen allein dem „General Winter" die Schuld an der Niederlage gegeben hätten, während der gleiche General auch den Russen genug Schwierigkeiten bereitet habe, so muß man doch notieren, daß der russische Winter das deutsche Ostheer ziemlich unvorbereitet traf, während die Sowjets auf eine Winterkriegführung eingestellt waren.

Wie es Models Natur war, nahm er zunächst die Gegenangriffe nicht besonders schwer; der „Iwan" hatte sich ja stets wieder und wieder gesetzt und versucht, zu neuem Prankenschlag auszuholen. General Gollnick wie Graf Kielmansegg fanden eine solche Reaktion unverständlich. Kielmansegg versuchte sich diesen Optimismus psychologisch zu erklären. Immerhin befahl Feldmarschall v. Bock am 6. 12 1941 die Einstellung der eigenen Offensive. Er genehmigte „begrenztes" Ausweichen in eine gedachte Linie Istra-Staubecken – Seneshskoje-See. Models Korps, das bei der Panzergruppe 3 am weitesten vorgeprellt war und das jetzt mit der gesamten Gruppe der Hoepnerschen Panzergruppe 4 unterstellt wurde, begann den Rückzug in guter Ordnung, nach Meinung des IVa Merz einzig das Verdienst des Kommandierenden Generals. War dieser beim Angriff vorn gewesen, so war er jetzt beim Zurückgehen der letzte in vorderster Linie angesichts des nachdrängenden, frisch ausgerüsteten Gegners. Freilich verlor die 1. Panzerdivision beim gestaffelten Absetzen fast alle Panzer und Geschütze, die ohnehin knapp geworden waren.

An anderen Stellen der Front verlief die der Truppe völlig ungewohnte Rückzugsoperation in hohem Schnee und bei erbarmungsloser Kälte nicht so gut. Beim LVI. Panzerkorps erzielte der Gegner einen tiefen Einbruch. Im Norden stieß Generaloberst Konjew auf Kalinin vor, das Mitte Dezember von der 9. Armee aufgegeben werden mußte. General Reinhardt befahl bei der Panzergruppe die Motorisierung der letzten Reserven aus Trossen und rückwärtigen Diensten, selbst ein Musikkorps wurde in den Kampf geworfen. Model selbst entfaltete beim Rückzug eine außerordentliche Rücksichtslosigkeit, um Straßen für seine eigenen Verbände freizumachen, die durch liegengebliebene Kolonnen und Trosse verstopft waren. General Raus traf ihn am 8. 12. 1941 an der Lumosnja, einem Flüßchen, von dem sich am steilen Uferhang die Straße in Serpentinen zu einem Wald emporwand. Durch Mangel an Sprit steckengebliebene Lastkraftwagen und andere Fahrzeuge blockierten die Straßen. Model, todernst, mit zusammengepreßten Lippen, ließ sämtliche immobilen Fahrzeuge den Steilhang hinunterwerfen, damit die Kolonnen der 1. Panzerdivision passieren konnten.

In Krisen fühlte er sich besonders aufgerufen, durch Energie, durch eisernen Willen jede Krise zu bannen. Anderwärts mußten auf Befehl General Reinhardts eingeteilte Stabsoffiziere und Kommandeure mit der Pistole in der Hand zurückflutende Haufen von Flüchtenden und Versprengten stoppen, die wieder in Alarmverbänden zusammengefaßt wurden.

Mit dem 8. 12. 1941 übernahm Generalfeldmarschall v. Kluge, Oberbefehlshaber der 4. Armee, im ganzen Bereich die Führung seiner wie auch der 3. und 4. Panzerarmee. Schließlich übernahm das XXXXI. Panzerkorps mit den Resten der 1.

und der ihm unterstellten 2. Panzerdivision die Deckung der Rückwärtsbewegung im Raum von Klin. Model war wie immer der erste in der letzten noch möglichen Linie, zum Verdruß seines Chefs Roettiger, der auch gar nicht begriff, weshalb sein Kommandierender General anfänglich die sowjetische Gegenoffensive, jedenfalls nach außen, ganz auf die leichte Schulter genommen hatte.

Graf Kielmansegg hat später zur Krise vor Moskau in seiner klaren Art festgestellt, es sei nicht der „General Winter" gewesen, der die Krise ausgelöst habe. Es habe sich um eine eindeutige strategische wie taktische Niederlage gehandelt, nur sei infolge des ungewöhnlich strengen Winters aus dieser „ordinären Niederlage" (frei nach Schlieffen) fast eine Katastrophe entstanden. Wahrscheinlich war es gut, daß es inmitten von Chaos, Flucht, Auflösung und Verzweiflung Generale wie Model gab, die in ihrem Befehlsbereich einfach durch ihre persönliche Einwirkung auf die Truppe das Schlimmste verhinderten. Oberbefehlshaber, denen solch Charisma nicht gegeben war, wie der über sechzigjährige Generaloberst Strauss von der 9. Armee, hatten es schwer. Sie zermürbten sich in dem vergeblichen Versuch, mit altgewohnten Führungsmethoden die Krise zu bannen.

Der spätere Generaloberst Reinhardt hat in der Rückschau auf die Krise vor Moskau festgestellt, die deutsche Armee habe Rückzüge zu wenig geübt. Man habe nie gelehrt, daß der Rückzug im Krieg nicht eine Katastrophe, sondern eine „Kampfart" sei. Moralisch habe das Ausweichen nach hundert Vormärschen deshalb auf die Truppe verheerend gewirkt. In den Hauptquartieren in Smolensk wie im fernen Ostpreußen aber wirkte die Krise noch verheerender als an der im Schnee erstickenden, immer wieder aufgerissenen Front im Raum westlich, nord- und südwestlich von Moskau. In Smolensk erkrankte Feldmarschall v. Bock an einem Magenleiden und mußte abgelöst werden. Generalfeldmarschall v. Kluge wurde zum Nachfolger ernannt. Im Führerhauptquartier bat der Oberbefehlshaber des Heeres, der an einem akuten Herzleiden erkrankt war, um Ablösung. Hitler übernahm am 19. 12. 1941 offiziell den Oberbefehl über das Heer, was der Generalstabschef Halder im ersten Augenblick mit Erleichterung begrüßte. Noch vor der Befehlsübernahme hatte Hitler am 16. 12. 1941 jede eigenmächtige Ausweichbewegung an der Ostfront untersagt. Die Truppe sollte halten, wo sie stand. Jede Frontveränderung beziehungsweise Verkürzung bedurfte der persönlichen Genehmigung des „Führers". Funk- und Fernschreibverkehr und das Telefon ermöglichten solche seltsame direkte Führung zum Unheil operativer Freiheit über Tausende von Kilometern hinweg vom sicheren Port der Bunker im Führerhauptquartier aus. Auch ein Kommandierender General vom Schlage Models, der zu eigenen Entschlüssen neigte und später die fernmeldetechnischen Vorteile dieser Führungsmethode zur Durchsetzung eigener Ansichten gegenüber dem „Führer" sozusagen im Gegenschlag ausgenutzt hat, war nun hineingebannt in dies Netz ohne Drähte. Aber in der Stunde der Niederlage vor Moskau war Hitlers höchst umstrittener „Haltbefehl" sicher das Richtige. Wurde er zum Prinzip erhoben, was Hitler bei seiner zunehmenden Einfallsarmut später tat, bedeutete er das Ende jeder auftragsweisen Führung im Sinne des von Moltke und Schlieffen geprägten Generalstabes – und damit den Verlust des Feldzuges gegen die Sowjetunion. Doch in der damaligen Situation scheint Model keine Einwendungen gegen diesen Befehl vorgebracht oder auch nur gehegt zu haben. Er verhinderte einen napoleonischen Rückzug in Rußland.

Zunächst einmal folgten Strafgerichte. Der beste Panzergeneral des deutschen Heeres, Generaloberst Guderian, wurde am ersten Weihnachtstag, dem 25. 12. 1941, von Hitler in die Wüste geschickt, weil er eigenmächtig seine Panzergruppe 2 – nunmehr 2. Panzerarmee – in eine vernünftige rückwärtige Stellung hatte führen wollen. Guderians Wutausbrüche übertrafen Models hitzige Temperamentsaufwallungen noch um ein Beträchtliches. Im Gespräch mit Hitler sparte er nicht mit drastischen Ausdrücken und mußte gehen.

Eine Woche vor Weihnachten 1941 erhielt die 3. Panzerarmee mit dem XXXXI. Korps Models Befehl, den Lama- (Fluß)-Abschnitt beiderseits Jaropoletz zu halten. Models Divisionen wichen auf diese zum Ausbau bestimmte Linie zurück. Der Gegner drängte noch immer nach. Bezeichnend sind die Feldpostbriefe des Kommandierenden Generals an seinen Sohn. Alles ist in diesem dunklen Vorweihnachtstagen überdeckt von dem Bestreben, in der Heimat keinerlei Zweifel aufkommen zu lassen. Dies Streben verführt ihn, ganz unbewußt, zu beinah zynisch anmutenden Feststellungen, wie derjenigen, man betreibe hier noch immer fleißig „Winterkampfsport". So sehr er in der Truppenpsychologie ein Naturtalent war, so wenig vermochte er die mögliche politische Wirkung solch sonderbarer Termini technici zu übersehen. Doch diese Briefe, von denen er nicht wissen konnte, wer alles sie mitlas, von denen seine Witwe noch heute als sicher annimmt, sie seien „kontrolliert" worden, waren schließlich nicht in erster Linie für die Öffentlichkeit, sondern für die Familie gedacht. Aber – so dachte wohl Model – von der Familie aus, mit allen gesellschaftlichen Beziehungen, die seiner Frau Lebensbedürfnis waren, von den Kindern, die die Schule besuchten, sollten wieder indirekt die Breitenwirkung ausgehen. Mindestens seit der Niederlage vor Moskau muß er gewußt haben, daß dieser Krieg, in seinen Augen der „Kampf gegen den Bolschewismus", so todernst geworden war, daß es der Anspannung aller und sei es der letzten Kräfte bedurfte, um ihn zu·bestehen. Er verbot sich wohl quasi selbst, darüber nachzudenken, was sonst kommen würde.

Nur so ist auch der höchst überzogene Weihnachtsbefehl an sein Panzerkorps zu erklären mit dem – den Nachlebenden grotesk anmutenden – Appell an den „großdeutschen Weihnachtsgeist" –, ein Befehl an Verbände, die, wie dem Kommandierenden General aus eigenster Erfahrung wohl bewußt war, unter ungeheuer harten und bitteren Bedingungen im Schnee und bei klirrendem Frost eine halb verschlissene sogenannte Hauptkampflinie gegen einen Gegner hielten, der sich nach fürchterlichen Niederlagen überraschend schnell erholt hatte und nunmehr operative Ziele, die Zerschlagung des deutschen Zentrums vor Moskau, erreichen wollte, mitsamt dem Durchbruch in die Tiefe und auf den Flügeln. Mit Tagesbefehlen deutscher Kommandierender Generale und Oberbefehlshaber im Zweiten

Weltkrieg hat es eine spezifische Bewandtnis. Für gewöhnlich überließ der betreffende hohe Herr seinem Adjutanten, dem IIa, oder irgendeinem anderen schreibgewandten Offizier im Stab die Formulierung, er gab allenfalls Stichworte oder Direktiven. Bei Model, der ein ganz besonderes Verhältnis zum letzten armseligen „Frontschwein" draußen im vordersten Schützenloch pflegte, besteht die Vermutung zu Recht, daß er sich um die Formulierung solcher Befehle, mindestens in der Redigierung eines Entwurfes, höchst persönlich kümmerte. Das ist – bei seiner Verschlossenheit – beim Fehlen jeder persönlichen Stellungnahme ernsthafter Art zur Lage, natürlich eine Hypothese. Aber diese hat hohen Wahrscheinlichkeitsgrad, denn in späteren Tagesbefehlen tritt diese, beinahe proto-nationalsozialistische Diktion nicht mehr auf, wenngleich es auch da an zeitbedingten, auf propagandistische Wirkung berechneten Floskeln nicht fehlt. Da hatte er wohl begriffen, daß der Kampf schon gar nicht mehr primär für den „Führer" geführt wurde, sondern für Deutschland, dem der Untergang drohte. Wie auch immer, die Diktion aller Tagesbefehle Models zeigt eines: Ein politischer Kopf war er niemals – aber er mühte sich verzweifelt, bis zur Langatmigkeit, seinen Soldaten klarzumachen, sie dürften im Glauben an den Sieg nie und nimmer wankend werden.

So weit dies dunkle Weihnachten an der Ostfront 1941, das auch durch Models stets frischen Optimismus nicht zu erhellen war. Die Krise verschärfte sich Anfang Januar 1942. Feldmarschall v. Kluge strebte die Zurücknahme der gesamten Heeresgruppe in die sogenannte „Winterstellung" an. Generaloberst Hoepner, Oberbefehlshaber der 4. Panzerarmee, der von Hitler nicht selten als von „dem Kerl" zu reden pflegte, befahl im Einverständnis mit Kluge eine Zurücknahme von Teilen seiner Verbände, um sie der drohenden Umfassung zu entziehen. Kluge deckte ihn nicht. Hoepner wurde von Hitler am 8. 1. 1942 seines Postens enthoben und mit Kriegsgericht bedroht. Im Abschiedsbefehl an seine Armee hieß es: „Ich bin meines Postens als Oberbefehlshaber der 4. Panzerarmee enthoben worden, weil ich einen Führerbefehl nicht befolgt habe . . .

108

Jederzeit würde ich wieder so handeln, wie ich gehandelt habe ... "

Zwischen Model und Hoepner bestanden, soweit bekannt, keine Beziehungen. Hoepner, den seine Panzermänner einen „Bullen" nannten, war auf gänzlich andere Art ein nicht minder eigenwilliger, ja sturer Kopf. Aber Model verstand sich sehr bald darauf, seinem „Führer" eiskalt klarzumachen, weshalb er in einer bestimmten Situation nicht gehorcht habe und weshalb genau dies richtig gewesen sei. Hoepner wurde nach dem 20. Juli 1944 gehängt. Model griff zur Pistole, als das Ende hereingebrochen war.

Seit der Räumung von Kalinin war die 9. Armee des Generalobersten Strauß ins Wanken geraten. Sie wurde nach Südwesten abgedrängt auf Rshew, den Kopfpunkt des bisher ausgebauten deutschen Eisenbahnnetzes für den Nachschub an der obersten Wolga. Rshew, von Osten, Norden und dann auch weit ausholend von Westen bedroht, zeichnete sich als Brennpunkt im Sinne des „Haltbefehls" ab.

Am 15. 1. 1942 – nach der Rechnung des Chefs des Generalstabes des Heeres, Generaloberst Halder, der 208. Tag des Rußlandfeldzuges – notierte Halder in seinem Stichwort-Tagebuch, nachdem er die Bitte des Generalfeldmarschalls Ritter v. Leeb, Oberbefehlshabers der Heeresgruppe Nord, um Ablösung festgehalten hatte – „Strauß kann nicht mehr". Strauß war Oberbefehlshaber der 9. Armee, ein alter, sehr gemütlicher und schlicht in altmodischen Kategorien denkender Herr. Die Stunde Models brach an, als Meister in Krisenabwehr, wie ihn Graf Kielmansegg sah. Unter dem 16. vermerkte Halder lapidar „Model. Strauß".

Sechstes Kapitel

An der Spitze der 9. Armee
Das längste und das glücklichste Kommando

Die Abwehrsiege im Rshew-Bogen

Am 16. 1. 1942 notierte Frau Model in ihrem Tageskalender: „Walter vertretungsweise Armeeführer." Vermutlich hatte sie diese Nachricht vom stellv. Generalkommando IV in Dresden erhalten, wo es Freunde aus der Chefzeit ihres Mannes gab. An diesem Tag passierte General Model, von seinem Korpsgefechtsstand kommend, Wjasma, den Sitz des Armee-Oberkommandos 9, das nach Wjasma ausgewichen war – außerhalb des Armeebereichs –, nachdem sowjetische Panzerspitzen mit aufgesessener Infanterie sich dem Ortsrand von Sytschewka, dem bisherigen Armeehauptquartier, auf Infanterieschußweite genähert hatten. Model kümmerte sich nicht um den Armee-Oberbefehlshaber der 9. Armee, dem auch die 3. Panzerarmee unterstand, den dreiundsechzigjährigen Generalobersten Adolf Strauß, – was den ohnedies arg verbitterten alten Herrn noch mehr verletzte. Er ließ sich von dem soeben frisch eingetroffenen neuen Chef des Stabes, Oberst i. G. Hans Krebs, einem damals höchst elastisch-flotten Generalstabsoffizier, der gleich Model mit Anstand sein Monokel trug, kurz über die Lage orientieren. Der bisherige Chef, Oberst i. G. Hofmann, war am 15. 1. 1942 wegen „anhaltender schwerer Magenbeschwerden" auf Krankheitsurlaub in die Heimat gegangen.
Model kannte Krebs, bislang Chef des VII. Korps, aus seiner Allensteiner Zeit. Damals war der geistig höchst bewegliche Generalstabsoffizier Militärattaché in Warschau gewesen. Model hatte ihn einmal in der polnischen Hauptstadt besucht, und Krebs war auch Gast in seinem Haus in Allenstein gewesen. Bis zum ominösen 22. Juni 1941, dem Tag des Beginns von

„Barbarossa", war Krebs Militärattaché in Moskau gewesen. Merkwürdigerweise verstanden sich die beiden Männer ausgezeichnet, auch als Model Oberbefehlshaber und Krebs Chef des Stabes war, vielleicht auch darum, weil Krebs gewisse diplomatische Talente besaß, die Models schroffe Umgangsformen vergessen ließen und weil er damals einem unerschütterlichen Optimismus huldigte und jede Krise auf die leichte Schulter nahm.

Die Lage, die Oberst Krebs am 16. 1. 1942 dem General der Panzertruppen Model vortrug, war das Fazit der Krise im Rshew-Bogen und der schwankenden Überlegungen in der Führungsabteilung der 9. Armee. Als die Sowjets Anfang Januar einen tiefen Einbruch auf dem Nordflügel der Armee erzielt hatten, war der Versuch unternommen worden, mit freilich ganz unzureichenden Kräften die Frontlücke durch Angriffe von Osten und von Westen an der Front zu schließen. Primär hatte GenOb Strauß, im Einvernehmen mit seinem Chef und seinem Ia, Oberst i. G. Hofmann und Oberstleutnant i. G. Blaurock, die Zurücknahme der Armee aus dem nach Norden wie nach Osten vorspringenden Rshew-Bogen in die projektierte „K(önigsberg)"-Stellung beantragt. Hitler hatte dies untersagt, unter heftigen Beschuldigungen gegen die 9. Armee, die dem Mythos rückwärtiger Stellungen anhänge. Die Krise hatte sich verschlimmert, der Gegner weitete die Einbruchstelle aus.

GenOb Strauß und seine Mitarbeiter Hofmann und Blaurock brüteten über einem Plan zum Gegenangriff, beharrten aber gleichzeitig auch auf der Idee, die Armee erst einmal in die „K"-Stellung zurückzunehmen. Schließlich sah sich das alles – nach dem Kriegstagebuch der Führungsabteilung – so an, daß der Gedanke aufkam, zunächst „ein großes Loch aufzumachen". Das bedeutete praktisch die Überlegung, den Angriff quasi aus der Rückhand zu führen. Am 15. 1. 1942 hatte das Führerhauptquartier den Rückzug in die „K"-Stellung freigegeben, was GenOb Strauß mit der Feststellung quittiert hatte, nun könne die Armee wieder führen. Doch hatte GenFM v. Kluge die Freigabe der Bewegung von einem Sonderbefehl der

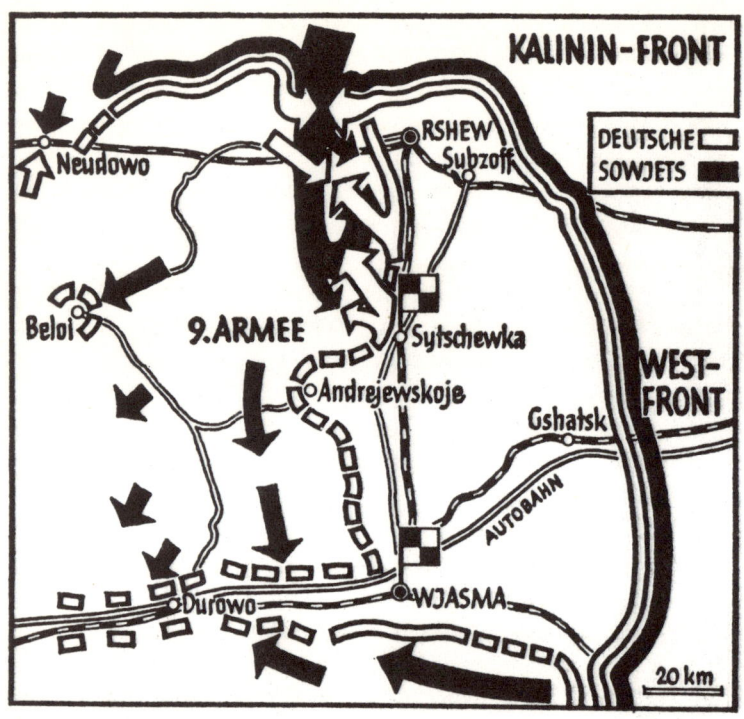

Rshew-Bogen: Lage zwischen dem 5. Januar und 20. Februar 1942

Heeresgruppe Mitte abhängig gemacht. Die HGr Mitte erteilte auch über den Kopf der Armeeführung in Wjasma dem XXIII. Korps Befehle, die die Ausweichbewegungen an ganz begrenzte mehr oder weniger fiktive Linien banden. GenOb Strauß geriet in desperate Stimmung. „Noch in später Abendstunde" (KTB AOK 9) rief er FM v. Kluge im Hauptquartier bei Smolensk an und bat, ihm mit Rücksicht auf seinen Gesundheitszustand einen längeren Heimaturlaub zu gewähren. Der Feldmarschall war sofort einverstanden – es hatte den Anschein, als habe er nur auf einen geeigneten Vorwand gewartet, um Strauß zu verabschieden. Der Nachfolger stand – offensichtlich – fest, General der Panzertruppen Model, der mit seinem XXXXI. Panzerkorps im Rahmen der 3. Panzerarmee dem

112

AOK 9 unterstand und sich durch Härte und Entschlossenheit in der Niederlage vor Moskau bewährt hatte. Krebs konnte Model zwei Überlegungen vortragen, Rückzug in die „K"-Stellung und gleichzeitig Gegenangriff. Model machte sich ein paar Notizen mitsamt einer Art von Kroki – und variierte in Gedanken den Strauß-Blaurockschen Plan. Er gedachte nicht erst zurückzugehen, sondern die Krise sozusagen aus dem Stand zu meistern, bei Behauptung der Nord- wie der Ostfront des strategisch wie taktisch höchst sonderbaren Rshew-Bogens. Er fuhr zum Hauptquartier Kluges bei Smolensk weiter. Kluge mochte Model persönlich so wenig wie dieser den Feldmarschall. Aber Kluge war davon überzeugt, daß Model ein „Könner" war. Von Smolensk flog Model ins Führerhauptquartier „Wolfsschanze" bei Rastenburg in Ostpreußen. Die große Aufgabe bot sich an.

Die 9. Armee befand sich in äußerster Gefahr. Nach dem Rückzug aus dem Raum von Stariza, der angesichts des ungewöhnlich strengen Winters die Truppe hart mitgenommen hatte, sah sie sich, aufgrund des Hitlerschen Haltbefehls in die Lage versetzt, einen Frontbalkon zwischen Sytschewka im Süden, Rshew – als Eckpfeiler im Norden – und Olenin weit westlich von Rshew zu behaupten, bei schwindenden eigenen Kräften, versagendem Nachschub von der Munition über Betriebsstoff bis zum Rauhfutter für Pferde, unter sibirischer Kälte. Anfang Januar 1942 war der Gegner vor Rshew und an der Nordflanke zwischen Rshew-Olenin mit der „Kalinin-Front" des Generalobersten I. S. Konjew zum Angriff angetreten. Konjew sagte man später einen besonderen Haß auf Model nach. Er stammte aus der Gegend von Rshew, und seine Mutter und seine Schwester hatten während der Kampfhandlungen den Tod gefunden. Mit der 29. und 39. Schützenarmee erzielte Konjew an der von Nord nach West gehenden Front des Rshew-Bogens einen tiefen Einbruch, zwischen dem XXIII. und VI. deutschen Korps. Mit der 22. Schützenarmee griff er, noch weiter ausholend, in südwestlicher Richtung an, in den Rücken der 9. Armee und in die tiefe Flanke der HGr Mitte. Vor Rshew stürmten die 30. Armee und die 31. Stoßarmee. Was die Stärkeverhältnisse betrifft, muß man dabei in Betracht ziehen, daß die Durchschnittsstärke einer sowjetischen Schützen-, Stoß- oder Gardearmee in etwa dem Sollbestand einer klassischen deutschen Division entsprach, das heißt etwa 10 000 Mann. Auf der deutschen Seite hatte die Niederlage im Verein mit den Strapazen des Winters höchst ungewöhnliche Folgen. Mindestens in einem Fall verweigerte ein umgeleitetes Bataillon nach rund 50 km Marsch in Schnee und Eis den Befehl zum Angriff.

GenOB Strauß hat gut dreizehn Jahre nach seinem Gesuch um Beurlaubung zur Wiederherstellung seiner Gesundheit in der Heimat bekundet, er habe mit seinem Chef und seinem Ia, Hofmann und Blaurock, einen Gegenangriff vorbereitet. Obstlt. Blaurock verwies später nur darauf, daß die Führungsabteilung der 9. Armee am 12.1.1942 ein Gesuch an die HGr. Mitte gerichtet habe, das schwerbedrängte XXIII. Korps aus dem Raum Rshew zurückzunehmen. Immerhin bestand laut Kriegstagebuch der Plan – es fragt sich nur, wer ihm Form, Gestalt und Verwirklichung lieh?

Am 17.1.1942 stand Model zum erstenmal in der „Wolfsschanze" in Ostpreußen Hitler persönlich gegenüber. Offiziere, die ihr Monokel mit einer Art von kalter Überlegenheit trugen, irritierten den „Führer" immer ein wenig. Model gab einen kurzen Bericht über die Situation, wie sie Oberst Krebs geschildert hatte, zog sein Kroki aus dem Ärmelaufschlag und bedeutete Hitler knapp und klar, das alles sei ganz einfach. Selbstverständlich sei die Krise zu bereinigen. Das Rezept lautete: Angriff an der Hauptfront mit starken Kräften gegen die Einbruchlücke von Ost nach West und umgekehrt. Um den in die Tiefe durchgebrochenen Gegner könne man sich später kümmern, nachdem dieser abgeriegelt sei! Hitler war perplex und sagte: „Dann machen Sie es." Model erhielt die 9. Armee und wurde am 28.2.1942 zum Generalobersten befördert, nach dem Sieg bei Rshew. Als sich Model abgemeldet hatte, bemerkte Hitler gegenüber General Schmundt: „Haben Sie das Auge gesehen? Dem Mann traue ich es zu, daß er es schafft. Aber ich selber möchte nicht unter ihm dienen."

GenOB Strauß erlebte seinen Nachfolger nicht mehr. In den frühen Morgenstunden des 17. 1. fuhr er über die Heeresgruppe bei Smolensk in die Heimat ab. Die Truppe bekam ein Schreiben, mit dem der alte Herr sich empfahl. Er war es gewohnt gewesen, vom Schreibtisch aus zu führen. Der neue OB übernahm am 18. 1. 1942 die Armee und verfuhr nach jenem Konzept, das er Hitler mit den Worten: „Das ist doch ganz einfach" unterbreitet hatte. Er ging selbst sofort nach vorn. Das Armee-Oberkommando wurde wieder in Frontnähe nach Sytschewka vorgezogen. Model mobilisierte die letzten Reserven, Alarmeinheiten, Genesendenkompanien. Er erhielt tatsächlich Ersatz, Munition, Betriebsstoff, zum Teil im Lufttransport nach Rshew gebracht. Wichtig war im ersten Moment etwas anderes, Unwägbares – die Truppe spürte plötzlich: Jetzt befahl ein General, dessen Herz für die Truppe schlug und der die Dinge zum Besseren führen würde. Selbst im etwas sentimental-schwülstig geführten Kriegstagebuch schlug sich das nieder. Ein frischer, oft rauher Wind kam auf . . .

Am 5. 2. 1942 stand das Ergebnis der ersten unter Models Führung geschlagenen Abwehrschlacht bei Rshew so ziemlich fest. In einem Riesenkessel hinter der Nord- und Ostfront der 9. Armee staken in den dort befindlichen großen Waldgebieten die 29., Reste der 39. und Teile der 22. sowjetischen Armee sowie die erwähnte Kavalleriegruppe des Generalmajors Gorin. Rshew hatte gegen den Ansturm der 30. und 31. Armee gehalten, die Ostfront zwischen Sytschewka-Rshew gegen Angriffe von Teilen der „Westfront" des Generalobersten G. K. Schukow. Am 10. 2. 1942 konnte man eine Bilanz bekanntgeben: 4830 Kriegsgefangene, 26 650 sowjetische Gefallene. 190 Panzer und 340 Geschütze waren vernichtet oder erbeutet, 68 Flugzeuge abgeschossen worden. Einzelne Einheitsführer, die Model besonders angenehm aufgefallen waren, wie der Kommandeur einer Panzerjägerabteilung, Major d. Res. Balzer, blieben ihm seitdem besonders verbunden. Der Rshew-Bogen, so unnatürlich er sowohl strategisch wie taktisch wirken mochte, geboren aus der starren Führung Hitlers, war jetzt freilich zur wichtigsten vorgeschobenen Bastion an der mittleren Ostfront geworden, desto stärker noch, je mehr man sich im FHQu mit den Plänen für eine zweite, diesmal entscheidende Sommergroßoffensive im Süden Rußlands beschäftigte. Am 28. 2. 1942 wurde der Abwehrsieger abermals in die „Wolfsschanze" befohlen. Hitler verlieh ihm, überglücklich über seine eigene personelle Entscheidung vom 17. Januar, das Eichenlaub zum Ritterkreuz, gab die Beförderung zum Generalobersten bekannt, zeigte sich tief beeindruckt von der aus eigener Sicht gegebenen Schilderung der Bedingungen an der Front – wie der Heeresadjutant Major Engel notierte – und erlebte zum erstenmal seinen Generalobersten in voller Rücksichtslosigkeit. Model verlangte für seine Armee die Zuführung eines Panzerkorps. Hitler: Das komme nicht in Frage, das Panzerkorps müsse weit im Süden bei Gshatsk eingesetzt werden. Model: Nein, Brennpunkt sei und bleibe Rshew – er wollte sich eine bewegliche Reserve schaffen. Hitler beharrte auf Gshatsk, dort zeichne sich eine neue Schwerpunktbildung beim Gegner ab.

Model: „Mein Führer, führen Sie die 9. Armee oder ich?"

Hitler, höchst betroffen, versuchte die Kontroverse mit einem dienstlichen Befehl zu beenden.

Model: „Das muß ich mir verbitten."

Hitler: „Gut, Model, machen Sie's, wie Sie wollen, aber Sie haften mir mit Ihrem Kopf dafür."

Später haben GenFM v. Manstein wie GenOb Hoth, denen es nicht gegeben war, auf solch barsche Manier mit ihrem „Führer" umzuspringen, wenn sich die passende Gelegenheit bot, Model hart für Liebedienerei und Parteihörigkeit getadelt. Model indes sah jetzt die Pflicht, für seine Armee, für den ihm anvertrauten Armeeabschnitt das Allerbeste an Ersatz, Kräftezuweisung, Materialausstattung herauszuholen. Wo es sachlich notwendig war, widersprach er Hitler, er hatte niemals Scheu gekannt, seine Meinung zu vertreten. Und persönlich hat ihm Hitler kaum einen überragenden Eindruck gemacht. Aber eine Fronde à tout prix gegen das Führerhauptquartier, den „Führer" selbst oder die ihm im Grunde

116

gleichgültige Partei zu betreiben, erschien ihm von seinem soldatischen Standpunkt aus falsch. Die Front brauchte diese Leute nun einmal, wenn sie halten sollte. Politik an sich war ihm Hekuba – und was würde geschehen, wenn die Front gegenüber dem sichtbar immer stärker werdenden – bolschewistischen, wie Model zu sagen pflegte – Gegner nicht mehr hielt? Und wie konnte ein Armee-Oberbefehlshaber Tausende von Kilometern entfernt vom politischen Zentrum Berlin überhaupt Einfluß auf die politische Entwicklung in der Heimat nehmen?

In Königsberg traf sich Model am 28. 2. kurz mit seiner Frau. Sie hatten sich seit dem letzten kurzen Pfingsturlaub Anfang Juni 1941 nicht mehr gesehen. Am 1. 3. flog er wieder zur Front. Das zweite Problem aller Rshew-Schlachten war noch ungelöst, die Liquidierung des Kessels im rückwärtigen Armeegebiet. Im Raum Bjeloi staken jetzt rund 60 000 Mann aller sowjetischen Waffengattungen im Einschließungsring, während die Front nach vorn in Nord und Ost stabilisiert war – bis zur nächsten gegnerischen Großoffensive, die der deutsche „Balkon" ja förmlich herausforderte. Das ganze Jahr 1942 über sollte sich zeigen, daß der Gegner, im Falle der 9. Armee geführt durch zwei äußerst befähigte Kommandeure, die späteren Marschälle Konjew und Schukow, doch mangels taktischer Schulung des höheren Unterführerkorps nicht imstande war, durch seine Überlegenheit erzielte Einbrüche in die Tiefe der „deutsch-faschistischen Okkupanten" richtig zu nutzen. Die Führung entglitt den Frontbefehlshabern. In den Kesseln, die auf diese Weise durch die Deutschen gebildet wurden, ging man dazu über, wenn Entsatzversuche und Luftversorgung scheiterten, sich mit den lokalen Partisanenorganisationen zu verbinden und die eigene Verbandsorganisation weitgehend zu lockern.

Der Krieg wurde zum Mischkrieg zwischen Partisanen- und regulärer Truppenkampfführung. Model, für Rücksichtslosigkeit berühmt oder berüchtigt, war in puncto Partisanenbekämpfung äußerst penibel. Er hielt gar nichts von schematischen Großkollektiv-Strafaktionen mitsamt Niederbrennen von Dörfern und massenhaften Geiselerschießungen. Dies, so seine Lehre, erzeuge nur neue Partisanen. Schließlich, pflegte er zu sagen, kämpften diese Leute doch für ihr Vaterland, und brenne man Dörfer als angebliche Partisanennester nieder, treibe man die „abgebrannten" Bauern nur den Banden zu. Bei Partisanen-Großunternehmen verlangte er, stets alles selbst, auch aus der Luft im „Fieseler-Storch" kontrollierend, sehr genau Rechenschaft darüber, weshalb tatsächlich dies oder jenes Dorf gestürmt und niedergebrannt worden sei . . . Das rückwärtige Armeegebiet im Rshew-Bogen bot einzigartige Voraussetzungen für größere Armeeteile und Banden, um sich zu behaupten. Es barg riesige Wälder mit kleinen Dörfern und war zum großen Teil im Rahmen der einstigen Stalinstellung mit Bunkern in Form einer langen Gürtelfestungslinie ausgebaut worden. Auch Rshew galt ehedem als befestigter Stützpunkt der „Stalinlinie" vor dem Moskauer Zentralraum. Nach der ersten Rshew-Schlacht führte Model gegen den Kessel die sogenannte „Schnecken-Offensive", um die sich vor allem der ihm schon wohlbekannte General Raus von der 6. Panzerdivision, die noch nicht wieder aufgefüllt worden war und zeitweilig nurmehr über ganze drei Panzer verfügte, große Verdienste erwarb. Für die Operation „Schnecke" konnten keine Kampftruppenteile verwendet werden. Diese waren knapp und in den Hauptkampflinien Ost und Nord nach West gebunden. Raus stellte aus Trossen, Bau-Pionier-, Wehrmachtstreifen-Personal und anderen rückwärtigen Diensten – ganz nach Models Geschmack – Alarmeinheiten zusammen. In sorgfältig vorbereiteten Einzelunternehmen wurde der eingeschlossene Gegner zunächst einmal von der Lebensader der HGr Mitte, der Rollbahn Wjasma-Smolensk, abgedrängt, dann aus seinen Hauptstützpunkten vertrieben. Darauf ging es an die Aufspaltung des Kessels in Teilkessel. Nächstes Ziel war die Fortnahme bewohnter Stützpunkte. Allmählich nahmen General Raus' improvisierte Einheiten dem Gegner rund 200 Dörfer ab und drängten ihn in die Sumpfwälder.

Doch die „Schnecke" kroch langsam. Das Truppen-Bandenwesen war noch keineswegs beseitigt, als die zweite Offensive des Gegners im Rshew-Bogen nach Sommerbeginn losbrach. Model selbst sollte das am eigenen Leibe erleben. In den Anfangszeiten des von Hitler propagierten „Krieges der Weltanschauungen" fanden sich unter den Partisanen auch deutsche Deserteure. In den Aufzeichnungen des Fliegerverbindungsoffiziers der 9. Armee, Obstlt. Filbig, findet sich der – nicht identifizierte und nie aufgegriffene „Gefreite Fritz" als Bandenkommandeur neben sowjetischen Generalen.

Model hat damals gegenüber seinem Stab zwei Grundsätze entwickelt, die der junge, ihm fast bis zum Ende seiner Laufbahn verbundene, damalige Id (Bearbeiter für Heerestruppen beim Ia), Hauptmann i. G. Günther Reichhelm, festgehalten hat: Pflichterfüllung allein genüge nicht in der höchsten Bewährungsprobe, es brauche den „dämonischen Geist", der miterlebt, der im Bewußtsein eigener Kraft alles meistert. So hat er sich wohl selbst begriffen. Und ferner: „Wer nichts erfindet, nichts organisiert, nichts um sich herum anders und seinem Wesen angemessen gestaltet, der hat noch keine Not gekannt und der besitzt keine Triebkraft und hat keine Berechtigung, einen Anspruch auf Führertum zu erheben."

Zum erstenmal in seiner militärischen Laufbahn konnte Model mit einem Stab arbeiten, den er sich zum großen Teil selbst gewählt hatte. Der Chef, Oberst, dann Generalmajor Krebs, war nach seinem Herzen. Für Obstlt. Blaurock kam als Ia Major i. G. Hölz. Ic war zunächst Major Schlieper, von Juli 1942 an Obstlt. i. G. Buntrock, den er schätzte und gleichwohl durch alle Höllen gejagt hat, um zu erproben, ob dieser mit seltenem Spürsinn für die Feindlage ausgestattete Offizier auch standhaft in der Vertretung des von ihm als richtig Erkannten wäre. Im Transport- und im Fliegerverbindungsoffizier, den Oberstleutnanten Erfurth und Filbig, wurden Offiziere zu ihm kommandiert, die vor seinem messerscharfen Blick und gnadenlosen Urteil zu bestehen vermochten. Leicht freilich hatte es keiner der Mitarbeiter. Die Gewohnheit Models, stets sich vorn bei der Truppe umzusehen, sich mehr um diese und ihr Ergehen als um die Stäbe zu kümmern, bedingte allein schon eine ungewöhnliche Arbeitszeit. Nach der normalen Tagesarbeit verlangte der Oberbefehlshaber am späten Abend Berichte, erledigte Schriftsachen, liebte es alsdann, Gäste im Kameradenkreis bis in die Nacht hinein zu bewirten. Vier bis fünf Stunden Schlaf genügten, dann ging es wieder los – im leichtgebauten einmotorigen Befehlsflugzeug, im Storch, im Kübelwagen, im Schützenpanzer, zu Pferd oder zu Fuß, je nach Lage.

Das Verhältnis zur Heeresgruppe Mitte in Smolensk blieb kühl. Den FM v. Kluge mochte Model einfach nicht. Der Ia der Heeresgruppe, Oberst i. G. v. Tresckow, ein überzeugter Feind des Hitlerregimes, der sich mit aktiver politischer Konspiration beschäftigte, vermied tunlichst jede direkte Fühlungnahme mit dem OB der 9. Armee, als fürchte er, dieser könne ihn durchschauen. In der „Wolfsschanze" und im Generalstabslager „Mauerwald", in einiger Entfernung von Hitlers Bunkersystem, war die Meinung über Model sehr geteilt. Der Chef des Oberkommandos der Wehrmacht, GenFM Keitel, praktisch Hitlers militärischer Kanzleichef, konnte mit dem ungebärdigen Generalobersten wenig anfangen, Model schnitt ihn, wenn er in der „Wolfsschanze" weilte. Die Beziehung zum Chef des Wehrmachtführungsstabes General Jodl blieb korrekt und kühl. Ganz kompliziert gestaltete sich das Verhältnis zur Spitze des OKH. GenOb Halder, Chef des Generalstabs des Heeres, notierte unter dem 11. 3. 1942 in seinem Tagebuch: „Besprechung beim Führer mit FM v. Kluge und Generaloberst Model. Besprechung der Lage (v. Kluge lebt nur von Tageseindrücken und denkt nicht voraus; abhängig von seinen willensstarken Armeeführern) Besprechung der Absichten an der Westfront der 9. Armee (der Führer läßt wieder unnötig viel Freiheit) . . ."

Während Halder für sich Handlungsfreiheit in Anspruch nahm, gestand er solche Model – den er nie hatte leiden können – nicht zu. Aus einer Notiz Halders vom 31. 3. 1942 ergibt sich, daß FM v. Kluge und GenOb Model die Einleitung eines von Hitler gewünschten lokalen Angriffs auf Ostaschkow wegen Kräftemangels einhellig ablehnten. Halder vermerkte, die 9. Armee solle erst im eigenen Gebiet Ordnung machen. Daß das mit dem Unternehmen „Schnecke" geschah, notierte er nicht.

Eben die längst nicht abgeschlossene „Schnecken"-Operation und Models Neigung, überall vorn selbst dabei zu sein, wurden ihm am 23. 5. 1942 zum Verhängnis. Beim Rückflug vom Gefechtsstand der 2. Panzerdivision in Bjeloi am Rande des noch immer existenten Bandengebietes nach dem Armeehauptquartier Sytschewka geriet sein Storch, über den Wäldern in etwa 50 Meter Höhe fliegend, unter Maschinengewehrfeuer der Banden. Der Flugzeugführer, Feldwebel Wilhelm Haist – den Model als „tollen Hecht" zu betiteln pflegte, erhielt einen Beinschuß. Der Generaloberst wurde durch einen Schuß in die Hüfte verletzt. Die Kugel durchschlug den ganzen Körper bis zur Schulter, ohne indes Lunge oder Herz zu treffen. Der Feldwebel brachte trotz seiner Verwundung den Storch noch bei der 2. Panzerdivision zur Landung. Model hatte einen beinahe tödlichen Blutverlust erlitten. Ein diensthabender Feldunterarzt ordnete eine sofortige Bluttransfusion an. Sie rettete ihm das Leben.

Es dauerte einige Tage, bis er in das Hauptlazarett in Smolensk ausgeflogen werden konnte. Hier übernahm der Chirurg Prof. Schulze die Behandlung. Zunächst schien Models Zustand besorgniserregend. Obstlt. Erfurth, der seinen OB in Smolensk besuchte, war erschrocken, wie totenbleich und blutleer dieser wirkte. Doch dann erholte er sich rasch. General Blumentritt, damals Oberquartiermeister I des Generalstabs des Heeres und damit Stellvertreter Halders, der ihn etwas später sah, fand ihn schon wieder in Uniform, voller Aktivität und bemüht, die 9. Armee vom Lazarett aus zu dirigieren, bei der ihn einstweilen Gen. Freiherr v. Vietinghoff-Scheel vertrat. Das ganze Lazarett einschließlich Professor, Chefarzt, Oberin, Ärzten und Schwestern zitterten vor dem energiegeladenen Patienten, der das Bedürfnis verriet, den lahmen Laden auf Trab zu bringen – so Blumentritt.
Aller Aktivität des Patienten zum Trotz war nun ein Rekon-

valeszentenurlaub unumgänglich. Am 16. 6. wurde Model von Smolensk in das Haus „Paira" auf dem „Weißen Hirsch" bei Dresden verlegt. Die Familie hatte ihn wieder! Er wiederum erschreckte das friedensschläfrige Stellv. Generalkommando IV mit einer Fülle von Weisungen und Wünschen. Die rastlose Energie, die ewige Sorge, er und alle anderen noch mehr, täten nie genug, kehrten wieder. Es folgte eine Urlaubsreise in den Schwarzwald nach Freudenstadt. Dort wohnte Model mit seiner Frau im Hotel „Waldeck", dessen Besitzer Bässler während des Frankreichfeldzuges dem Stab der 16. Armee angehört hatte. Dort lebte auch die Familie des Generals Speidel. Frau Speidel lud Models zu Gast, alter Tage eingedenk, als Model Lehrer ihres Mannes bei den historischen Kursen des Truppenamtes gewesen war. Am 31. 7. fand die Rückreise nach Dresden statt. Am 1. August war Model in Berlin, mitsamt seinem Begleitoffizier Oberleutnant Fabian v. Bonin u. v. Ostau. Auf Anregung von Frau Model bat ihn ein Verwandter der Familie Huyssen, Oberst Gisbert Cascorbi, zu einem Essen in einem Sonderzimmer des Hotels Bristol. Oberst Cascorbi tat im Heereswaffenamt Dienst, wußte genug von allen inneren Schwierigkeiten und den Engpässen in der Rüstung und war kein Freund des herrschenden Regimes. Bei einem Trinkspruch auf den Vetter als sozusagen neugebackenen Generalobersten sagte er, dieser sei nun auf dem Weg, die rein militärische Laufbahn zu verlassen: „Bitte denke daran, daß das deutsche Volk auf seine Marschälle sieht, nicht auf die anderen." Model erstarrte. „Ich bin Soldat", erwiderte er kalt. Damit war der Fall erledigt. Oberst Cascorbi später: „Mir lief es kalt herunter." ...

Für den 2. August wurde Model überraschend zum Reichsmarschall Göring, Oberbefehlshaber der Luftwaffe und Präses des Reichskriegsgerichts, auf dessen prunkvollen Landsitz Karinhall in der Schorfheide befohlen. Inzwischen waren bewegende Dinge geschehen. Die große Sommeroffensive „Blau" war im Süden Rußlands eingeleitet worden, in zwei Richtungen auseinanderstrebend, auf die Wolga bei Stalingrad und hinab in den Kaukasus. Und beim ehemaligen XXXXI. Panzerkorps Models, das General der Kavallerie Stumme kommandierte, hatte sich kurz vor Beginn der Offensive „Blau" einer jener Fälle von Torheit oder Leichtsinn ereignet, die Hitler bis zur Weißglut brachten – Geheimnisverrat aus welchen Gründen immer! Der Ia der zum Korps gehörenden 23. Panzerdivision, Major i. G. Reichel, hatte sich, Befehle für die erste Phase „Blau", Stoß auf Woronesch nach Norden, in der Aktentasche, bei einem Flug mit dem Storch verfranzt und war hinter den sowjetischen Linien abgeschossen worden. Reichel war tot, die Operationsbefehle waren in sowjetischer Hand, und sie richteten nicht einmal Schaden an, sondern veranlaßten den Gegner anzunehmen, die „deutschfaschistischen Okkupanten" würden unternehmen, was logisch schien, nämlich einen Stoß auf Moskau von Süden her. Also zogen die Sowjets Kräfte aus dem Don-Bogen nach Norden ab. Hitler indes tobte. General Stumme, dessen Chef des Stabes und der Divisionskommandeur Reichels, Gen. Frhr. v. Boineburg-Lengsfeld, sollten vors Kriegsgericht kommen. Und dessen Präses Göring wollte sich offensichtlich bei Model Rat holen, weil er die unsinnigen Forderungen Hitlers nach Verurteilung der angeblich Schuldigen für Unfug hielt. Was gesprochen wurde, wissen wir nicht. Oberleutnant v. Ostau, mehrfach Gast im Hause Model in Dresden, begoß sich unterdes im Vorzimmer die Nase mit einem ihm der Wirkung nach unbekannten schweren spanischen Likör. Er hatte Mühe, anständig auf die Füße zu kommen, als sein Generaloberst, mokant lächelnd, das Monokel im Auge, mitsamt dem Reichsmarschall wieder erschien. Dieser trug einen weißen Sommeranzug, als Seitenwaffe ein mit Edelsteinen besetztes Haumesser. Die Finger waren mit Brillantringen geschmückt. Der oberste Kriegsgerichtsherr des „Dritten Reiches" ließ ein opulentes Frühstück servieren, wohingegen Model, auch wenn er einmal im Urlaub in guten Lokalen aß, darauf hielt, daß nur das aufgetischt wurde, was ihm als Soldaten auf Urlaubsmarken zustand.

Immerhin muß die Unterredung ihre Wirkung getan haben. General Stumme ging als Stellvertreter des Feldmarschalls Rommel nach Nordafrika, Boineburg-Lengsfeld erhielt später den Posten eines Stadtkommandanten von Paris, wo er noch aktiv in den 20. Juli verwickelt wurde.

Am 7. 8. 1942 flog Model von Dresden zur Armee zurück, wo die Hölle los war. Während sich im Süden vom 28. 6. an die große Sommeroffensive entfaltete, zunächst mit dem Ziel, über den großen Don-Bogen auf das Wolga-Knie bei Stalingrad durchzustoßen, griff GenOb Konjew mit der „Kalininfront" zwischen dem 2. und 12. 7. 1942 erneut den Frontbalkon der 9. Armee bei Rshew an. Die Methode des Gegners war die gleiche wie bei der Schlacht vom Januar/Februar 1942: Angriffe auf die Ost- und Nordfront und der Versuch, in der Westflanke durchzubrechen, um die Verbindung mit den noch im Innenkessel sitzenden Bandengruppen und Armeeresten zu gewinnen, die ihrerseits offensiv vorgingen. Die von Gen. v. Vietinghoff-Scheel geführte 9. Armee hielt. Der Innenkessel wurde im Olscha-Tal aufgespalten. Das Ergebnis: 8 500 sowjetische Kriegsgefangene und 250 Panzer sowie 750 Geschütze, die zerstört oder erbeutet worden waren.

Model pflegte wohl in kritischen Lagen Friedrich den Großen zu zitieren: Wenn es ernst stünde, solle man Optimismus zeigen. Mit dem 30. 7. 1942, dem Beginn der dritten, der Sommerschlacht um den Rshew-Bogen, wurde die Lage noch ernster, als sie es zu Beginn des Monats gewesen war. GenOb Konjew nahm mit – nach deutscher Schätzung – 41 Schützendivisionen und 15 Schützenbrigaden sowie 38 Panzerbrigaden den Versuch wieder auf, den deutschen Frontbalkon zum Einsturz zu bringen, zur Entlastung der in schwere Bedrängnis geratenen sowjetischen Kräfte zwischen Don und Wolga und im Kubangebiet. In der „Wolfsschanze" wiegte man sich wieder einmal in dem Glauben, die Kräfte des Gegners näherten sich der Erschöpfung. Jetzt traten im Rshew-Bogen allein rund 3000 sowjetische Panzer auf, veranschlagte man die Stärke einer roten Panzerbrigade auf 70-100 Panzer. Auffallend war auch die starke Luftunterstützung der Offensive bei abnehmenden deutschen Fliegereinsätzen der Luftflotte 6 unter GenOb Ritter v. Greim.

Im ersten Anlauf konnte Konjew Geländegewinne verbuchen. Am 7. 8. brach Model seinen Genesungsurlaub in Dresden ab und flog zur Front, nach Sytschewka. Es war höchste Zeit, daß er selbst auf dem Plan erschien. Obstlt. Buntrock, der am 20. 7. den – später gefallenen – Obstlt. Schlieper als Ic abgelöst hatte, erlebte ihn zum erstenmal in voller Aktivität, immer am Brennpunkt auftauchend. Die 9. Armee verfügte zu diesem Zeitpunkt über eine einzige, in der „Auffrischung" begriffene Division als Reserve. Bei Rshew richtete Model einen verzagenden Divisionskommandeur mit den Worten auf: „Allen Gewalten zum Trotz sich erhalten" und fragte den ihn begleitenden Buntrock nach dem vollen Wortlaut dieses Goethe-Zitats. Buntrock: „Nimmer sich beugen . . ." Model nahm ihm das Wort aus dem Mund: „Sehen Sie, das ist es, darauf allein kommt es an: Nimmer sich beugen . . ."

Oberst i. G. Siegfried Rasp, Models einstiger Hörer beim Führergehilfen-Lehrgang im Truppenamt, war damals Chef des Generalstabes beim XXIII. AK im Raum Rshew. Er hatte nichts einzuwenden gegen Models Methode, die Armee von der Front aus zu führen, aber er erlebte, wie hier nacheinander vier Kommandierende Generale ausgewechselt wurden, Schubert, Schellert, Hilpert. Erst der vierte, der spätere Generaloberst Friessner, entsprach Models Geschmack. Er schrieb Friessner vorzügliche Beurteilungen. Es gab Divisions- und Regimentskommandeure, die Models Auftauchen im Kübelwagen oder im Storch mehr fürchteten als den Iwan, wie die Landser den Feind nannten. Doch eben bei diesen genoß er einen beinahe sagenhaften Ruf. Sie fühlten, daß der Armee-Oberbefehlshaber nach seiner eigenen Regel lebte: „Wer eine Truppe führt, hat kein Recht mehr, an sich selbst zu denken."

Stürzte im August 1942 der Frontbalkon Rshew ein, so bedeutete dies die äußerste Gefahr für die deutsche Sommeroffensive „Blau", die sich inzwischen in zwei auseinanderstrebende Richtungen zerfasert hatte, auf Stalingrad an der Wolga und tief nach Süden hinab zum Nordkaukasus. Am

16. 8. notierte Halder voller Sorge: „... 9. Armee: Sehr gespannte Lage bei Rshew. Schwer abzusehen, wie das enden soll ...“ Am folgenden Tag war Halder etwas zuversichtlicher: „Model: Ruhigerer Tag, Feind anscheinend erschöpft, greift in örtlich unzusammenhängenden Gruppen an. Heranführung neuer Kräfte aus der Nähe...“ Neue Kräfte aus der Nähe, das hieß, daß Model wieder einmal seine Fähigkeit entfaltete, Eingreifverbände aus dem Boden zu stampfen, Alarmeinheiten aus Trossen, rückwärtigen Diensten, Baubataillonen zu formieren, wobei es ihm nicht darauf ankam, auch Generalstabsoffizieren seines eigenen Stabes plötzlich solche Einheiten in die Hand zu drücken, oder Großverbände auseinanderzureißen, weil er gerade da oder dort ein Bataillon oder ein Regiment an eine Einbruchsstelle werfen wollte. Das nahmen ihm die betreffenden Kommandeure, die die Kontrolle über ihre Einheiten verloren, natürlich sehr übel. Aber danach fragte Model nicht. Während der Sommerschlacht warf er auch die vier Gruppen des bei der 9. Armee für Bauarbeiten im rückwärtigen Gebiet eingesetzten „Höheren Reichsarbeitsdienstführers H XXV, Generalarbeitsführer Freiherrn v. Bothmer, rücksichtslos in den Kampf, obwohl die blutjungen RAD-Männer nur über leichte Infanteriewaffen verfügten. Trotzdem schlugen sie sich mit Bravour.

Model gewann auch die Sommerschlacht gegen Konjew. Auf deutscher Seite wurde der 26. 9. 1942 als Schlußtag der Kampfhandlungen angegeben, man rechnete mit einem sowjetischen Verlust von etwa 380 000 Gefallenen. 13 370 Mann gingen in Kriegsgefangenschaft, 2943 Panzer wurden als Abschußziffer gemeldet, ebenso 453 Flugzeuge aller Typen. Seitdem wurde an der Ostfront der Name „Rshew-Kämpfer“ zum Begriff. Der äußerst unnatürliche Verlauf der Front der 9. „Balkon“-Armee blieb bestehen. Er lud zwangsläufig zu neuen sowjetischen Großoffensiven ein, zumal sich die Kraft des Gegners nicht verminderte, sondern erhöhte. Der deutsche Angriff vom 22. Juni hatte einen schlummernden Riesenbär mit ungeahnten Kräften an Menschen, Material und industrieller Produktionsleistung geweckt.

Nach der dritten, der „Sommerschlacht" brach allmählich die Partisanentätigkeit im rückwärtigen Armeegebiet mehr und mehr zusammen. Im Juli 1942 hatte ein großes Partisanen-Jagdunternehmen „Seydlitz" noch nicht die gewünschten Erfolge gehabt. Zu Models Skurrilitäten gehörte es, daß er auch seinem Ic Buntrock, der sich theoretisch natürlich Gedanken über die Bandenbekämpfung gemacht hatte, plötzlich eine gemischte Kampfgruppe aus allen möglichen Einheiten in die Hand drückte, um ein bestimmtes Bandengebiet zu durchkämmen. Als er dann erfuhr, der Oberstleutnant wolle das Unternehmen von einem Volkswagen aus leiten, war er plötzlich höchst besorgt; das sei viel zu gefährlich für ihn, meinte er, und schickte ihm einen Panzerspähwagen als Befehlsfahrzeug.

Das Abflauen der Bandentätigkeit hatte zur Folge, daß der Stab der 9. Armee ein neues Quartier außerhalb der sehr ärmlichen Kleinstadt Sytschewka beziehen konnte, ein ehemaliges Schloß mit großem Gutshof aus der Zarenzeit in Nikolo-Podgorelje, südwestlich von Sytschewka. Das stattliche Herrenhaus war im 19. Jahrhundert von einem General des Zaren erbaut worden, der sich in den Türkenkriegen ein Vermögen erworben hatte. Die letzten Besitzer waren während der Revolution ermordet worden, die Bauern hatten den Bau ausgeplündert, in den Katen der Kolchosleute, die zum einstigen, in ein Staatsgut verwandelten Besitz gehörten, fand man noch manches verschlissene Prunkstück aus alten Zeiten, und der rührige Dorfbürgermeister hielt die Dorfbewohner an, dieses oder jenes Möbelstück wieder zu den deutschen Offizieren ins Schloß zu bringen.

So ungeheuer hart die dienstlichen Anforderungen waren, die Model an seine Mitarbeiter stellte, so liebte er doch die ungezwungenen Stunden im Kameradenkreis an den Abenden. Gern lud er Gäste ein, meist Offiziere, die ihm an der Front angenehm aufgefallen waren. Für solche Abende bot das Schloß jetzt bessere Räumlichkeiten als das mühsam etablierte Kasino, das „Herrestüble" in Sytschewka. Model, der kaum je fragte, was auf dem Tisch stand, und für Tafelfreuden im

Krieg gar keinen Sinn hatte, trank doch gern seine Flasche Wein, behielt indes stets einen klaren Kopf, was sich später von General Krebs nicht immer behaupten ließ, bis die Ärzte ein Machtwort sprachen. Der Generaloberst liebte es, Reden zu improvisieren. Krebs, der sehr schlagfertig und witzig war, verstand es glänzend, zu replizieren. Model ließ jedermann ein freies Wort reden. Eins war jedoch in diesem Kreis undenkbar: daß sich irgend jemand erlaubt hätte, die damals im Umlauf befindlichen Witze über den „Führer" und die „Bonzen" zu erzählen. Das hätte der Hausherr wahrscheinlich mit einem knappen „Kann ich nicht dulden" oder einem kurzen Wink quittiert, der den Unseligen genötigt hätte, sich zu entfernen. Schaden wäre ihm freilich daraus nicht erwachsen, so etwas war nicht Models Sache.

Zum Geburtstag Models am 24. Januar 1944 schenkte der Armeestab der 9. Armee seinem ehemaligen OB ein Gästebuch des Stabes aus der Zeit zwischen Weihnachten 1942 und dem 3. November 1943, dem Tag, an dem Model von der Armee schied. Mit Vignetten oder lustigen Zeichnungen ausgestattet, die zum Teil von dem Kunstmaler Kistler stammten, spiegelt sich in diesem Band, der die Zeitläufe überdauert hat, die lebhafte Geselligkeit wider, die Model liebte. Es gab Abende für die benachbarte Luftwaffe, für Models einstiges „Hausregiment" in Münster, die 18. Grenadiere, für die beim OB in besonderem Ansehen stehende 12. Panzerdivision des Generals Freiherrn v. Bodenhausen, für die Sturmartillerie oder für die Divison „Großdeutschland". Zum Geburtstag 1943 wurde Model der Spruch gewidmet: „Das Ja und Amen jedes Gefechts – bildet doch stets: Zur Attacke: Gewehr rechts!" Hohe spanische Offiziere weilten zu Gast beim Stab, auch die damals berühmte Filmschauspielerin Lil Dagover besuchte auf einer Fronttournee den Stab im ehemaligen russischen Adelsschloß.

Model hielt es auch für nützlich, wenn Vorträge zur Truppenbetreuung veranstaltet wurden. Eine Zeitlang weilte ein bereits verabschiedeter älterer Offizier, Wilhelm Freiherr v. Lersner, bei der Armee, der Referate über Frau, Beruf, Partei und Religion hielt. Aktivitäten wie diejenige Lersners erreichten freilich ein Ende, als 1943 „Nationalsozialistische Führungsoffiziere" eingesetzt wurden, deren ideologische Ausbildung der Partei unterstand. Model dachte in solchen Fällen nie daran, sich zu sträuben, aber er sorgte sofort dafür, daß die entsprechenden NSFO möglichst ganz vorn an der Front mit praktischen Aufgaben beschäftigt wurden. Damit war der Fall dann für ihn erledigt.

Der Winter 1942/43 brachte die vierte und letzte große Bewährungsprobe für die 9. Armee im Rshew-Bogen an der oberen Wolga. Nachdem die Sowjets am 19./20. 11. bei Stalingrad an der unteren Wolga zum Gegenschlag gegen die 6. Armee unter General Paulus und die 4. Panzerarmee ausgeholt hatten, setzten sie am 24. 11. zum Großangriff auf den Rshew-Bogen an. Vor der Ostfront Models griff die 20. Schützenarmee von der „Westfront" (Schukow) an, unterstützt von der 29. Armee. Die Nordfront und die weit nach Südwesten sich zurückbiegende Rückenfront zwischen Olenin und Bjeloi wurden von der „Kalininfront" GenOb Konjews mit der 39., 22. und 31. Armee angegriffen. Das Ziel war wiederum, durch Umfassung im Westen bei Bjeloi und den Durchstoß zur Rollbahn Wjasma-Smolensk die 9. Armee mit ihren drei Korps vom südlichen Nachbarn, der 3. Panzerarmee, zu trennen und einzukesseln. Auf deutscher Seite rechnete man mit 60 Schützen-, fünf Kavalleriedivisionen und 35 Panzerbrigaden. Bei der 9. Armee glaubte man zu wissen, daß die Oberleitung der Operation bei dem zum Marschall ernannten G. K. Schukow liege.

Die vierte Schlacht um Rshew, die sogenannte „Winterschlacht", wurde für Model zu einer besonderen Probe. Für ihn begann jetzt bildlich gesprochen ein Zweifrontenkrieg: er mußte seine komplizierten, taktisch so ungünstigen drei Fronten im Osten, Norden und West-Nordwesten gegen den Anprall der sowjetischen Infanterie- und Panzermassen halten, Einbrüche abriegeln, verlorenen Raum im Gegenstoß wiedergewinnen, und er mußte den Kampf um die Zuweisung von Kräften bei der Heeresgruppe, beim OKH, zuletzt beim „Führer" selbst durchstehen. Die eigene Kräftedecke wurde dünner, der „Armee-Egoismus" im Interesse der Behauptung des eigenen zugewiesenen Abschnittes größer, wenn es darum ging, wem welche Division, oder gar ein Korps zugewiesen wurde. Model war darin wieder äußerst rücksichtslos, er sah einfach auf seine Front, beziehungsweise bei Rshew auf seine drei Fronten, und blickte wenig auf die Nachbarn. Aber das wurde seit dem Winterfeldzug 1942/43 allgemein der ungute Brauch bei allen Armeeführern im Osten. Models Temperament erleichterte ihm die Durchsetzung eigener Wünsche. Der Armeeabwehroffizier Obstlt. Lange hörte ihn bei einem Telefongespräch mit der Heeresgruppe sagen, als es um die Zuweisung von zwei Panzerdivisionen ging: „Wenn ihr mir die zwei Divisionen nicht geben könnt, dann macht gefälligst euern Krieg alleene."

Die gefährlichste, 14 Kilometer breite und 40 Kilometer tiefe Einbruchstelle des Gegners zeichnete sich südwestlich Bjeloi weit im Rücken der 9. Armee ab. Hier standen die 1. SS-Kavalleriedivision und die 2. Luftwaffenfelddivision. Mit dem SS-Kavallerieverband hatte Model schon im Januar und Februar 1942 seine Erfahrungen gemacht. Damals kommandierte ihn der SS-Gruppenführer Fegelein, später Schwager der ständigen Maitresse Hitlers, Eva Braun, und Intimus des Reichsführers SS Himmler, der sich als Frontkommandeur unbrauchbar und außerdem äußerst rüde im Umgang mit der Mannschaft erwiesen hatte. Model tat in solch heiklem Fall das ihm einzig Mögliche, er lobte Fegelein hoch und damit fort für eine andere Verwendung. Der neue Kommandeur, SS-Gruppenführer Wilhelm Bittrich, bewährte sich. Dafür versagte die schlecht ausgebildete Luftwaffenfelddivision. Um die Rollbahn und die für die Versorgung wichtigen Bahnlinien freizuhalten, wurde zunächst die 12. Panzerdivision eingesetzt, darauf das XXX. AK unter Gen. d. Art. Maximilian Fretter-Pico.

GenOb Model und auch FM v. Kluge erschienen selbst mit dem Storch, der lebhaften sowjetischen Tieffliegertätigkeit ungeachtet, auf Fretter-Picos Gefechtsstand. Model schlug vor, die Lage hier durch Gegenstoß aus südwestlicher Richtung zu bereinigen. Fretter-Pico, ein sehr eigenwilliger Kopf, propagierte eine andere Lösung: Er wollte den durchgebrochenen Gegner, zu dem mechanisierte und Kavallerieeinheiten gehörten, im Rücken packen und dann gleichsam mit der „Schiebetür" abdrängen. Model akzeptierte diese Lösung, wie immer, wenn jemand ihm einen besseren, sachlich begründeten Vorschlag machte, „in echter Führungstradition des Generalstabs", wie Fretter-Pico später schrieb. Teile von zehn durchgebrochenen Schützen- und vier Kavalleriedivisionen wurden abgeschnitten und ihrerseits eingekesselt. Bis zum 15. 12. 1942 dauerten die Großkampfhandlungen. Dann zeichnete sich das erste Ergebnis ab. Der „Block" von Rshew hatte gehalten. Die 9. Armee meldete 1846 abgeschossene Panzer und 97 abgeschossene sowjetische Flugzeuge. Endgültig flauten die Kampfhandlungen erst um den 10. Januar 1943 ab, nach dem Abschluß der Kämpfe im Lutschessa-Tal. Models System der Aushilfen hatte sich wieder bewährt; auch der Kommandeur der Elitedivision „Großdeutschland (mot.)", GenLt Hoernlein, hatte erleben müssen, daß Proteste wegen des Auseinanderreißens von Großverbänden in Krisen bei ihm gar nichts fruchteten. Nach der Schlacht begann dann das Wiederzusammenführen der Verbände. Sowie man bei der Heeresgruppe konstatierte, daß an der Rshew-Front relativ Ruhe eingetreten war, begann auch wieder das Tauziehen um die eigenen Kräfte. FM v. Kluge verlangte von der Armee die Abgabe guter Verbände an Frontabschnitte, an denen es heißer zuging, Model suchte klarzumachen, er könne keinen einzigen Verband entbehren – und mußte nur zu oft dem Befehl des Feldmarschalls gehorchen.

Bei verhältnismäßig mildem Winterwetter ging die 9. Armee an die Festigung und die Verbesserung der zum viertenmal erfolgreich behaupteten Balkonstellung. Model befahl die Vorbereitung eines großen Unternehmens gegen die noch immer vor allem in den Wäldern um Bjeloi sitzenden Banden, „Sternlauf" genannt. Die Leitung lag beim XXXI. Panzerkorps, aus den bei den Regimentern vorhandenen Reiterschwadronen wurde dafür auch ein Kavallerieverband zusammengestellt – ein Zeichen, welch ganz andere Forderungen der Krieg im Osten an ein Heer stellte, das die Vollmotorisierung als das höchste aller Ziele ansah. Zur besseren Dekkung der Ostfront und zur Sicherung der Hauptversorgungs-Bahnstrecke Sytschewka-Rshew sah Model ein begrenztes Angriffsunternehmen vor – Deckname „Sewastopol 505". Damit wurde das XXXIX. Panzerkorps unter Gen. d. Art. Martinek betraut. „Sewastopol 505" weckte Bedenken beim Generalstabschef des Heeres, Gen. d. Inf. Zeitzler, dem Nachfolger Halders. Halder war nach einem schweren Zusammenstoß mit Hitler am 24. September 1942 abgegangen.

Zeitzler wandte ein, ein derartiges Unternehmen könne eine neue Großkampfsituation provozieren. Die merkwürdige Argumentation hing mit der katastrophalen Lage an der Südfront zusammen. In Stalingrad waren die 6. Armee und Teile der 4. Panzerarmee eingeschlossen und gingen dem Ende entgegen, und es war die Frage, ob es FM v. Manstein gelingen würde, die gesamte Südfront wieder zu stabilisieren. Am 15. Januar 1943 verbot Hitler der 9. Armee „Sewastopol 505" mit der Begründung, das Angriffsziel sei nicht weit genug gesteckt, unnötige hohe Verluste seien zu befürchten. Model nahm das Verbot mit Bedauern zur Kenntnis. Da die Sicherung der Front ihm unumgänglich erschien, sagte er zwar das bisherige Unternehmen befehlsgemäß ab, befahl aber sofort die Vorbereitung eines neuen Unternehmens, „Schachturnier" genannt, mit dem gleichen Ziel. Nur sollte jetzt schrittweise mit starken Stoßtrupps, unter jeweiligen schweren Feuerschlägen massierter Artillerie gearbeitet werden, um die sowjetischen Stellungen Zug um Zug aufzusprengen und zurückzudrängen.

Im letzten Drittel Januar 1943 liefen sowohl „Sternlauf" wie „Schachturnier" an, und wie es seine Gewohnheit war, überwachte Model auf den Korpsgefechtsständen selbst alle Maßnahmen. Im übrigen war es sein Bestreben, die Kampferfahrungen aus den Abwehrschlachten für die Ausbildung der

Truppe zu nutzen und Reserven auszusparen. Manchmal zitierte er ein Wort Friedrichs des Großen: Ein Feldherr, der Reserven habe, brauche sich keine Sorgen zu machen. Habe er keine, dann allerdings ... Bei allen Einbrüchen des oft mit großer Wucht angreifenden Gegners hatte es sich immer wieder gezeigt, wie notwendig es war, in der Tiefe des Kampfraumes bewegliche ausreichende Reserven parat zu haben. Sowohl mit „Sternlauf" wie mit „Schachturnier" konnte Model zufrieden sein. Pflichtschuldigst gedachte man auch beim Stab des 30. Januars 1943, des 10. Jahrestages der sogenannten Machtübernahme des „Führers". Als Parole für seine Armee bestimmte Model die Worte: „9. Armee weiter voran im Ohrensteifhalten."

Unternehmen „Büffel" – geordneter Rückzug

Seit dem 26. 1. 1943 lag indes bereits ein Befehl der HGr Mitte auf dem Tisch im Schloß Nikolo-Podgorelje, demzufolge sofort – im Hinblick auf die Lage im Süden – mit der Erkundung einer „Dauerstellung" als Verteidigungslinie zu beginnen war. Gedacht war an die Linie Dorogobush – nordwestlich Duchowtschina – Höhen von Teterino. Das bedeutete die Preisgabe des Frontbalkons Rshew und den Rückzug der 9. Armee auf eine Sehnenstellung. Der Befehl, heißt es im Kriegstagebuch, habe im engsten Kreis der Führungsabteilung großes Aufsehen erregt. Ersichtlich war die Armee in die Überlegungen Gen. Zeitzlers und FM v. Kluges nicht eingeweiht worden, obwohl GenOb Model noch am 13. Januar den Feldmarschall bei Smolensk gesehen hatte.

Der Entschluß, kostspielige Frontvorsprünge zu bereinigen, vor allem den kräftezehrenden Rshew-Bogen aufzugeben, stand für Gen. Zeitzler und den Chef der Operationsabteilung, GenLt Heusinger, in engstem Zusammenhang mit dem drohenden Zusammenbruch der Südfront. Man mußte Kräfte sparen, sich auf eine zähe Verteidigung des Erreichten und im Fall gegnerischer Großeinbrüche auf die offensive Defensive aus der Rückhand einrichten. Es war nicht schwer, FM

v. Kluge für solche Strategie zu gewinnen, der sich über den Nutzen des Rshew-Bogens seine eigenen Gedanken gemacht hatte. Wenn Zeitzler seinen „Führer" bewogen hatte, GenOb Model das Unternehmen „Sewastopol 505" zu verbieten, so deutet das bereits darauf hin, daß weiterführende Überlegungen im Gange waren. Leider sind die entsprechenden Protokolle über die „Führerlagen" während der Entschlußbildung für „Büffel" – dies der Deckname für die Operation – nicht erhalten. Den Oberbefehlshaber der vom Rückzug betroffenen Armee hatte man vorher lieber nicht konsultiert. v. Kluge wenigstens kannte Model gut genug: Am Ende hätte dieser noch protestiert und beim „Führer" eine gegenteilige Entscheidung durchgesetzt! Hitler hatte sich mit der Räumung des Rshew-Bogens schließlich einverstanden erklärt und sich selbst und seine Umgebung damit getröstet, daß das freiwerdende Armeeoberkommando mit vier Generalkommandos alsdann für die neue Sommeroffensive zur Verfügung stünde.

So überraschend Model der Befehl vom 26. 1. 1943 traf, der noch keinen Termin für die Räumung enthielt, so rasch war seine Reaktion. Er befahl die Bildung eines Erkundungsstabes für die „Dauerstellung", zu dem der Höhere Artilleriekommandeur 307, Generalleutnant Lindig – höchster Artillerieoffizier bei der Armee und bewährt als Führer Modelscher Einsatzverbände – und der Armeepionierführer Oberst Meyer mit zwei weiteren Offizieren kommandiert wurden. Die im Gästebuch gern verspottete „Büffelei" ging los. Bereits drei Tage später wurden für den „Büffel-Stellungsbau" fünf Heerespionierbataillone, ein Gebirgs- und ein Panzerpionierbataillon herausgelöst. Am 1. 2. 1943 wurden bei der Armee ein „Leitungsstab", vier „Waffenstäbe" und der Oberbaustab 17 für „Büffel" vorgesehen.

Tags zuvor hatte der soeben zum Generalfeldmarschall ernannte GenOb Friedrich Paulus in Stalingrad kapituliert. Models Armeeparole vom „Ohrensteifhalten" mußte todernst genommen werden. Wohl während des Frühjahrsurlaubs fragte der sechzehn Jahre alte Hansgeorg Model den Vater,

134

was dieser denn über Paulus in Stalingrad denke? Model entgegnete: „Ein deutscher Feldmarschall geht nicht in Gefangenschaft – das ist unmöglich."

Wie viele Wochen der 9. Armee für die Rückzugsbewegung zur Verfügung standen, wann diese einsetzen sollte, war vorläufig unbekannt. Aber sie ließ sich exakt planen – und darin war Model Meister. Obwohl strengste Geheimhaltung befohlen wurde, war nicht anzunehmen, daß dem Gegner die Vorbereitungen für die Räumung des Balkons verborgen blieben. Etwa ab Mitte Februar war dies auch keineswegs mehr der Fall. Da mit erheblichem Nachdrängen des Gegners zu rechnen war, arbeitete man bei der Armee einen Dreistufenplan für alle Absetzmanöver aus: a) Dnjepr- b) Autobahnabschnitt (Wjasma-Moskau) – c) Teterino-Höhen.

Mitten in all diesen Planungen wechselte der Generalstabschef von Model. Gen. Krebs avancierte zum Chef HGr Mitte. Dafür erhielt Model den dreiundvierzigjährigen Oberst i. G. Harald Freiherrn v. Elverfeldt, gen. v. Beverfoerde-Worries, einen nicht sehr selbstbewußten und zur Skepsis neigenden Generalstabsoffizier. Die jungen Generalstäbler im Schloß Nikolo-Podgorelje meinten, Elverfeldt habe vor Model mehr Furcht gehabt als vor dem „Iwan". Model mochte ihn nicht, ließ ihn dies auch fühlen und ließ ihn dennoch nie ablösen, weil der Oberst seine sachliche Arbeit sehr gut bewältigte. Das Schicksal wollte es, daß Elverfeldt als Generalleutnant und Kommandeur der 9. Panzerdivision sozusagen unter Models Augen Anfang März 1945 im Brückenkopf Köln fiel, in jenem Brückenkopf, in dem der Feldmarschall Model bis zum letzten Augenblick ausharrte, als suche er dort selbst den gleichen Tod.

Menschenkenntnis war nicht gerade Models Stärke, vielleicht auch darum, weil es ihm nicht lag, Rücksicht auf andere Menschen in seiner Umgebung zu nehmen. Er ertrug den Freiherrn v. Elverfeldt. Nützlich fand er es, sich als Armeeadjutanten (II a) den Major d. Res. Ahlborn gewählt zu haben. Friedrich Ahlborn, der es später stets abgelehnt hat, auch nur ein einziges Wort über seine Tätigkeit beim AOK. 9

zu verlieren, war im Zivilberuf Spediteur in Hamburg. Model zufolge war ein Kaufmann ihm als Personalberater dienlicher als ein Berufsoffizier. Geschäftsleute verstanden mehr von Menschen. Ahlborn – so die Generalstabsoffiziere im Stab – redete indes Model zum Munde, und zwar so geschickt, daß der Generaloberst dies gar nicht bemerkte. Sie standen dem Reservisten sehr zurückhaltend gegenüber. Model war indes der Überzeugung, er habe sich einen trefflichen Personalchef zugelegt.

Auch wohlwollende Beurteiler haben von Model gesagt, diesem hätten organisatorische und taktische Fragen mehr gelegen als die große Operation. Wenn sich dies so verhält – was durchaus eine nie mehr zu beantwortende Frage einschließt, da Model niemals in die Lage gekommen ist, in völliger Selbständigkeit einen Feldzug oder eine Großoffensive zu führen –, dann war er bei „Büffel" in seinem Element. Der Rückzug aus dem Bogen auf die Sehne bedeutete das Anlegen von rund 200 km neuer Kraftfahrzeugstraßen, von rund 600 km befestigter Wege, um den Abtransport nicht nur der Truppe, sondern allen Materials, aller Lager und Vorräte und den Rückstrom von rund 60 000 russischen Zivilisten zu gewährleisten, großenteils Bauern, die die Rückkehr der Politfunktionäre Stalins nicht erleben wollten. Sie wurden mit ihren Familien, Vieh und Vorräten abtransportiert. Obstlt. Erfurth, der „Transportgeneral" AOK 9, und der Armeenachrichtenführer Oberst Kleinschroth hatten gewaltige Aufgaben zu bewältigen. Rund 200 Eisenbahnzüge mit ca. 100 000 Tonnen Material, Lastkraftwagenkolonnen mit rund 10 000 Tonnen Nutzkraft rollten rückwärts. 1300 km Leitungen waren abzubauen, 450 km Kabel neu zu verlegen. Im Grunde hatte der technisierte Krieg alle Bewegungen großer Armeen schwieriger denn je gemacht.

Der Gegner begann gegen die Ostfront vorzufühlen. Die große Rückzugsbewegung blieb ihm nicht verborgen. Die eigene vorgesetzte Heeresgruppe verlangte immer neue Abgaben von Verbänden und erschwerte damit alle Dispositionen. Zeitweilig mußte der Stab im alten Riesenschloß Tag und Nacht arbeiten. Erst am 22.2.1943 teilte die Heeresgruppe mit, daß der Termin für „Büffel" unwiderruflich der 1. März sei. Am 25. Februar erklärte Model in einem Tagesbefehl an die Armee, der totale Krieg bestimme die Stunde. Durch Steigerung der Konzentration lasse sich neue Kraft gewinnen ... In der Nacht vom 28. Februar zum 1. März 1943 rollte „Büffel" an. Die 253. I. D. löste sich unbemerkt an der Nordwestfront vom Gegner. Um 21.15 Uhr wurde am 2. 3. 1943 Rshew geräumt. Die Wolgabrücken flogen in die Luft. Ende Februar hatte Tauwetter noch alle Bewegungen behindert, jetzt begünstigte leichter anhaltender Frost die Rückzugsoperation. Am 9. März räumte der Stab das prachtvolle Schloß in Nikolo-Podgorelje. Neuer Armeegefechtsstand wurde Jarzewo, die „Filmstadt" des Gästebuches, weil der Ort zahlreiche massive Hochbauten der Sowjets aufwies. Als Auffangstation war Smolensk vorgesehen.

Die Zurücknahme der Verbände aus der dreifachen Front vollzog sich im allgemeinen dem Plan entsprechend. Wo der Gegner nachzustoßen versuchte, erlitt er schwere Verluste. Bei der Armee rechnete man mit sechs in den Rückzugskämpfen zerschlagenen sowjetischen Schützendivisionen und gegnerischen Verlusten von etwa 42 000 Toten und Verwundeten. Pioniere sprengten beim Rückzug etwa 850 Brücken oder Wegedurchlässe, zahlreiche Bahnhöfe und rund 1000 km Gleisanlagen sowie 36 Wassertürme. Diese sehr harten Zerstörungsmaßnahmen, die wohl zum Teil Anlaß für die Zivilbevölkerung gewesen waren, sich dem Abzug der Deutschen rechtzeitig anzuschließen, sollten dem Gegner das Nachdrängen erschweren. Um die Mitte des März 1943 herum gab dieser denn auch die Versuche auf, den deutschen Rückzug zu stören.

Eine der erhalten gebliebenen „Führerlage"-Besprechungen Hitlers am Abend des 4. 3. 1943 im vorgeschobenen Hauptquartier „Werwolf" an der Straße von Winniza nach Shitomir in der Westukraine läßt ahnen, wie unangenehm Hitler im Grunde die ganze „Büffel"-Bewegung schon wieder war. Als General Zeitzler sehr umständlich und unter Behandlung möglichst jedes einzelne Divisionsabschnittes über das gestaffelte Absetzen von Linie zu Linie Bericht erstattete, meinte Hitler sichtlich mißvergnügt: „Man müßte überhaupt versuchen, die(se Stellung so lange) zu halten, wie es irgend geht; denn ... (verstümmelt) ... angreift, – sowie er hier auf die alte (Stellung stößt) ... tut er sich doch schwer ..." Dann fragte er, wann denn auf die neue projektierte Linie zurückgegangen werden solle. Ein Zeichen, wie stark er den eigenen, in der Situation von 1941 angemessenen, eigenen Haltbefehl sich zur Norm gemacht hatte, ohne mehr danach zu fragen, welches der Sinn neuer Bewegungen war und was die Truppe noch hergeben konnte.

Am 22. 3. 1943 war die neue, rund 100 km lange, in sieben Wochen ausgebaute Sehnenstellung erreicht, noch vor dem Einsetzen der Frühjahrsschlammperiode. Ein AOK, drei Generalkommandos und acht Divisionen waren für andere Verwendung freigeworden – für Hitler eine verführerische Alternative, da er sich bereits mit Plänen für die kommende Sommeroffensive des Jahres 1943 beschäftigte.

GenOb Model, dem am 3. 4. 1943 nach Abschluß aller Schlachten um Rshew das Eichenlaub mit Schwertern zum Ritterkreuz verliehen wurde, erhielt am 30. März zunächst den Auftrag, für zwei Wochen den erkrankten OB der HGr Süd, FM v. Manstein, in dessen Hauptquartier Saporoshje zu vertreten. Damals wurde in den hohen Stäben an der Ostfront, im Hinblick auf die Niederlage bei Stalingrad – die unter die Verantwortung Hitlers fiel – vielfach die Möglichkeit erörtert, ob man nicht den „Führer" veranlassen könne, sich mehr von der direkten militärischen Führung zurückzuziehen und die Oberleitung an der gesamten Ostfront einem erfahrenen Soldaten zu überlassen. Das Thema „Oberost" (Schaffung eines verantwortlichen militärischen Oberbefehlshabers im Osten) wurde auch in Models Gegenwart in Saporoshje offenbar ganz ungescheut diskutiert, wobei hier natürlich als möglicher Kandidat Manstein an erster Stelle stand – beileibe nicht Model. Jedenfalls erlebte das ein diesem an der Front bekanntgewordener Offizier, Obstlt. Frantz, Kommandeur der Sturmgeschützabteilung der Division „Großdeutschland", der sich bei ihm auf der Fahrt in den Urlaub in Poltawa meldete und gleich von ihm für den Abend ins Kasino nach Saporoshje gebeten wurde. Frantz fand es erstaunlich, daß man in Models Anwesenheit offen über den „Verzicht" des „Führers" sprach. Das war so verwunderlich nicht. Hier ging es – in der Sicht Models – um militärische Aussprachen über eine neue Spitzengliederung, die ihm wahrscheinlich selbst empfehlenswert erschien – nicht jedoch um Politik. Dagegen scheint er, so vermutete jedenfalls sein Ic Obstlt Buntrock, irgendwie Verdacht gefaßt zu haben, daß Generalstabsoffiziere beim Stab Mitte sich mit geheimnisvollen Aktivitäten befaßten, wobei ihm der später nach dem 20. Juli hingerichtete Oberst Schultze-Büttger aufgefallen sein muß, weniger dagegen wohl der Ia, Oberst v. Tresckow und der Ic Obstlt. Freiherr v. Gersdorff, die beiden hauptsächlichsten Konspirateure. Niemand ahnte, daß die Verschwörer im Stab der HGr Mitte im Einvernehmen mit Gleichgesinnten im OKH/Generalstab geplant hatten, Hitler zu ermorden, als dieser am 13. 3. 1943 auf dem Flug von „Werwolf" in der Westukraine nach der „Wolfsschanze" in Smolensk Station machte, um den Stab der HGr Mitte und FM.v. Kluge zu besuchen. Auch Model war zu dem Essen gebeten, das Kluge für den „Führer" gab.

„Zitadelle" – Angriff im Kursker Bogen und der große Rückzug

Als GenOb Model von der HGr Süd zu seiner Armee zurückkehrte, war die Entscheidung über die neue Verwendung gefallen. Mit dem Operationsbefehl Nr. 6 vom 15. 4. 1943 hatte Hitler unter dem Decknamen „Zitadelle" als „ersten der diesjährigen Angriffsschläge" den zangenförmigen Angriff auf den weit nach Westen vorspringenden sowjetischen Frontbogen im Raum von Kursk befohlen, der von den Heeresgruppen Süd und Mitte bestritten werden sollte. Durch einen Angriff von Süden und Norden aus sollten die hier befindlichen erheblichen sowjetischen Kräfte abgeschnitten und eingekesselt werden. Der Operationsbefehl war mit den üblichen bombastischen Zusicherungen versehen, für die Offensive würden die besten Verbände, die besten Waffen, die besten Führer zur Verfügung stehen. Hitler erklärte wörtlich: „Der Sieg von Kursk muß für die Welt wie ein Fanal wirken." Die Operation sollte, sobald die Wetterlage es zuließ, unternommen werden, möglichst bereits am 3. Mai – was sich als bare Utopie herausstellte. Auch wurde die äußerste Geheimhaltung aller Offensivvorbereitungen befohlen, wobei Hitler wohl der Fall Reichel vom Juni des vergangenen Jahres in den Sinn gekommen war. Tatsächlich ist jedoch, auf bisher nicht eindeutig bekannten Wegen, gerade dieser Offensivplan dem Gegner bekanntgeworden, wozu allerdings zu bemerken ist, daß ihm der Aufmarsch erheblicher Truppenmassen in den Flanken des Kursker Bogens dank eigener Fern- und Nahaufklärung gar nicht verborgen bleiben konnte.

Jedenfalls erhielt GenOb Model mit der 9. Armee, als „Gruppe Weiß" getarnt, Befehl, den Nordangriff vom Orel-Bogen aus zu führen. Der 9. Armee wurden dafür zur Verfügung gestellt: Models altes XXXXI. Panzerkorps unter Gen. d. Panzertruppen Josef Harpe, einem etwas sturen, geistig wenig beweglichen Manne, den Model aber außerordentlich hoch schätzte und für sehr „krisenfest" hielt – das ihm bislang unterstellt gewesene XXXXVI. Panzerkorps (Gen. Zorn, der in der Kursker Schlacht fiel) und das XXXXVII. Panzerkorps (Gen. d. Panzertruppen Lemelsen), dazu das XXIII. AK, das den Eckpfeiler Rshew gehalten hatte. Dessen Kommandierender General Hans Friessner hat sich über Model in seinen Erinnerungen nicht näher ausgelassen, bis auf eine Passage über den Umgang mit dem schwierigen und mißtrauischen Hitler: „Auch wir Soldaten mußten uns daran gewöhnen, in Hitler den ‚Volksführer' zu sehen. Damit kam man weiter. Feldmarschall Model und ich haben dies Verfahren mit Erfolg angewandt." Friessner meint, wenn man mit diesem Mann unkonventionell, sozusagen „unter alten Kriegsteilnehmern" sprach, habe man ihm das Gefühl genommen, man sei „überheblich" ...

Alle diese Verbände bedurften erst einmal der „Auffrischung", neuen gutausgebildeten Ersatzes, neuen Materials. Sie umfaßten acht Infanterie-, sechs Panzer- und eine Panzergrenadierdivision, wie die motorisierten Divisionen jetzt genannt wurden. Nach dem Kriegstagebuch der 9. Armee betrug der Bestand an Panzern am 21. 4. 1943 227 Stück. Zugeführt wurden Ende des Monats 95 Stück, darunter 20 Panzer VI „Tiger", und etwas später noch 95 „Ferdinands", neue überschwere Jagdpanzer. Der Ersatz kam nur tropfenweise. Immerhin hatte Hitler sich jetzt so weit besonnen, daß er den besten deutschen Panzerfachmann, GenOb Guderian, zurückrief und ihm als Generalinspekteur mit Sondervollmachten die Reorganisation der völlig verschlissenen Panzerwaffe übertrug. Von den in Serienfertigung gegangenen neuen Typen, dem schweren „Tiger", dem mittleren Panzer V „Panther", und dem überschweren „Ferdinand" versprach man sich Wunderdinge. Leider haperte es beim Produktionsausstoß noch erheblich. Und der Ersatz für die Infanterie, der kam, war schlecht ausgebildet und bedurfte erst der Kampfschulung – eine Aufgabe, so recht wie für Model geschaffen. Aber das brauchte Zeit, und noch mehr Zeit kosteten der gewaltige Versorgungsaufmarsch, die Bereitstellung großer Mengen an Munition und Treibstoff für den Großangriff und der Ausbau des rückwärtigen Straßen- und Wegenetzes sowie der Bahnlinien. Dabei wirkte sich die Partisanenlage im rückwärtigen Raum des Orel-Bogens und in den riesigen Brianser Wäldern erschwerend aus. Die Banden, inzwischen gut organisiert, ständig aus der Luft versorgt und von einem Zentralstab hinter der sowjetischen Front geleitet, blockierten durch immer neue Gleissprengungen wichtige Bahnverbindungen. Bestimmte Nachschubstraßen waren nur in bewaffneten Konvois zu passieren. Und spektakuläre Großbekämpfungsaktionen wie das Unternehmen „Silberstreif" nutzten auch nicht viel. Sie beruhten auf den bei Model verpönten Kollektivstrafen. In jedem Fall ließ sich berechnen, daß der Versorgungsaufmarsch nicht vor Juni 1943 beendet sein würde.

Die Zeit kam dem Gegner zugute, der „Südwestfront" des

Armeegenerals F. N. Vatutin im Süden, der „Zentralfront" des Armeegenerals K. K. Rokossowski im Mittel- und Nordteil des Kursker Bogens. Beiden „Fronten" blieben Tätigkeit und Absichten der deutschen Truppen nicht verborgen, von nachrichtendienstlichen Informationen abgesehen. Beide, Vatutin wie Rokossowski, kannten die Tendenz der Deutschen, mittels Angriffen in den Flanken zur Umfassung anzusetzen, und das sowjetische Generalstabshauptquartier, die STAWKA, kannte sie noch besser. Daher begann man im Kursker Bogen mit dem Ausbau eines tiefgestaffelten Abwehrsystems mit Panzerhindernissen aller Art, Minenfeldern, Panzerabwehr- und Artilleriestellungen.

Die größte Schwäche des ganzen Angriffsunternehmens aber lag in dem eigentümlichen Frontverlauf auf den deutschen Flügeln, der sich aus den zum Stehen gekommenen Winterschlachten 1942/43 ergeben hatte. Dem sich breit nach Westen vorwölbenden sowjetischen Kursker Bogen entsprach im Süden der wieder nach Osten sich dehnende Bogen am Donez, im Norden, in Models Flanke, der 280 km lange Frontvorsprung im Raum von Orel, den die 2. Panzerarmee (General Rudolf Schmidt) mit 15 schwachen Infanteriedivisionen und ganz schwachen Reserven sicherte. Was geschah, wenn der Gegner in seinem Verteidigungssystem auf dem nördlichen Kursker Bogen hielt, dann aber den Orel-Bogen im Rücken angriff?

Am 27. April 1943 flog Model über Dresden, wo er seine Familie für eine Stunde sah, nach München. Für den 28. April hatte Hitler hier eine Besprechung über „Zitadelle" mit den beteiligten Oberbefehlshabern anberaumt. Model trug Hitler seine Bedenken vor: Bei den vorhandenen Kräften stelle der Angriff das größte Risiko dar. Er verlangte zwei zusätzliche Panzer- und vier gut aufgefüllte, frische Infanteriedivisionen, dazu stärkere Heerestruppen, schwere Artillerie, Werfer, Sturmgeschütze, Pioniere. Er wies auf den bereits erkannten Ausbau des gegnerischen Stellungssystems hin, auf die Notwendigkeit, für den Bogen Orel-Karatschew eine starke Eingreifreserve zu bilden. Sei dies alles unmöglich, so war es nach Models Ansicht klüger, die für den Angriff versammelten Kräfte einstweilen im Orel-Bogen zurückzuhalten, den Gegner kommen zu lassen und ihn dann aus der Rückhand zu schlagen – die Methode Mansteins beim Abfangen der sowjetischen Offensive im Februar 1943 in der Ukraine. Sollte hingegen die Oberste Führung genötigt sein, Kräfte an andere Fronten abzuziehen, bleibe nur die Räumung des Orel-Bogens (nach dem Muster des Rshew-Bogens!) und die Einnahme einer Abwehrlinie beiderseits der Desna und beiderseits von Karatschew.

Hitler hörte sich alles an, damals hielt er auf Model große Stücke. Er gab den „Zitadelle"-Plan nicht preis, wollte aber den Termin hinausschieben, bis die Zuführung größerer Mengen neuer Panzer erfolgt sei, und beschied auf Models Darlegungen hin für den 4. Mai die Generalstabschefs des Heeres und der Luftwaffe, die Oberbefehlshaber Süd und Mitte, die Feldmarschälle v. Manstein und v. Kluge und deren Stabschefs sowie den Generalinspekteur der Panzerwaffe, GenOb Guderian, zu einer zweiten Besprechung nach München. Manstein wie Kluge schoben Models Bedenken beiseite, eine Verstärkung der deutschen Panzerwaffe würde durch die gleichen Maßnahmen beim Gegner wettgemacht. Beide Feldmarschälle plädierten für baldigen Angriffsbeginn, desgleichen der Luftwaffengeneralstabschef, GenOb Jeschonnek und auch Gen. Zeitzler, nach dem Motto, wenn überhaupt, dann so bald wie möglich. GenOb Guderian widersprach allen Beteiligten. Er wies darauf hin, daß die zu erwartenden hohen Panzerverluste im Jahre 1943 mit Sicherheit nicht wieder ausgeglichen werden könnten. Er wollte die mühsam wieder auf die Beine gestellte Panzerwaffe nicht sofort wieder verschleißen. Hitler vertagte die Offensive auf den Juni.

Die Nachricht von der Kapitulation der Panzerarmee Afrika in Tunis am 12. Mai 1943 löste bei ihm eine längere Periode des Schwankens aus. Sollte er im Osten angreifen, wo außerdem ein weiterer „Angriffsschlag" unter dem Decknamen „Parkplatz" gegen Leningrad vorgesehen war? Sollte er stärkere Kräfte für die Mittelmeerfront abzweigen?

Die Vorbereitungen für „Zitadelle" liefen weiter. Ohne sich um frühere „Führer"-Verbote zu kümmern, befahl Model die Erkundung und den Ausbau einer rückwärtigen Stellung an der Desna und bei Karatschew, der späteren „Hagen"-Stellung, für den Fall, daß eine Katastrophe im Kursker- oder im Orel-Bogen einträte. Bei der Zuführung des von Hitler versprochenen „besten Materials" erlebte die 9. Armee Pannen. 180 ihr zugesagte „Panther"-Panzer gingen zur HGr Süd.

Da sich der Angriffstermin schier endlos verzögerte, nahm Model am 20. Mai noch einmal Urlaub. Die Familie war inzwischen in Dresden in ein Haus in der Judeichstraße am „Weißen Hirsch" übergesiedelt. Die Stimmung in der Heimat war kritischer geworden. Doch Model wollte nichts mit Politik zu tun haben. Merkwürdige Gespräche aber gab es in diesem Jahr um die gleiche Zeit an der Front im Orel-Bogen. Beim Chef des Generalstabes des XXXV. AK, Oberst i. G. Staedtke, erschien Oberst Brandt von der Operationsabteilung im OKH zu Besuch. Staedtke fragte mürrisch, was die neue Offensive im Kursker Bogen eigentlich solle, ob man noch ein paar hundert Quadratkilometer Rußland mehr erobern wolle? Davon habe man doch genug. Oberst i. G. Brandt: „Was sagen Sie da? Geben Sie uns fünf Divisionen zum Marsch auf Berlin, dann werden wir dem ganzen Wahnsinn schnell ein Ende bereiten." Staedtke: „Divisionen, die ihren Generalen zum Marsch gegen Hitler gehorchen, gibt es schon lange nicht mehr. Die Soldaten würden ihre Generale aufhängen, wenn diese ihnen den Befehl zum Marsch gegen Hitler geben würden."

Unterdes unternahm das Ehepaar Model noch eine Reise nach Wien. In Dresden kamen Gäste von der Front, die auf Urlaub waren – der Transportoffizier Obstlt. Erfurth mit seiner Frau und der IIa Major Ahlborn.

Es war der letzte wirkliche Urlaub in diesem Krieg für Model. Mitsamt seinem Hund, dem Münsterländer „Enzio", flog er am 10. Juni an die Front zurück. Seine Vertretung hatte inzwischen Gen. Weiss von der links anschließenden 2. Armee besorgt, merkwürdigerweise nicht Gen. Rudolf Schmidt, mit dem sich Model nicht gut stand und dessen Chef des Stabes, Oberst i. G. August Winter, er noch weniger schätzte. „Zitadelle" war beschlossene Sache, der Chef des Generalstabes, Gen. Zeitzler, drängte auf Beschleunigung des Termins. Model hielt die Vorbereitung noch immer für ungenügend. Auch Hitler trieb jetzt zur Eile.

Der O 1 (Ordonnanzoffizier) der 9. Armee, Hauptmann Klaus Lütticke, hörte ein Telefongespräch zwischen Model und Zeitzler mit. Model: Er denke nicht daran, die befohlene Offensive einzuleiten, wenn ihm nicht die notwendigen Verstärkungen zugeführt würden . . . Er könne das der Truppe gegenüber nicht verantworten . . . Es bringe nur große Verluste und keinen Erfolg. – Zeitzler: Der „Führer" habe es so befohlen. – Model: „Ich denke nicht daran, es zu tun. Sagen Sie das dem Führer. Ich bin mir zu schade dazu, Dinge durchzuführen, die von Anfang an sinnlos sind und uns wertvolle Menschenleben kosten." Hauptmann Lütticke notierte, daß der Angriff wieder verschoben wurde. Natürlich liefen die Vorbereitungen weiter, und ebenso natürlich war es nun schon, daß Hitlers Zusagen von der Zuführung „besten Ersatzes", „besten Materials" nicht in dem von Model gewünschten Ausmaß eingehalten wurden, weil sie der Produktions- und Ersatzlage halber gar nicht einzuhalten waren. Um den Aufmarsch großer Panzerverbände zu tarnen, verfiel Model auf abenteuerliche Ideen. Er ließ Tonbandaufnahmen von Panzerübungen mit Panzergeräuschen anfertigen und diese dann in Waldstücken abspielen, um die Abhörstellen des Gegners zu täuschen. Kurz vor der Offensive fand eine große Vorführung der neuen Panzertypen statt, zu der auch die Fliegergenerale der für die Luftunterstützung zuständigen Luftflotte 6 des GenOb v. Greim geladen waren. Der Armeepanzerführer, Obstlt. v. Carlowitz-Hartitzsch, präsentierte die „Wunderwaffen". Beim Abspringen von einem „Tiger" verstauchte sich ein Fliegergeneral den Fuß, was viel belächelt wurde. Am Abend gab Model ein Essen für die Herren von der Fliegerei. Natürlich erschien auch leicht lahmend der betreffende General. Carlowitz, ein witziger Kopf, der sich auch gegenüber Model einiges herausnahm, bemerkte, der General hätte doch lieber, statt von einem „Tiger", von einem „Goliath" herunterspringen sollen. Goliaths waren neue, ferngelenkte Sprengpanzer von 50 cm Höhe, die gegen die sowjetischen Stellungen gesteuert werden sollten. Der General war tödlich beleidigt, Model lachte sich halbtot. Solche Geschichten schätzte er.

In der letzten Lagebeurteilung der 9. Armee vor der Offensive vom 20. 6. 1943 stellte GenOb Model fest: „Die vorhandenen Angriffskräfte werden bei günstiger Lageentwicklung für die Durchführung der Aufgabe *gerade* ausreichen..." Er verlangte die Zuführung von zwei weiteren Infanteriedivisionen, zwecks Verwendung beim Stoß der Panzerkräfte in die Tiefe, um Fühlung mit den von Süden heraufstoßenden Kräften Mansteins zu nehmen, sowie außer den für vier Infanteriedivisionen zugesagten Marschbataillonen noch die Bereitstellung von fünf Marschbataillonen zu je 1000 Mann als Nachersatz. In diesem Fall war nicht Models Zuversicht, sondern Models Skepsis nicht beseitigt. Er fürchtete das rasche Ausbluten seiner Divisionen. Leider haben sich keine Angaben über die Panzerstärke der 9. Armee bei Beginn der Offensive erhalten, schätzungsweise dürfte sich diese auf 600-700 Panzer und Sturmgeschütze belaufen haben. Mansteins HGr Süd war mit seinem Soll von 1150 Panzerfahrzeugen aller Art besser ausgestattet, wenn auch am 5. 7. 1943 davon nur 997 einsatzbereit waren.

Auf 50 km Angriffsbreite hatte die 9. Armee beim Gegner im Nordabschnitt des Kursker Bogens ein bis zu 40 km tiefes befestigtes Gebiet festgestellt, besetzt mit 25 Schützen- und vier Artilleriedivisionen, zwei Artilleriebrigaden, einer Panzerarmee mit drei Korps und zwei Brigaden, neun selbständigen Panzerregimentern und außerordentlich starken Verbänden an Panzerabwehrartillerie. Im Hinterland formierte sich eine sehr starke Reservegruppe, die spätere „Steppe-Front" unter Models altem Gegner GenOb Konjew. Models Ic Buntrock arbeitete sehr genau.

Für den 5. Juli wurde der Angriff befohlen. Zuversichtlich waren an diesem Tag eigentlich nur noch bei der Heeresgruppe Mitte der unverwüstliche Sanguiniker Gen. Krebs und der Ia Oberst Henning v. Tresckow, merkwürdigerweise eben der gleiche Mann, auf dessen Geheiß man am 13. 3. 1943 in Hitlers Sondermaschine für den Rückflug von Smolensk nach Ostpreußen eine Zeitzünderbombe geschmuggelt hatte, die allerdings nicht explodiert war.

Model setzte für den ersten Stoß das XXXXVII. Panzerkorps im Zentrum an, in den Flanken die beiden anderen Panzerkorps. Das XXIII. AK, dessen Vorgehen durch Einsatz von Panzer- und Pioniersprengmitteln erleichtert werden sollte, hatte den Auftrag, auf dem linken Flügel Malo-Archangelsk zu nehmen. Das ihm unterstellte XX. AK sollte Verbindung zur 2. Panzerarmee im Orel-Bogen halten. Für den ersten Augenblick hielt Model seine Panzer noch zurück, bis das Artilleriefeuer und der in den ersten Tagen sehr starke Fliegereinsatz der Luftflotte 6 die vordersten feindlichen Stellungssysteme umgepflügt hatten.

Immerhin stieß das XXXXVII. Panzerkorps am ersten Angriffstag in der Linie Fotesch-Weretinowo bis zu acht km Tiefe in die sowjetischen Verteidigungsanlagen hinein. Friessners Infanteriekorps blieb schon vor Malo-Archangelsk liegen. Vorübergehend hatte die deutsche Luftwaffe wieder die Luftherrschaft über dem Kampfraum. Dann bereitete Treibstoffmangel dem Einsatz der Luftflotte 6 ein Ende. Die Anfangsziele für die Modelschen Panzerkorps waren die stark befestigten Höhen bei Ponyri und das Stellungssystem um Obojan. Bereits am zweiten Tag nach dem Angriffsbeginn warf der Gegner starke, frische Reserven in die Schlacht. Am dritten Tag nach dem Beginn von „Zitadelle" erschien Model auf dem Gefechtsstand des XXXXVII. Panzerkorps. Der kommandierende General, Gen. Lemelsen, und der Chef, Oberst i. G. Walter Reinhard, hatten sich gerade schlafen gelegt. Der Ia Major i. G. Drews, meldete und fragte den Generaloberst, ob er die beiden Herren wecken solle?

Model – nach dem Zeugnis von Drews: „Nein, lassen Sie nur.

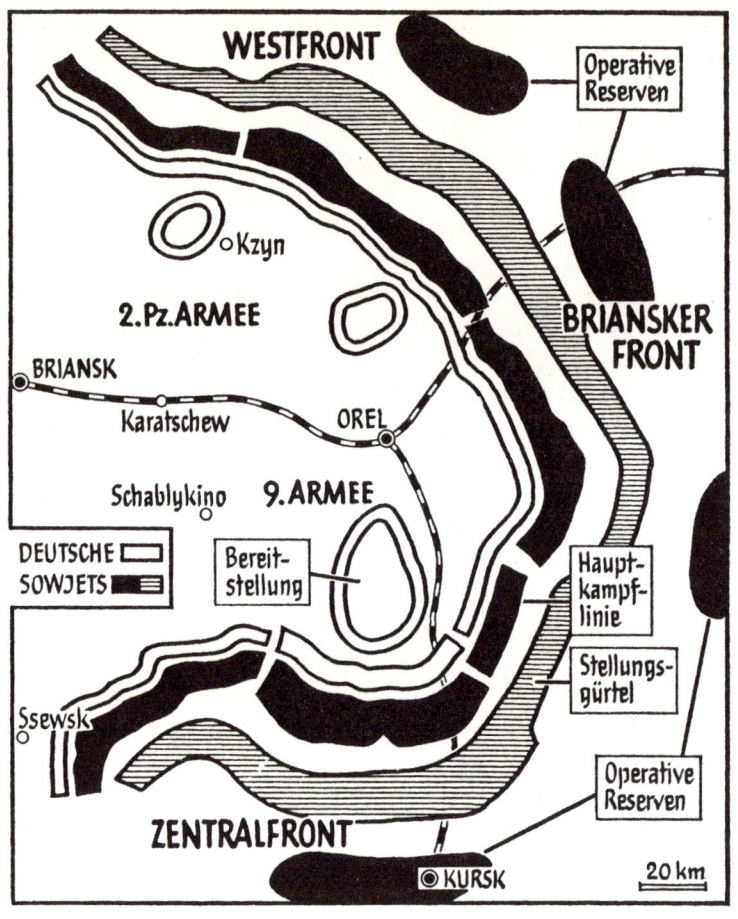

Vor den Schlachten im Kursker und im Orel-Bogen: 5. Juli 1943

Die sind mir beide viel zu durchgedreht. Der einzige vernünftige Mann hier sind Sie. Mit Ihnen will ich reden. Sagen Sie mir, Drews, wie sieht es vorne aus?
Drews: „Herr Generaloberst, ich komme gerade von vorn. Der Angriff ist unwiderruflich festgefahren. Es geht nicht mehr! Model: „Ist das wirklich so?"
Drews: „Herr Generaloberst wissen ja, ich war lange genug

bei der Truppe und habe selbst viele Panzerangriffe gefahren. Es geht wirklich nicht mehr!"

Model, nach einem nachdenklichen Blick auf den Major: „Ja, Drews, wenn Sie mir das sagen, dann muß ich es wohl glauben. Ihrem General oder Ihrem Chef hätte ich's nicht abgenommen." Model versuchte, umzugruppieren, der Schwerpunkt des Angriffs wurde auf 10 km Breite gegen die Linie Olchowatka-Ponyri verlegt. Die sich entwickelnden großen Panzergefechte waren, wie Konjew später gesagt hat, der „Schwanengesang der deutschen Panzerwaffe". Trotz nochmaliger starker Fliegerunterstützung kam auch dieser Angriff nur langsam voran. Das gegnerische Stellungssystem war zu tief gestaffelt. Am 9. Juli erklärte Model in den Mittagsstunden bei einer großen Lagebesprechung auf dem Gefechtsstand des XXXXVII. Panzerkorps, an der auch FM v. Kluge teilnahm, angesichts des schlechten Ausbildungsstandes der Panzereinheiten in der Führung im Großverband müsse man von Großangriffen absehen und könne die Panzer nur im Divisionsrahmen in enger Verbindung mit den Panzergrenadieren einsetzen. Er sprach davon, es handele sich jetzt um eine rollende Materialabnutzungsschlacht. Kluge schloß sich diesem Urteil an, meinte jedoch, es sei notwendig, die Schlacht durchzuschlagen, um die sowjetischen Reserven entscheidend zu schwächen.

Tags darauf landeten alliierte Truppen auf Sizilien, die italienischen Verbände versagten großenteils, nach weiteren zwei Wochen wurde Mussolini vom Faschistischen Großrat gestürzt und von König Viktor Emanuel III. in Haft genommen. In Italien entstand eine neue Front, und diese Geschehnisse sollten die „Materialabnutzungsschlacht" in Mittelrußland entscheidend beeinflußen.

Auf Models Antrag gab die Heeresgruppe noch die 12. Panzerdivision (seine „Haustruppe" unter Freiherrn v. Bodenhausen) und eine Infanteriedivision für ihn frei. Am 11. Juli meldete die 2. Panzerarmee im Orel-Bogen erste sowjetische Vorstöße. Anderentags brach hier eine sowjetische Großoffensive los. Die für Model bestimmten Verstärkungen wurden eilends umdirigiert und der 2. Panzerarmee zur Verfügung gestellt. Binnen achtundvierzig Stunden erzielte der Gegner an mehreren Stellen tiefe Einbrüche und schickte sich an, auf Orel, die große Nachschubbasis auch der 9. Armee, vorzustoßen. Östlich von Orel, südöstlich Bolchow und Suchinitschi entwickelten sich schwere Kämpfe, entstand eine neue Abwehrfront. Model mußte zwei Panzerdivisionen nach Norden abdrehen, dazu Teile der Heerestruppen, vor allem Sturmgeschütze. Noch am Spätnachmittag des 12. 7. 1943 schlug FM v. Kluge in einem Telefongespräch Model vor, zusätzlich die Führung der 2. Panzerarmee, die vertretungsweise von Gen. Clössner geführt wurde, zu übernehmen.

Model hielt ihm entgegen, dies sei keine „glückliche Lösung", sie würde nur zu dauernden Reibereien führen. Am Abend um 21.30 Uhr sprach er noch einmal mit Kluge und forderte klare Unterstellungsverhältnisse nach seinem Motto: Alles oder nichts.

Am 13. Juli flog FM v. Kluge ins Führerhauptquartier und erreichte Hitlers Zustimmung, daß Model zwecks einheitlicher Kampfführung im gesamten Orel-Bogen auch die 2. Panzerarmee erhielt. Hitler entschied an diesem Tage, das Unternehmen „Zitadelle" sei einzustellen. Italien drohte zur „Zweiten Front" zu werden. Jetzt protestierte FM v. Manstein. Der von ihm eingeleitete Angriff war erheblich besser vorangekommen als derjenige Models. Vor seinen Panzerverbänden hatte der Gegner sämtliche Reserven in den Kampf werfen müssen, seine Kräfte schienen nahezu erschöpft zu sein. Manstein glaubte, er könne bis Kursk durchbrechen, wenn die 9. Armee und die 2. Panzerarmee im Orel-Bogen hielten und den Gegner hier banden.

Mit Wirkung vom 14. Juli übernahm Model offiziell den Befehl auch über die 2. Panzerarmee und hielt sich nun vorwiegend auf dem Armeegefechtsstand in Orel auf. Chef der 2. Panzerarmee war sein früherer Hörer in Kriegsgeschichte Oberst Winter. In der Rückschau auf die Krise im Orel-Bogen notierte er später bei dem neuen Oberbefehlshaber „nicht immer günstig wirkende Temperamentausbrüche", ebenso auch Models „unerhörte Tatkraft". Winter hatte den Eindruck, Models Nerven seien wohl schon ein wenig „abgebraucht" gewesen. Models alter Kamerad Gen. Jaschke, der das LV. Korps bei der 2. Panzerarmee führte, fand dagegen, das Erscheinen des berühmten Truppenführers habe auf die Stimmung an der Front sehr günstig gewirkt. Freilich, wer von den Kommandeuren „nicht spurte", wurde von Model abgelöst, das Urteil lautete dann rasch „verbraucht". Die Krise brauchte einen Mann mit außerordentlicher Tatkraft, der zunächst einmal mit Hilfe der bei Model beliebten Straßen- und Marschkommandanten Ordnung in das Chaos im Raum Orel brachte. Die Armee hatte den Spitznamen „Wehrbezirkskommando 2" gehabt, weil in ihrem Abschnitt lange Ruhe geherrscht hatte. Die sowjetische Großoffensive hatte im rückwärtigen Gebiet vielfach Panik ausgelöst. Den neu herangeführten Verbänden strömten Flüchtende, Versprengte, zurückflutende Kolonnen entgegen, die die Straßen verstopften. Dazu kam eine schlagartig aufflackernde Partisanentätigkeit im Hinterland.

August Winter, in der letzten Phase des Krieges Gen. d. Gebirgstruppen und stellvertretender Chef des Wehrmachtführungsstabes, hat später über Models Geschick geäußert, im Laufe des Krieges habe dieser von Hitler immer größere und schwierigere Aufgaben erhalten, Aufträge, die schließlich „seine Grenzen überschritten" hätten. Nun – die Krise im Orel-Bogen gehörte noch zu jenen Aufgaben, für die er wie geschaffen war. Er verstand es, der Lage Herr zu werden, und setzte Maßnahmen, die er für richtig hielt, auch gegen den Willen der Obersten Führung durch.

Am 15. Juli warfen die Sowjets eine frische Panzerarmee, verstärkt durch die selbständige Panzer- und ein Garde-Granatwerferregiment, gegen die 9. Armee in den Kampf. Die Modelschen Panzerkorps wurden endgültig in die Defensive gezwungen. Model erreichte die Genehmigung, die Armee in die Ausgangsstellung zurückzunehmen. Die Bewegung wurde bei Nacht ausgeführt und kam für den Feind überraschend. Auf diese Weise bekam Model vier Divisionen für andere

Frontabschnitte frei. Der Gegner setzte freilich seine Angriffe mit großer Intensität fort, das Ziel war nun, im Süden bei der 9. Armee und im Norden in der Linie Orel-Briansk den Durchbruch zu erzwingen, um die gesamte Armeegruppe Model einzukesseln.

Bei der 2. Panzerarmee erkannte Model sofort, daß die Zurückgewinnung der verlorenen Hauptkampflinie unmöglich war, daß der ganze Orel-Bogen auf die Dauer überhaupt nicht zu halten war. Vom 19. Juli an begann das Ringen um „Handlungsfreiheit" in der Kampfführung. Model bereitete die Zurücknahme aller Verbände in die sogenannte Orel-Riegelstellung auf der Linie Kromy-Orel-Bolchow vor. Er forderte die Zuführung von Verstärkungen auf dem Luftweg und die Zuweisung der Division „Großdeutschland" und setzte sich wenigstens dabei zum Teil durch. Bei einer raschen Zurücknahme der deutschen Front ergab sich die Notwendigkeit, die im Orel-Bereich befindlichen großen Verpflegungs- und Munitionslager zu bergen. Im Raum des XXXXVI. Panzerkorps lagen allein 900 Tonnen Proviant, bei Kromy, das fortan heiß umkämpft war, waren im Lager Iwanowsk 4000 Tonnen hochwertiger Munition gestapelt. Model machte dem OQu der 9. Armee die Hölle heiß, daß diese kostbaren Vorräte nicht dem Gegner in die Hände fallen dürften. Und dies alles angesichts wachsenden Druckes auf die Fronten seiner beiden Armeen und unheimlich zunehmender Bandenaktivität gegen Bahnlinien, Brücken, Straßen und Kolonnenwege.

Um 13.45 Uhr ging am 20. 7. 1943 bei der 2. Panzerarmee in Orel ein Führerbefehl ein, der jede Absetzbewegung bei der 9. und der 2. Panzerarmee untersagte. Solche Maßnahmen waren beim XXXV. und LIII. Korps bereits eingeleitet. Ein neuer Entscheid sei erst am folgenden Tag zu erwarten. Model remonstrierte nach der Rückkehr von der Front um 18 Uhr sofort in einem Telefonat mit FM v. Kluge in Smolensk und wies auf die heillosen Schwierigkeiten hin, die dieser Befehl erzeuge. Kluge versprach in Ostpreußen zu intervenieren. Am Abend um 21 Uhr ließ Kluge mitteilen, der „Führer" habe sich mit Models Maßnahmen einverstanden erklärt. In der

Folge befahl er „von sich aus", wie das Kriegstagebuch der 2. Panzerarmee unter dem 24. Juli festhielt, weitere Maßnahmen, befahl aber auch vorsorglich, die Orel-Riegelstellung sei bis zum letzten Mann zu halten, während sämtliche Generalkommandos in seinem Armeegruppenbereich verständigt wurden, daß Orel als Nachschubbasis geräumt würde. Fast alle ihm zur Verfügung stehenden Verbände waren abgekämpft, es gab fatale Versager, in einem Fall verlor eine ganze Division die Nerven; daher bedurfte es äußerst geschickter psychologischer Einwirkung auf die Truppe, um zu verhindern, daß die Absetzbewegungen der Führung entglitten und der vom Gegner wohl erhoffte moralische Zusammenbruch eintrat.

In der Mittagslage vom 25. Juli erstattete Gen. Zeitzler im Führerhauptquartier Bericht über die Lage im Orel-Bogen. Dabei verbreitete sich Hitler – soweit das nur bruchstückhaft erhaltene Protokoll erkennen läßt – abfällig über Model, weil dieser Hitlers Elitedivision „Großdeutschland" an Punkten einsetzen wollte, die dem „Führer" unpassend erschienen. Mit dem wiederholten Ausdruck „vollkommen lächerlich" erklärte Hitler, „der" (d. i. Model) habe die Division schon einmal bei einem vollkommen sinnlosen Angriff ostwärts Rshew völlig auseinandergerissen, 2700 Tote seien das Resultat gewesen. Zeitzler meldete dem ungehaltenen „Führer" dafür, er habe einen Sonderstab mit Heeresstreifenpersonal nach Orel hineingeschickt, der die Züge revidieren solle, „damit da nicht irgendwelche Stellen herausgehen ..."

Ironischerweise war der 25. Juli der Tag, an dem in Rom das faschistische Regime gestürzt wurde. Für die 9. Armee sollte die Entstehung einer neuen Süd-Front auf der Apeninnenhalbinsel noch peinliche Folgen haben. Einige Wochen später mußte sie den Großteil ihrer gepanzerten und motorisierten Verbände für den neuen Kriegsschauplatz abgeben.

Immerhin hatte Hitler zu Models „elastischer Kampfführung" so viel Vertrauen, daß er am 26. Juli ihm das Zurückgehen auf die projektierte „Hagenstellung" quasi an der Sehne des Orel-Bogens freigab – wie Model dies für notwendig hielt. Dabei tröstete man sich höheren Ortes im Hinblick auf den Gelände-

153

verlust mit der Feststellung, auf diese Weise werde es gelingen, die Ukraine zu halten. Mit dem Stichtag 1. August wurde darauf das Unternehmen „Herbstreise" befohlen, die Vorbereitung der sprungweisen Zurücknahme der Verbände auch aus der Orel-Riegelstellung, wobei sich freilich ergab, daß die Heeresgruppe in Smolensk jeden einzelnen „Sprung" von Linie zu Linie selbst freigeben wollte. Die von Model ausgeführte „Büffel"-Bewegung im Rshew-Bogen war insofern einfacher gewesen, als hier der Gegner auf den Stellungskrieg eingestellt gewesen war. Jetzt aber war er vom Offensivgeist erfüllt und versuchte, in die Vorbereitungen für die „Herbstreise" hineinzustoßen. Die Räumung der Lager mit insgesamt rund 20 000 Tonnen Versorgungsgütern, der zahlreichen Lazarette bereitete Kopfzerbrechen genug. Anhaltende Regenfälle verwandelten in den letzten Julitagen Straßen und Wege in Schlammwüsten. Am 29. Juli gab Model „Herbstreise" Befehl für den 1. August. Am nächsten Tag wurde der Gefechtsstand der 2. Panzerarmee mit der Führungsstaffel nach Chotetowo verlegt; Model selbst blieb mit einem Generalstabsoffizier noch in Orel, um die Räumungsmaßnahmen persönlich zu kontrollieren. Der zweite große, kampfweise Rückzug lief pünktlich an. Und Model verstand es, sich Handlungsfreiheit zu sichern. Für den zweiten Rückzugssprung ließ er in ultimativer Form der Heeresgruppe in Smolensk melden, falls binnen einer Stunde keine gegenteilige Nachricht vorliege, sehe er die Bewegung als genehmigt an. Dabei blieb es dann. Und da Model mehr als je wieder vorn bei der Truppe war, wäre es auch schwer gewesen, ihn selbst noch an den Fernsprecher zu bekommen.
In den schweren Nachhutkämpfen fiel am 2. August der Kommandierende General des XXXXVI. Panzerkorps, Gen. Zorn. Model betraute einen alten Bekannten aus Berliner Zeiten, den ehemaligen Adjutanten Hitlers, Gen. Hossbach, bislang Kommandeur der 31. Infanteriedivision im Orel-Bogen, vertretungsweise mit der Führung des Korps, dessen Verbände fast völlig in Kampfgruppen auseinandergerissen waren, die unvermeidliche Folge des Modelschen Systems der „Aushilfen". Bei seinem ersten Besuch bei Hossbach ersuchte Model den

Korpschef, Oberst i. G. Berendsen, die Lage vorzutragen. Hossbach paßte dies nicht, er bat Model kurzerhand vor die Tür, sagte ihm dies auf den Kopf zu und machte ihm auch klar, es müsse wieder Ordnung geschaffen und die Verbände müßten wieder zusammengeführt werden. Model war verblüfft, gab dann Hossbach recht und da die Panzergeneralkommandos bereits herausgezogen wurden, hatte dieser schließlich zeitweilig die Kampfgruppen von rund einem Dutzend Divisionen unter seinem Kommando, mit dem Ergebnis, daß die Verbände wieder entwirrt wurden. Die Sowjets standen nun hart vor Orel. In einem der Telefonate mit Kluge vor „Herbstreise" hatte der Feldmarschall nochmals darauf hingewiesen, der „Führer" wünsche, daß Orel unbedingt gehalten würde. Model hatte erwidert, das gehe nicht, und er tue es auch nicht. Dies möge Kluge dem „Führer" melden. Entgeistert fragte Kluge zurück: „Wer?" Model: Er, der Feldmarschall! Seine Sache sei das nicht, wohl aber diejenige des Feldmarschalls. Jetzt wurde Orel am 4. August dem Sprungplan von „Herbstreise" entsprechend ohne weiteres Aufheben geräumt. Als letzte Einheit stand Models „Haustruppe", die 12. Panzerdivision unter GenLt Freiherr v. Bodenhausen in der zerschossenen, brennenden Stadt. Die Einwohner, die sich der befohlenen Evakuierung entzogen hatten, sangen die „Internationale" und hoben die geballte Faust, als die Deutschen abrückten. Vom Führerhauptquartier und von der Heeresgruppe in Smolensk kam eine Rückfrage nach der anderen, ob die entscheidende Brücke über die Oka bereits gesprengt sei? Das konnte nicht geschehen, solange deutsche Panzer im Brückenkopf auf dem anderen Ufer Nachhutgefechte lieferten. Schließlich meldete Gen. v. Bodenhausen, um die allerhöchsten nervösen Frager zu beruhigen, wie sein Ia Hauptmann i. G. Niepold bezeugte – der Models persönlichen Einsatz in der Krise aufs höchste bewunderte –, die Brücke sei „hochgegangen". Nach dem Kriegstagebuch der 2. Panzerarmee geschah dies jedoch erst am Abend um 21 Uhr. Wie „Büffel" wurde unter erheblich erschwerten Voraussetzungen „Herbstreise" ein voller Erfolg Modelscher Füh-

155

rungskunst. Gen. Friessner hielt die Rückzugsbewegung über rund 100 km durch einen schmalen Landschlauch angesichts des unentwegt nachsetzenden Gegners für eine Meisterleistung. Selbst der Wettergott zeigte sich gnädig. Mit dem Beginn von „Herbstreise" hatte wieder trockenes, heißes Sommerwetter eingesetzt. Straßen und Wege waren wieder leichter passierbar. 20 000 Verwundete konnten abtransportiert werden, 53 000 Tonnen Nachschub aller Art wurden geborgen. Model hatte einen sechsten Sinn für Probleme der Logistik, wie wir heute sagen würden, für alle Versorgungsfragen, die im technisierten Massenkrieg eine Rolle spielten, von der sich der Moltkesche Generalstab noch nichts hatte träumen lassen. Und Hitler nahm die eigenmächtige Handlungsweise Models hin, er ließ sie ihn nicht entgelten, denn letzten Endes hatte Model das Richtige befohlen – und Model hatte es stets vermieden, den „Führer" mit nur mangelhaft verhohlenem Hochmut zu behandeln, wie das manch anderer hohe Offizier tat. Hitler hatte bei ihm das Bewußtsein, dieser Generaloberst respektierte seine „Führer"-Eigenschaft.

Aber – mit dem großen Rückzug, den GenOb Model im Orel-Bogen eingeleitet hatte, begann auch der ewige Rückzug, unter stetem Nachdrängen des Gegners, von Auffanglinie zu Auffanglinie, von „Stellung" zu „Stellung". Auch im Süden, vor Mansteins Heeresgruppe Süd, trat der offenbar mit jedem Monat an Kraft gewinnende große Feind im Donez-Bogen zur Gegenoffensive an. Später, in noch düstereren Tagen, als Hitler Manstein in die Wüste schickte, gebrauchte er den Ausdruck, er benötige nun „Steher", nicht die Apostel der klassischen großen Operation. Er meinte auch einen Mann wie Model damit. Aber dessen Kriegserfahrungen im Jahre 1943 mündeten in stetes, noch einigermaßen elastisches Ausweichen . . .

Mit dem 13. 8. 1943 endete das Unterstellungsverhältnis der 2. Panzerarmee unter das Armeeoberkommando 9. Der Stab der 2. Panzerarmee wurde zu anderer Verwendung – auf dem Balkan – herausgelöst. Die 9. Armee mußte erweiterte Abschnitte übernehmen und gleichzeitig erhebliche Kräfte, vier

Panzer- und fünf Infanteriedivisionen sowie zahlreiche Heerestruppen für andere Fronten abgeben – nach Italien und Frankreich. Dafür wurden ihr das LVI. Panzerkorps und das XII. AK unterstellt, ausgebrannte Einheiten. Beim Rückzug durch den Briansker Raum enthüllte sich, wie mächtig die Partisanenbewegung geworden war. Sie nahm, wie das Kriegstagebuch der HGr Mitte festhielt, den Charakter eines Volksaufstandes an.

Bis Ende August 1943 konnte die 9. Armee aus den ganzen Kämpfen im Kursker- und im Orel-Bogen und während des Rückmarsches in die „Hagenstellung" 11 732 Kriegsgefangene, obendrein dazu noch 2007 Überläufer und nach ihrer Rechnung, 4728 abgeschossene Panzer buchen. Im Juli 1943 hatte die monatliche Zulieferung an Panzern für die gesamte Ostfront 520 Stück betragen, die Verluste 530 Stück. Die Panzerlieferungskurve ging bergab, ganz gleich was in der Heimat produziert wurde. Bei der Kursker Offensive waren im Bereich der 9. Armee 120 000 Tonnen Munition und 40 000 Kubikmeter Treibstoff verbraucht worden.

Seither wurden Models Mahnungen und Forderungen nicht nur nach Ersatz, sondern auch nach Treibstoff und Munition immer dringlicher. „Zitadelle" hatte Kräfte verbraucht, die nicht mehr zu ersetzen waren.

GenFM v. Kluge bemühte sich um die Festlegung einer konstanten Winterstellung. Daraus wurde nichts mehr. Der Rückzug ging weiter. Für Model und die 9. Armee begann der stete Kampf nicht nur gegen den nachdrängenden Gegner, sondern auch um Verbände zur Erfüllung der ihm in seinem jeweiligen Armeeabschnitt gestellten Abwehraufträge. Und dies Ringen kostete beinahe mehr Nerven, als die Abwehr der sowjetischen Offensive. Zwangsläufig erzeugte es einen „Armee-Egoismus". Jeder Armee-Oberbefehlshaber mußte im „Krieg des armen Mannes" darauf bedacht sein, für seinen Abschnitt das noch Mögliche und Denkbare herauszuholen. Dazu kamen dann die Mahnungen und Forderungen des Obersten Kriegsherrn, souffliert, wiederum zwangsläufig, durch den OB Mitte, Günther v. Kluge, auch wenn Ausweichbewegungen genehmigt waren, jede Stellung doch möglichst langsam, so spät wie möglich, zu räumen. Dazu kamen Abgaben von Divisionen an die in noch schwerere Bedrängnis geratene Heeresgruppe Süd. Und dazu gesellte sich im September 1943 eine neue, für einen Offizier vom Schlage Models gänzlich unfaßbare Art der Kriegführung. Von drüben meldete sich der Präsident des Bundes Deutscher Offiziere beim kommunistisch gesteuerten „Nationalkomitee Freies Deutschland" zu Wort, ehedem General der Artillerie und Kommandierender General des LI. AK bei Stalingrad, Walther v. Seydlitz-Kurzbach, und forderte ihn auf, mit der 9. Armee zu kapitulieren, weil der Krieg für Hitler sinnlos geworden und verloren sei.

Am 24. September ging Smolensk verloren. FM v. Kluge mußte das Hauptquartier in den Raum Orsha verlegen, Deckname „Schnittpunkt", und sehr bald darauf weiter rückwärts nach Minsk, wobei er noch einen vorgeschobenen Gefechtsstand bei Orsha behielt. Am 18. Oktober ließ v. Kluge eine Denkschrift Models über die schlechte Ersatzlage und die Notwendigkeit, frische Verbände an die Front zu bringen, in Abschrift dem „Führer" weitergeben. Es geschah nichts – und Kluges Weisheit für Model lautete im allgemeinen, die 9. Armee könne und müsse sich selbst helfen.

Am 19. Oktober meldete Models Chef, Oberst i. G. v. Elverfeldt, dem Chef der HGr Mitte, General Krebs, Model habe an Friedrich den Großen erinnert: ein Heerführer, der über Reserven verfüge, könne viel Unglück wiedergutmachen – hat er keine, so sinkt er zum bloßen Zuschauer einer großen Begebenheit herab. – Aber was sollte der Feldmarschall v. Kluge dabei noch tun – er hatte selbst kaum noch Reserven!

Und dann schieden beide Kontrahenten einstweilen aus dem Spiel aus. FM v. Kluge erlitt am 28. 10. 1943 um 8.45 Uhr morgens bei der Fahrt von „Schnittpunkt" nach dem Hauptquartier in Minsk einen schweren Autounfall und mußte schwerverletzt ins Lazarett gebracht werden. Am 5. 11. 1943 erreichte GenOb Model der Befehl, daß er die 9. Armee abzugeben habe und in die „Führerreserve" versetzt worden sei. Zuvor hatte er noch erlebt, wie sein eigener ehemaliger OB

bei der 16. Armee. GenFM Busch, die Heeresgruppe Mitte
übernahm. Busch erklärte, Forderungen nach Ersatz und Ruhe
könnten vorläufig nicht erfüllt werden. Model replizierte: Für
die 9. Armee sei die Ersatzlage entscheidend. Am 4. November
übergab er diese seinem Protegé General Harpe. Im Kriegstagebuch der HGr Mitte hieß es, der Tag sei im wesentlichen
ruhig verlaufen, das Wetter war kühl mit Sprühregen, die
Straßenlage gut. GenFM Busch beabsichtigte, 100 000 Mann
aus dem rückwärtigen Heeresgebiet für die Front „aus-
zukämmen"...
Model flog am 5. 11. 1943 nach Dresden. „Versetzung in die
Führerreserve" bedeutete keineswegs eine Kaltstellung. Welche
neue Verwendung Model zugedacht war, darüber ist natürlich
auch in der Familie viel gerätselt worden. Damals war die
Rede davon, Hitler wolle den Befehlshaber des Ersatzheeres
und Chef Heeresrüstung, GenOb Fromm, ablösen, weil dieser
ihm nicht mehr schlagkräftig genug erscheine. Model sei als
Nachfolger in Aussicht genommen. Daraus wurde jedoch nichts.
Was es möglicherweise bedeutet hätte, läßt sich nicht ermessen.
Unter der Ägide des Generalobersten Friedrich Fromm, der
dafür schließlich 1945 mit dem Leben bezahlen mußte, gedieh
jedenfalls die Verschwörung des 20. Juli 1944, von der Fromm
wußte und doch auch wieder zum Schein nichts wissen wollte,
es sei denn, der „Führer" würde durch ein Attentat beseitigt.
Einstweilen verlebte Model eine Art von Urlaub in Dresden
im neuen Haus beim „Weißen Hirsch", der doch kein Urlaub
mehr war, weil jeder Tag eine neue Verwendung bringen konnte, die er, seiner rastlosen Natur nach, im Grunde ersehnte.
Dies Dasein, überschattet von der mit voller Wucht einsetzen-
den Luftoffensive der Angloamerikaner gegen das Heimat-
kriegsgebiet, währte bis nach Weihnachten 1943. Frau Model
hatte noch einmal Gelegenheit, ihre gesellschaftlichen Talente
zu entfalten und Härten zu glätten, selbst der zum General
beförderte Frhr. v. Elverfeldt und seine Frau waren Gäste im
Haus in der Judeichstraße. Dies Soldatendasein abseits vom
Frontgeschehen endete am 7. 1. 1944 mit einem Anruf aus dem
Führerhauptquartier. Am 8. Januar reiste GenOb Model ab

– nach der „Wolfsschanze" in Ostpreußen. Niemand konnte wissen, daß sein letzter Lebensabschnitt begonnen hatte, daß seinem Leben und der Existenz des „Dritten Reiches" noch ganze einundeinviertel Jahre beschieden waren.

*als GenOb an seinem 52. Geburts-
tag (links Obstlt. Lange)*

Orel-Schlacht, August 1943 ▼

April 1943

bei Orel, Juli 1943 (links Major i. G. Niepold)

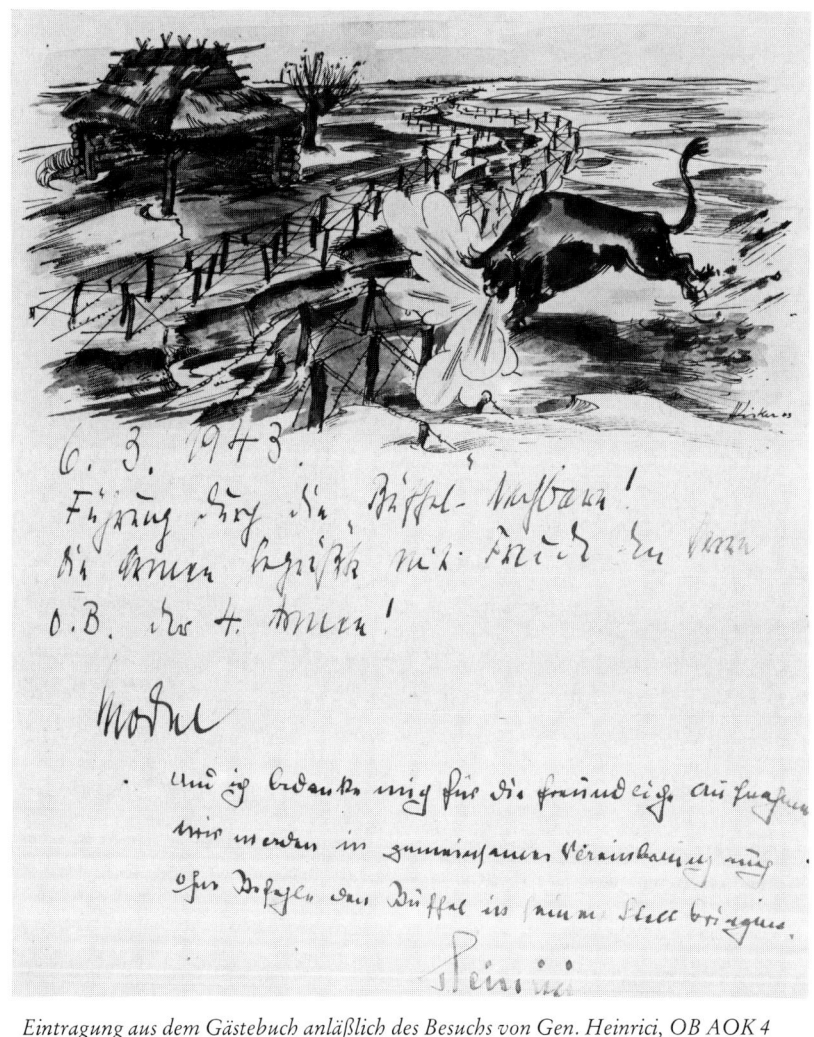

Eintragung aus dem Gästebuch anläßlich des Besuchs von Gen. Heinrici, OB AOK 4

*als GenOb und OB der 9. Armee
bei einer Lagebesprechung mit
FM v. Kluge, OB der Heeresgruppe
Mitte an der Ostfront,
Sommer 1943*

*in einem estischen Kloster,
März 1944*

*am Scherenfernrohr
während der Orel-Schlacht,
Juli 1943*

*Heeresgruppe Nord,
Januar 1944 (links
SS-Hauptsturmführer
Maeker)*

▼

Feldmarschall Model als Oberbefehlshaber der Heeresgruppe Nord im Januar 1944

Feldmarschall Model als Oberbefehlshaber der Heeresgruppe Nordukraine bei einer Übung im Frühsommer 1944

▲ im März 1944 als OB
der Heeresgruppe Nord,
aus dem Flugzeug mit dem
Fernglas beobachtend

31. 3. 1944. Ankunft in
Berchtesgaden, auf dem Wege
zur Beförderung zum
Feldmarschall (hinten
Obstlt. i. G. Reichhelm)

Siebtes Kapitel

An den Brennpunkten der Ostfront
Oberbefehlshaber von Heeresgruppen und Feldmarschall

Am 28. 1. 1944 begann die Mittagslagebesprechung im Führerhauptquartier gegen 13 Uhr. Unter den Anwesenden befanden sich in der „Wolfsschanze" FM Keitel (OKW), der Generalstabschef Gen Zeitzler, der Chef der Operationsabteilung GenLt Heusinger und GenOb Model, dem über seine Verwendung noch immer nichts bekannt war. Zeitzler trug die Lage vor, am trübsten schien es bei der Heeresgruppe Nord im Raum um Leningrad und am Ilmensee bestellt zu sein. Das Protokoll der Lage ist nicht mehr vollständig erhalten. Zeitzler sprach, auf der riesigen Lagekarte hierhin und dorthin deutend, über die Lage an einzelnen Abschnitten bei der GrNord, deren Front zum Teil aufgerissen war. Hitler wurde ungeduldig: ... „Da kann man nur sagen, rein in die Kartoffeln, raus aus den Kartoffeln ... Der gute Küchler kann mir bei der größten Treuherzigkeit nicht klarmachen ... hier zurückzugehen, sondern das ist im Zuge einer jedenfalls schon vorgefaßten Willensbildung: Hier gehen wir sowieso zurück, also nicht halten! ... Es ist immer dieses bekannte Motiv ... Was will er nun hier heroben machen? Er geht ja hier auch schon zurück ..." Zeitzler: „Er will hier an dieser Linie und hier in diese Gegend mit dem rechten Flügel hineingehen."
Hitler: ... „Über eins gibt es keinen Zweifel: daß das Ganze hier ein reines Wortspiel ist, das Zurückgehen hier (das hier vorne kann man nicht halten), aber das will er unter allen Umständen halten. Das sind lauter Wortspiegeleien ..."
Generalfeldmarschall Georg v. Küchler, im zweiundsechzigsten Lebensjahr stehend, kommandierte die HGr Nord seit dem Januar 1942. In der zweiten Hälfte des Jahres 1943 durch

erhebliche Abgaben an andere Frontabschnitte geschwächt, sollte sie mit der 18. Armee vor Leningrad und der 16. Armee im Südosten am Wolchow einen weiten, ungünstig verlaufenden Frontbogen zwischen der Kronstädter Bucht, dem Ilmensee und dem Wolchow halten. Am 14. 1. 1944 waren die Sowjets mit der „Leningradfront" des Generals Goworow und der „Wolchowfront" des Generals K.A.Merezkow vor der 18. Armee unter GenOb Lindemann zum Großangriff angetreten. Am Ilmensee wurde das XXXVIII. AK überrannt, eine Luftwaffenfelddivision eingeschlossen und größtenteils vernichtet. Andere Verbände hielten zunächst Stützpunkte, die zum Teil nach sowjetischer Meinung im Belagerungsring um Leningrad gut ausgebaut waren. Im Gegenstoß brach das III. SS-Panzerkorps einen bei Oranienbaum entstandenen Kessel wieder auf, die 11. Infanteriedivision hielt noch fünf Tage lang Gatschina mit den einstigen Zarenschlössern. Im großen genommen aber ging die 18. Armee unter zum Teil panikartigen Szenen zurück. Die 16. Armee wurde bereits vorsorglich auf eine rückwärtige Linie, die sogenannte „Pantherstellung" zurückgenommen. Vor Leningrad blieb zahlreiches Material, unter anderem schwere Belagerungsartillerie, liegen.

Dies war die Situation am erwähnten 28. Januar. Am Vortag hatten die Sowjets bereits aus Hunderten von Geschützen Salut für die Befreiung „der Stadt des großen Lenin", des einstigen St. Petersburg, nach dreieinhalb Jahren der Belagerung geschossen. Hitler hatte an diesem Tag die höchsten Befehlshaber der Ostfront in Ostpreußen zu sich beschieden, um die allgemeine Krise zu erörtern. Er war erbost über Küchler und dessen sehr scharfsinnigen Generalstabschef GenMaj Kinzel, die immer wieder auf die Unhaltbarkeit der Nordfront hingewiesen hatten. Küchler mußte als Sündenbock gehen — am nächsten Tage, den 29. Januar, erhielt GenOb Model Befehl, sofort ins Hauptquartier der Heeresgruppe nach Pleskau (Pskow) zu fliegen, um die Heeresgruppe zu übernehmen, offiziell mit Wirkung vom 31. Januar an.

Die „Lage" am 28. Januar hatte noch ein ironisches Nachspiel.

Gegen Schluß der Besprechung kam Hitler auf Möglichkeiten einer Invasion der Alliierten im Westen zu sprechen: „Es ist eine Preisfrage, das ist die: Wo landet er? – Wo bleiben die Hellseher?" - Model: „In Portugal." Dieser Sarkasmus war typisch für ihn, gerade in solch illustrem Milieu.

Vor dem Abflug nach Pleskau erbat sich Model vom Chef des Heerespersonalamtes, General Schmundt, einen jüngeren Generalstabsoffizier oder einen für die Generalstabslaufbahn vorgesehenen Offizier als persönlichen Adjutanten. Schmundt lehnte ab, Oberbefehlshabern von Heeresgruppen stünden persönliche Adjutanten nicht zu. Er schlug vor, einen bewährten jungen Frontoffizier für Begleitzwecke abzukommandieren. Model: Nein, er wolle der Front keinen guten Offizier entziehen.

Bei einem Abschiedsbesuch beim späteren Schwager des „Führers", dem ihm sattsam bekannten SS-Gruppenführer Fegelein, der Verbindungsmann der SS-Führung bei Hitler geworden war, traf Model zufällig den Reichsführer SS, Heinrich Himmler. Model erzählte recht grimmig von der ihm widerfahrenen Ablehnung. Himmler witterte eine Chance, sich den gefürchteten Generalobersten geneigt zu machen, und bot ihm sofort einen guten Offizier der Waffen-SS an. Fegelein schlug den SS-Hauptsturmführer Rudolph Maeker vor, einen bekannten Turnierreiter, der damals in Warschau bei der Führernachwuchsausbildung für die SS-Kavallerie Dienst tat. Model war einverstanden. Maeker wurde sofort zu ihm kommandiert. Der SS-Kavallerieoffizier war Soldat und hatte für die Himmlersche Ideologie keinen Sinn. Model fand ihn großartig, und Maeker blieb bis zu seiner schweren Verwundung im Sommer 1944 an seiner Seite. Aber – die meisten Heeresoffiziere fanden es äußerst befremdend, daß sich ein Generaloberst des Heeres einen Waffen-SS-Adjutanten zulegte.

Bei der Befehlsübernahme über die Heeresgruppe Nord in Pleskau muß es wenig kasinomäßig zugegangen sein. Model hielt es wieder für angebracht, möglichst hart aufzutreten. Der alte GenFM v. Küchler, sicherlich ein etwas altmodischer Herr, der im allgemeinen seinen Chef des Stabes schalten und walten

163

ließ, hat es jedenfalls später immer abgelehnt, sich über die Vorgänge in seinem Hauptquartier zu äußern: „De mortuis nil nisi bene." Soweit Küchler.

Model hatte es fortan mit GenMaj Eberhard Kinzel zu tun, einem sehr intelligenten und außerordentlich selbstbewußten Generalstabsoffizier, der es nicht gewohnt war, nach der Pfeife seines Oberbefehlshabers zu tanzen. Kinzel hielt es für falsch, daß Model ständig nach vorn fuhr und die Schreibtischarbeit dem Stab überließ. Zudem war er, der 1945 Selbstmord beging, weil er das Ende des Deutschen Reiches nicht überleben wollte, kein Freund des Regimes und betrachtete Model als einen Exponenten der Parteiführung.

Unerquickliche Szenen ereigneten sich. Gen Kinzel hatte bis in die Nacht arbeitet. Der neue OB wollte ihn noch sprechen, bevor er um 7.30 Uhr zum Flug an die Front startete. Kinzel ließ erwidern, auch ein Chef des Stabes müsse gelegentlich schlafen, er denke nicht daran, zu erscheinen. Model befahl, der Chef solle sofort kommen. Kinzel meldete sich im Schlafanzug, einen Morgenmantel über die Schulter geworfen. Model knurrte: „Unmöglicher Aufzug – Unverschämtheit." Kinzel barst vor Entrüstung. Model schnob vor Wut und diktierte noch auf der Tragfläche seiner Ju 52 SS-Hauptsturmführer Maeker einen Befehl über die „Schlafregelung" im Oberkommando der Heeresgruppe. „Er ist total verrückt, hat es nur noch nicht gemerkt", sagte Kinzel in einem Telefongespräch zu Gen Krebs, das der Ia der HGr Mitte, Oberst v. d. Groeben, mithörte.

Model erschwerte sich selbst die Situation, allerdings in dem tröstlichen Bewußtsein, daß seine Nerven von Stahl seien und daß er die „Herren vom Stab" schon kirre kriegen werde. Kinzel indes war nicht der Mann, sich Dinge gefallen zu lassen, die er als Schikanen auffaßte. Er machte Stimmung im Stab gegen den neuen OB. Model konterte dies mit dem Bestreben, sich ihm wohl bekannte, ergebene Offiziere in den Stab zu holen, so den ehemaligen Id AOK 9, Obstlt. Reichhelm als Ia und Gen Reuter als IIa, als Heeresgruppen-Adjutanten. Aber als Reichhelm, der Generalstabsoffizier bei der 9. Panzerdivision geworden war, erschien, war Pleskau nicht mehr das

Hauptquartier und Model bereits für den Einsatz an einem neuen Brennpunkt ausersehen.

Gen Kinzel muß noch einen Schritt weiter gegangen sein. Er erbat vom Chef des Generalstabes des Heeres, Gen Zeitzler, seine sofortige Ablösung. Zeitzlers engster Mitarbeiter, der Chef der Operationsabteilung, Gen Heusinger, hat in seiner literarisch überhöhten Darstellung von Szenen aus der Geschichte des Generalstabes im Zweiten Weltkrieg Zeitzlers Ausspruch festgehalten: „Das haben schon viele gesagt. Aber ich kann nicht immer die Chefs wechseln, wenn Model irgendwo aufkreuzt. Der Führer schickt ihn überall hin, wo es brennt."

Kinzel (bei Heusinger): „Unser Gegensatz ist zu kraß. Ich kann nicht heute Hü und morgen Hott sagen. Ich war der gleichen Auffassung wie der alte Küchler, der dem Führer immer wieder klarmachte, daß nach den Abgaben von Verbänden an andere Abschnitte die Heeresgruppe ihre vorspringende Front vom Wolchow bis vor die Tore Leningrad einfach nicht mehr halten kann ... Ich freue mich, daß er konsequent blieb und sich lieber wegschicken ließ. Da kam Model und verlangte, daß ich gegen meine Überzeugung Befehle gebe, die alte Front zu halten..."

Das Gespräch – im Generalstabslager „Mauerwald" bei Angerburg in Ostpreußen – ist unter dem Datum „Ende Januar" wiedergegeben. Da hatte Model eben gerade den Befehl übernommen. Heusingers Gesamturteil über Model lautet in der Rückschau: „Ein ‚Nur-Soldat‘, gehorsam der politischen Führung bis zu seinem selbstgewählten Tode." Nüchtern gesagt, war es für Generaloberst Model zunächst einmal unumgänglich, einen Halte-Befehl für die zum Teil ins Laufen gekommene Heeresgruppe zu geben. Solche Befehlsgebung, die hart und unpopulär war, hing auf das engste mit den theoretischen Vorstellungen des „Abwehrlöwen" über das Meistern von Krisen zusammen. Model war davon überzeugt, auch aufgrund seiner kriegsgeschichtlichen Studien, daß die Bildung von Reserven dabei das oberste Gesetz sei. Er ist niemals mehr in die Lage gekommen, der eigenen Regel gemäß eine derartige Formierung von Reserven in Ruhe und rechtzeitig vorzubereiten. Aber seine Vorstellungen gingen dahin, daß er für die Kriegführung auf allen existenten oder potentiellen Kriegsschauplätzen die Aufstellung einer „europäischen Reserve", wie er das nannte, für dringlich geboten hielt, das heißt einer großen, gutausgebildeten und mit Panzerformationen und schwerer Artillerie reichlich ausgestatteten Armee oder Heeresgruppe, aus der man Krisen-Abschnitte entsprechend mit frischen Verbänden versorgen konnte. Dazu ist es niemals gekommen – vielleicht auch darum, weil Deutschland im Grunde den „Krieg des armen Mannes" führte.

Infolgedessen mußte Model stets zu einem System von Aushilfen greifen, um sich Eingreif- und Reserveverbände zu schaffen. Rezept war die „Gegenangriffsreserve". Die Front, die er in der Krise wieder neu aufzubauen hatte, mußte tief gegliedert sein, Eingreifverbände oder Alarmeinheiten waren aus rückwärtigen Diensten, Trossen, Bautruppen zusammenzustellen. War die ursprüngliche Front aufgerissen, formierte er aus den Trümmern der alten Verbände Kampfgruppen, ohne Rücksicht auf die ursprüngliche Zusammensetzung der Verbände und deren Wiederformierung. Besondere Aufmerksamkeit widmete Model dem Ausbau des rückwärtigen Straßen- und Wegenetzes für den Nachschub wie für nicht mehr vermeidbare elastische Ausweichbewegungen. Der Generaloberst, den Hitler für einen „Steher" erklärte, war kein Freund methodischer Sturheit. Pro Divisionsabschnitt mußten mindestens zwei gutausgebaute rückwärtige Verbindungen vorhanden sein. Rückwärtige Stellungen waren rechtzeitig vorzubereiten – ganz egal, was der ferne „Führer" dazu befahl, beziehungsweise verbot. In den gleichen Rahmen gehörte im Osten die tatkräftige, aber unschematische Bekämpfung des Partisanenwesens, das ständig zunahm.

Models Maxime lautete: Melde ihm ein Stabsoffizier eine kritische Lage, müsse dieser mindestens drei Aushilfen parat haben, um die Krise zu überwinden. Ferner erklärte er, so Oberst i.G. Reichhelm –: „Ich verlange von jedem Truppenführer klare, ungeschminkte Meldungen, eine positive Einstellung

und den Vorschlag von mindestens drei Aushilfen, dann werde ich auch seine Anträge berücksichtigen können."
Beim ersten Besuch auf dem Gefechtsstand der arg mitgenommenen 18. Armee, der in einer russischen Bauernkate hauste, traf er in dem Ia der Armee seinen einstigen Fähnrich aus Görlitzer Zeiten wieder, Obstlt i.G. Wolf v. Zawadsky. Model sprach eine Weile allein mit GenOb Lindemann und ließ sich dann im Kartenraum die Lage erklären. Der Ia erläuterte die Situation. Plötzlich sah Model auf: „Ach, da ist ja auch der Zawadsky. Sagen Sie mal, sind Sie nun endlich verheiratet? – Zawadsky: „Nein, Herr Generaloberst." - Model zum Begleitoffizier: „Schreiben Sie mal auf, der Kerl wird nicht befördert." Dann beugte er sich wieder über die Lagekarten. Zawadsky hat ihm das nie übelgenommen. Es war ein Steckenpferd Models, ihm vertraute Offiziere möglichst unter die Haube zu bringen – so wie er andere Steckenpferde unerschütterlich weiter pflegte, seine Passion für Hunde und die Lust am Fotografieren. Ein Hund und eine Kamera waren unerläßlich.
Militärische Führer vom Schlage Models rufen natürlich Anekdoten hervor. Im Bereich der HGr Nord kursierte die folgende Geschichte: Der Generaloberst landet auf dem Fliegerhorst Dorpat (der nicht ihm, sondern dem Luftflottenchef 1, GenOb Keller, unterstand). Model: „Warum fliegen die Stukas nicht? Fliegerhorstkommandant: „Kein Stukawetter, Herr Generaloberst!" Model: „So, kein Stukawetter? Meinen Sie? Aber Infanteriewetter – das ist wohl immer?!" – Zwei Stunden später starteten die Sturzkampfstaffeln – es war Nebel gewesen. – So wollten es die Landser wissen.
Zieht man das Resumée aus zwei Monaten Oberbefehlshaber-Zeit an der Spitze der HGr Nord, dann kommt man zu einem ungewöhnlichen Ergebnis:
Schon als Kommandeur der 3. Panzerdivision im trügerischen Sturm des Sommers 1941 hatte sich Model Gedanken darüber gemacht, wie man wohl die Überläuferbewegung in der stalinistischen Roten Armee, den guten Willen der russischen Bevölkerung gegenüber den einrückenden deutschen Truppen nutzbar machen könne. Nun, er war kein politischer Kopf und hatte

nicht viel Möglichkeiten, solchen Ideen nachzuhängen. Der Vormarsch in endlos verströmende Weiten brauchte den Divisionskommandeur.

Jetzt, im Februar und März 1944, sollte er das Baltikum gegen den „Bolschewismus" halten, wie er zu sagen pflegte. Das waren die alten drei baltischen Republiken, Estland, Lettland und Litauen, die Hitler 1939/40 Stalin überlassen hatte, deren Unabhängigkeitsrecht er auch 1941 keineswegs respektiert hatte, weil er dem Traum vom deutschen Indien, dem Germanischen Kolonialreich im slawischen Osten nachging. Unter der Ägide Models wurde jetzt die „Generalmobilmachung" des estnischen und des lettischen Volkes bekannt gegeben, spät, sehr spät. Die Sowjets konnten auch drei „Lettische Partisanenbrigaden" bei ihrem vorgeblichen Befreiungsfeldzug für die estnische, lettische und litauische Sozialistische Sowjetrepublik einsetzen. Aber Model war entschlossen, für die Verteidigung seiner Front auch die einheimische Bevölkerung aufzubieten, die in der Mehrzahl den alten nationalen Überzeugungen anhing. Er leitete Verhandlungen mit der litauischen Volksgruppenvertretung über die Abstellung von 20 000 Hilfswilligen ein, für Bauarbeiten, zur Bandenbekämpfung. Unterdes hatte der über den baltischen Republiken thronende sogenannte Reichskommissar Ostland, der schleswig-holsteinische Gauleiter Lohse, den Befehl des Reichsführers SS erhalten, 50 000 litauische Hilfswillige nicht zu werben, sondern zu rekrutieren. Er war höchst erzürnt über Models Vorgehen. Aber dies alles kümmerte den Generalobersten nicht – er lebte in seinem Auftrag, die Front im Baltikum zu stabilisieren.

In militärischer Hinsicht war es Generaloberst Models Ziel, den Gegner so weit wie irgend möglich vorwärts der Grenzen der bisherigen baltischen Länder abzufangen. Die Absicht des Gegners war es, durch die Gewinnung des Baltikums mitsamt der Ostküste nicht nur bis zur Reichsgrenze durchzustoßen, sondern auch die bislang unerschüttert gebliebene deutsche Herrschaft über die Ostsee zu brechen. Zu diesem Zweck bildete Model am 4. Februar die Armeegruppe Narwa, die er dem von ihm hochgeschätzten General Friessner unterstellte, um den Vormarsch an der Ostseeküste zu stoppen. Das gelang für längere Zeit, bis zum Herbst. Im übrigen mußte die Heeresgruppe schwere Einbußen hinnehmen. Nowgorod ging verloren, desgleichen das alte Hauptquartier Pleskau, wo einst FM v. Küchler wie ein Duodezfürst residiert hatte. Aber schließlich hielt die Front. GenOb Model hatte, auch nachdem an der Südostfront die 2. Baltische Front des Generals M.M. Popow angegriffen hatte, die Krise, wie man so sagte, „bereinigt".

Man hat vonseiten kritischer Generalstabsoffiziere oft gehört, ein „Feldherr" sei Model niemals gewesen, dazu habe es nicht gereicht. Sein Schicksal hindert uns, über seine möglichen oder nicht möglichen Feldherrneigenschaften – ein Titel, mit dem der Historiker sparsam umgehen muß – ein Urteil abzugeben. Er ist niemals in die Lage gekommen, vollkommen selbständig eine große Offensive oder eine entscheidende Defensive zu führen. Er blieb Gefangener des Hitlerschen Führungssystems, das, je schlimmer die Lage, um so starrer und rigoroser wurde.

Immerhin – die neue, einigermaßen stabile Front für die HGr Nord war von Model geschaffen worden, bei Narwa, am Lugafluß. Am 27. 3. 1944 traf der von ihm beim Personalamt (Gen. Schmundt) angeforderte neue Ia der Heeresgruppe Nord, Obstlt. i. G. Reichhelm, ein. Er sollte den Model wenig sympathischen Oberst i. G. v. Gersdorff ersetzen. Am 30. März erschien Gen. Schmundt, Adjutant der Wehrmacht beim „Führer" und Chef des Heerespersonalamtes, im Hauptquartier der HGr Nord, um Model zu einem Flug nach Berchtesgaden abzuholen. Inzwischen hatte Hitler sich auf den Rat seiner Ärzte auf den „Berghof" am Obersalzberg in die Alpen zurückgezogen. Umbesetzungen in den höchsten Kommandostellen der Ostfront standen bevor. In Berchtesgaden traf Model einen alten Bekannten, aus Rshewer Tagen, Rudolf Balzer, der nach schwerer Verwundung Verbindungsoffizier zwischen Wehrmachtpresseamt und Propagandaministerium geworden war. Als Model in Berchtesgaden auf den ihm nicht unbedingt genehmen Chef des Wehrmachtführungsstabes, GenOb Jodl, stieß, sagte er: „Na, Jodl, nun sind Sie ja der Festungskommandant von Europa geworden. Gott gebe, daß Sie die Festung halten." Im Hauptquartier der Heeresgruppe Nord gab General Kinzel für den Tag nach dem Abflug Models die Parole „Schweinfurt" aus – um es deutlich zu sagen: „Schwein fort." War es mühsam gelungen, die Front der HGr Nord zu stabilisieren, so zeichnete sich dafür eine neue Katastrophe ab. Die HGr Süd (FM v. Manstein) war vor weit überlegenen sowjetischen Kräften aus der Ukraine auf die Grenze Galiziens ausgewichen. Infolge der starren Führung durch Hitler, der immer wieder das Halten unmöglich zu behauptender, ungünstig verlaufender Fronten verlangte, war Anfang März den Sowjets ein tiefer Einbruch zwischen der 1. und 4. Panzerarmee gelungen. Die 1. Panzerarmee unter GenOb Hube wurde mit drei Panzer- und einem Armeekorps, sieben Panzer-, einer Panzergrenadier-, 10 Infanterie- und Jäger- und einer Artilleriedivision von starken Verbänden der I. und II. „Ukrainischen Front" eingeschlossen. Am 24. 3. 1944 hatte FM v. Manstein der 1. Panzerarmee den Ausbruch nach Westen über den schwer zu überwindenden Dnjestr befohlen. Gleichzeitig ordnete FM v. Kleist (HGr A) den Rückzug vom unteren Bug in Richtung der rumänischen Grenze an.

Hitler entschloß sich, die beiden Feldmarschälle abzulösen und durch Männer zu ersetzen, die er für „Steher" hielt. Die HGr Süd erhielt am 30. März Generaloberst Model, der zum Generalfeldmarschall ernannt wurde, die HGr A Generaloberst Ferdinand Schörner. Die beiden Heeresgruppen wurden in „Nordukraine" und „Südukraine" umgetauft, obwohl sie keinen Fußbreit ukrainischen Bodens mehr zu verteidigen hatten. Damit wollte Hitler indes demonstrieren, daß er an die spätere Rückeroberung der Ukraine dachte. General Zeitzler, der sich mit den abgelösten Feldmarschällen solidarisch erklärte, in der Hoffnung, Hitler werde ihn auch fortschicken, bekam nur barsch zu hören, ein General habe auf seinem Posten zu bleiben . . .

Mit der Beförderung zum Generalfeldmarschall hatte Walter Model den höchsten Rang erlangt, der einem deutschen Soldaten in vergangener Zeit beschieden war. Natürlich war er

170

stolz darauf, die militärische Leistung rechtfertigte den Rang - auch dann, wenn die Ernennung durch einen Mann wie Hitler erfolgte, der, wie allein die Umstände der Beförderung zeigten, von früheren Äußerungen und Handlungen ganz abgesehen, gerade jene preußische Soldatentradition verachtete, der sich der von ihm ernannte Feldmarschall zutiefst verpflichtet fühlte. Nach preußischer Sitte gingen Generalfeldmarschälle niemals in Pension. Model hat dies - so die Angabe seines Sohnes - mit den Worten quittiert: „Nun bleibe ich immer im aktiven Dienst." Ein Dasein ohne Dienst- und Pflichterfüllung konnte er sich vermutlich nicht gut vorstellen, ganz gleich, welcher Ehrgeiz, Kriegsgeschichte zu schreiben, ihn noch beseelt haben mag. Seiner Frau sagte er, bei einem der seltenen Aufenthalte in Dresden, die die Zeitläufte noch boten: „Als du damals den kleinen Hauptmann geheiratet hast, hätten wir wohl beide nicht gedacht, daß ich einmal in die Situation kommen würde, dir meinen Marschallstab zur Verwahrung anzuvertrauen." (Im Einsatz führten die deutschen Feldmarschälle nur einen Interimsstab anstelle des sehr kostbaren, massiv goldenen eigentlichen Marschallstabes mit.)

Manstein schreibt in seinen Erinnerungen, als FM v. Kleist und er Hitler auf dem „Berghof" verlassen hätten, hätten ihre Nachfolger, Model und Schörner, schon vor der Tür gestanden. Er habe Hitler bedeutet, nachdem die Vorbereitungen zum Freischlagen der 1. Panzerarmee getroffen seien, komme es nur noch darauf an, der Truppe zu helfen und ihre Moral zu stützen: „Das werde Model auch können." Bei allem Bemühen, die gebotene Haltung auch in den Memoiren zu wahren, schwingt doch die Geringschätzung für Models Fähigkeiten darin mit. FM v. Manstein flog am 31. 3. 1944 nach Lemberg zurück und gab noch Befehl für das Zusammenwirken von 4. und 1. Panzerarmee bei der Entsatzoperation. Model wurde beim Flug in sein neues Hauptquartier während einer Zwischenlandung in Krakau durch einen Schneesturm aufgehalten und traf erst am 2. April ein. v. Manstein übergab seinem Nachfolger selbst die Heeresgruppe, alles vollzog sich in guter Form. Aber der Stab - an der Spitze der Chef GenLt

Theodor Busse und der I a, anfangs noch Oberst i. G. Schultze-Büttger, dann Obstlt Willemer – war auf Manstein eingeschworen, dessen Ruf als führender strategischer Kopf unbestritten war, und ersuchte – laut Manstein – geschlossen um Ablösung. Manstein hatte die Führung vom Gefechtsstand aus bevorzugt, war allenfalls zu persönlicher Fühlungnahme zu den Armeen geflogen – wie er dies noch am 1. April getan hatte, um mit dem OB der 4. Panzerarmee zu sprechen. Der neue Feldmarschall führte nach völlig anderen Maßstäben und Methoden, ging auch jetzt sofort wieder nach vorn, kümmerte sich um tausend Einzelheiten und wurde zum Schrecken für Divisions- und Regimentskommandeure, die nicht alle Details über die jeweilige Lage in ihrem Abschnitt und den Zustand ihrer Truppe präsent hatten oder die über den ewigen Krisen und Rückzügen müde geworden waren und keinen Schwung mehr an den Tag legten.

Model unterstanden in dem Augenblick, als er die HGr Nordukraine übernahm, die – umschlossene – 1. Panzerarmee, die zum „wandernden Kessel" geworden war, die 4. Panzer-, die 8. Armee und die 1. ungarische Armee. Am Tag, an dem er in Lemberg erschien, erließ Hitler den Operationsbefehl Nr. 7, die letzte Direktive, die noch Weisungen auf längere Zeit enthielt.

Für die HGr Nordukraine besagte der Befehl Nr. 7, daß die Zugänge zu den Karpathen und die Linie Kolomea-Tarnopol-Kowel zu halten, respektive zurückzugewinnen sei. Zum damaligen Zeitpunkt war nicht nur die 1. Panzerarmee eingeschlossen, sondern auch der sogenannte „Feste Platz" Kowel, an der Nahtstelle zwischen den HGr Nordukraine und Mitte. Zunächst gelang es, am 4./5. 4. 1944 mit Hilfe einer gepanzerten Entsatzgruppe unter GenLt v. Saucken, wieder die Verbindung mit Kowel herzustellen, wo der SS-Gruppenführer und GenLt Herbert O. Gille von der SS-Panzerdivision „Wiking" kommandierte. Die Lage wurde hier allerdings rasch wieder kritisch, weil sich die 11. sowjetische Schützenarmee und zwei Gardekavalleriekorps zwischen die HGr Nordukraine und Mitte zu schieben drohten.

Unterdes erkämpfte sich die 1. Panzerarmee unter GenOb Hube
– Chef des Stabes Oberst i. G. Carl Wagener – den Weg nach
Westen gegen eine sowjetische Garde-, drei Schützen-, eine
Gardepanzer- und zwei Panzerarmeen. Die Armee verfügte
beim Ausbruch aus dem Kessel noch über 32 Gefechtspanzer.
Die Versorgung, vor allem mit Treibstoff, war ungenügend,
der Übergang über den 150 bis 200 m breiten, 2 bis 4,5 m
tiefen, zum Teil von Steilufern begrenzten Dnjestr in drei
Absetzgruppen außerordentlich schwierig. Trotzdem bewahrte
die Armee ihre Kampffähigkeit; zwischen dem 5. und 7. April
gewann Hube Verbindung mit der 4. Panzerarmee des Generals Raus. Am 8. April begrüßte FM Model persönlich seinen
einstigen Naumburger Schulkameraden Hans Hube nach dem
Ausbruch in Buczacz. Unverzüglich wurde mit dem Aufbau
einer neuen Front begonnen. Die 1. Panzerarmee erhielt die
Serethlinie zugewiesen. Im Grunde war der Tag von
Buczacz noch Mansteins Erfolg. General Hube wurde ins
Führerhauptquartier befohlen, um die Brillanten zum Eichen-
laub des Ritterkreuzes entgegenzunehmen. Hitler führte den
Krieg noch immer von seinem Buen retiro auf dem „Berghof"
am Obersalzberg aus. Beim Rückflug zur Armee stürzte die
Maschine des Generalobersten ab. Hube war tot. Das deutsche
Heer hatte einen seiner brillantesten Soldaten verloren, infolge
der Sucht Hitlers, sich den Molesten des Kriegsalltags in der
Bergeinsamkeit der bayrisch-österreichischen Grenzalpen zu
entziehen. Model und Hube waren sich in ihrer militärischen
Laufbahn kaum je begegnet. Aber offenbar hat ihn der jähe,
sinnlose Tod Hubes doch erschüttert. Zumal das gleiche
Schicksal ihn jederzeit auch treffen konnte. Im Mai 1944 wurde
Model nicht weniger als zweimal auf den Obersalzberg zum
Rapport und zu Besprechungen bestellt.
Das Problem, das den April 1944 beherrschte, war das Schick-
sal des sogenannten „Festen Platzes" Kowel und die Sicherung
der Naht zwischen den HGr Nordurkraine und Mitte. In
Besprechungen auf dem „Berghof", bei denen Model Obstlt.
Reichhelm begleitete, schlug der Feldmarschall Hitler zwei
Lösungen für Kowel vor: Entweder gab man den „festen Platz"

auf, oder man bezog diesen mittels eines begrenzten Angriffsunternehmens in eine neue Abwehrlinie ein – ein „Angriffs-
optimismus", den Models Stab durchaus nicht teilte. Hitler jedoch, begeistert darüber, daß er endlich einen Feldmarschall
im Osten gefunden hatte, der ihm nicht Rückzüge, sondern
eine Offensive vorschlug (Reichhelm), entwickelte aus Models
taktischem Unternehmen sofort die Idee, via Kowel die große
Sommeroffensive im Osten für 1944 einzuleiten. Er glaubte
plötzlich im Mai 1944 nicht mehr an eine Invasion der Alliierten im Westen und war willens, den Schwerpunkt wieder
ganz nach Osten zu verlagern. Eine große Offensive hielten
Model wie dessen Stab für ausgeschlossen. Model hat es stets
vermieden – von üblichen spektakulären Tagesbefehlen abgesehen, die auf anderer Ebene liegen –, sich persönlich gegenüber
seinem Stab positiv oder negativ über Hitler zu äußern. In dem
Streit um Kowel muß er allerdings – so Reichhelm – erkannt
haben, wie unmilitärisch-illusionistisch der Oberste Kriegsherr
dachte. Und schließlich hat er dann in einem persönlichen Ferngespräch mit Hitler die Aufgabe von Kowel durchgesetzt.
Im übrigen zeigte das Ringen um die Schließung der Naht
zwischen „Nordukraine" und „Mitte" im April 1944 wieder
das im Krieg des armen Mannes typische, auf den eigenen
Aufgabenbereich und Frontabschnitt begrenzte Denken des
Oberbefehlshabers einer Heeresgruppe – den berühmt fatalen
„Heeresgruppen-Egoismus". Model hatte für die HGr Nordukraine zu sorgen. Und er verfügte dank seiner Gabe, mit einem so merkwürdigen Menschen wie Hitler umspringen zu
können, über einen starken Rückhalt auf dem „Berghof". So
setzte er durch, daß der Auffrischungsstab Mitte zu „Nordukraine" kam, um die 1. Panzerarmee wieder aufzustocken.
Damit entzog er dem nördlichen Nachbarn, seinem einstigen
Armeeoberbefehlshaber FM Busch dessen praktisch einzige
große Panzerreserve, das LVI. Panzerkorps – was sich schon
Ende Juni 1944 bitter rächen sollte. Auch wußte er die Heeresgruppe Mitte zu bewegen, für die Schließung der Naht zusätzliche Kräfte bei ihrer südlichsten 2. Armee unter GenOb Weiss
zu konzentrieren.

Die Schließung der Nahtstelle, unter Preisgabe Kowels, gelang, aber Anfang Mai 1944 erreichte FM Busch schließlich die Einstellung der Angriffe auf den beiderseitigen inneren Flügeln der Heeresgruppen durch seine 2. und Models 4. Panzerarmee. Model verblieben vom April an, nachdem die 8. Armee der Heeresgruppe „Südukraine" unterstellt worden war, noch die beiden Panzerarmeen, die 1. nunmehr unter GenOb Raus, die 4. unter GenOb Harpe und die 1. ungarische Armee des Generals v. Lakatos. In der Begegnung mit ungarischen Verbänden lernte Model zum erstenmal die Probleme dieses seltsamen Koalitionskrieges am eigenen Leibe kennen. Bei der HGr Nord hatte ihm kurze Zeit die „Blaue Legion" unterstanden, die 250. (spanische) Division, die der Staatschef Spaniens, General Franco, für den Kampf gegen den Bolschewismus zur Verfügung gestellt, aber dann im Februar 1944 wegen der veränderten außenpolitischen Situation abgerufen hatte. Die Ungarn hatten es indes damals besonders schwer. Im März hatte Hitler, um einem möglichen Frontwechsel des Reichsverwesers Admiral v. Horthy vorzubeugen, das Königreich ohne König besetzen lassen. Der Verteidigungsbeitrag Ungarns vor den Karpathenpässen war den Ungarn oktroyiert worden. Gleichwohl schlugen sie sich bei einem begrenzten Angriffsunternehmen im Raum Kolomea recht brav, und Model versäumte es natürlich nicht, sich persönlich um die ungarischen Einheiten zu kümmern.

Im übrigen galt das Bestreben des Feldmarschalls, nachdem im Laufe des Mais 1944 endgültig alle Pläne für eine kleine oder gar eine große Offensive begraben worden waren, der Bildung einer starken Eingreifreserve für den im Sommer erwarteten sowjetischen Großangriff. Vor der Front der HGr Nordukraine standen die unter dem Befehl des Armeegenerals Rokossowski vorübergehend zusammengefaßte I. ud II. „Ukrainische Front". Der Zufall hatte ergeben, daß man über die gegnerischen Angriffsabsichten vorzüglich informiert war. Bei einem Frontflug hatte sich der Intendant der 4. sowjetischen Panzerarmee verflogen und war statt in dem inzwischen an die Russen verlorenen Tarnopol in Buczacz gelandet, wo ungarische Truppen standen. Deren erdbraune Uniformen hatten ihn wohl zu der Annahme verleitet, hier befände sich die eigene Armee. Jedenfalls arbeitete General Raus mit großem Eifer an der Vorbereitung eines in die Tiefe gestaffelten Verteidigungssystems, um einen vermuteten Stoß des Gegners nach Galizien abzufangen und das Ölrevier von Drohobycz zu sichern. Hitler nahm damals an, der Gegner würde im Süden der Ostfront zum ersten großen Schlag ausholen. Daher war es Model gelungen – unter stetem Klagen über fehlenden Ersatz im Bereich seiner Heeresgruppe eine erhebliche Reserve zu versammeln – ohne Rücksicht auf andere Heeresgruppen, wie es dieser unheimliche Krieg für den einzelnen Oberbefehlshaber beinahe zur Pflicht machte. Nur tat ihm das sowjetische Generalstabshauptquartier nicht den Gefallen, zuerst an seiner Front anzugreifen... Und die STAWKA bestimmte als X-Tag für den großen Schlag den dritten Jahrestag von „Barbarossa", des deutschen, unprovozierten Angriffs auf die UdSSR, den 22. Juni 1944, nachdem die westlichen Alliierten am 6. Juni mit der Invasion Frankreichs in der Normandie begonnen hatten.

Bis in die ersten Junitage hinein hatte das sogenannte „Feindbild", die Auswertung aller Ergebnisse der Luft-, Funk- und sonstigen Aufklärung noch verraten, daß der Gegner seine Hauptkräfte vor den Heeresgruppen Süd- und Nordukraine konzentrierte. Dann zeichnete sich eine neue Schwerpunktbildung vor der noch weit nach Osten sich vorwölbenden Front der HGr Mitte ab. Mit 40 Divisionen sollten GenFM Busch und sein Chef des Stabes, GenLt Krebs, eine Front von rund 1100 Kilometern halten, mit der 2. Armee im mittleren Bogen und der 3. Panzerarmee im Norden. Brach der Gegner durch, sollten die größeren Städte im Heeresgruppenbereich, Bobruisk, Mogilew, Orsha und Witebsk, als „feste Plätze" wie Pfeiler in der Flut verteidigt werden, wofür sechs Divisionen aus der Front ausgespart wurden, selbstgeschaffene Miniatur-Stalingrads – eine der Monstrositäten Hitlerscher Führungsmaximen. Der Heeresgruppe stand eine einzige Panzerdivision als Eingreifreserve zur Verfügung, die hier operierende

Luftflotte 6 verfügte noch über 40 einsatzbereite Maschinen und wenig Treibstoff. Busch und Krebs begannen vorsorglich mit dem Ausbau einer Sehnenstellung, dies wurde ihnen von Hitler verboten. Der Gegner stellte für den Hauptschlag von Süden nach Norden gestaffelt die I., II. und III. „Weißrussische Front" und die I. „Baltische Front" bereit mit 146 Schützendivisionen 43 Panzer- oder Mechanisierten Großverbänden. Der Offensive voraus ging eine Großaktion aller Partisanengruppen im rückwärtigen Heeresgruppenbereich mit über 9000 Sprengungen von Bahngleisen und Straßen. Die unvermeidliche Katastrophe entwickelte sich für FM Busch und seine beiden Stabsoffiziere, Gen. Krebs und den Ia Oberst i. G. v. d. Groeben überraschend schnell. Bei den ersten Angriffen auf dem Nordflügel und im Südostbogen wurden zwei Korps der 3. Panzerarmee im Raum Witebsk und das Gros der 9. Armee im Raum des „festen Platzes" Bobruisk eingekesselt. Die 4. Armee des Generals v. Tippelskirch wich bereits eigenmächtig über den Dnjepr aus, sah sich jedoch sofort in den Flanken und im Rücken bedroht. Zwischen den Kesseln stieß der Gegner mit gepanzerten Verbänden rasch nach Westen durch.

Am 26. 6. 1944 flog FM Busch – mitten in der Krise zu Hitler auf den Obersalzberg, um eine beweglichere Kampfführung zu erreichen. Hitler lehnte dies ab. Auf der Karelischen Landenge hatten die Sowjets inzwischen eine Offensive gegen die finnische Armee eingeleitet. Hitler fürchtete jetzt um den Verlust der gesamten östlichen Ostsee. In der Nacht vom 27./28. 6. befahl er kategorisch das Halten einer Linie zwischen dem Tscherwonnoje-See – St. Dorogi – der Beresina und Lepel, wodurch wenigstens die 9. und die 4. Armee, soweit ihnen dies noch möglich war, sich den Rückzug nach Westen erkämpfen konnten. Der 28. Juni wurde zum neuen Schicksalstag für Model wie für die halb zerschlagene HGr Mitte. Morgens um 8.35 Uhr verlangte FM Busch in einem Ferngespräch mit General Zeitzler die Freigabe von Bobruisk, weiter die Freigabe von Mogilew, wo die Besatzung nur noch den Stadtkern hielt. Der Generalstabschef konnte derartige Bitten nur weiter-

177

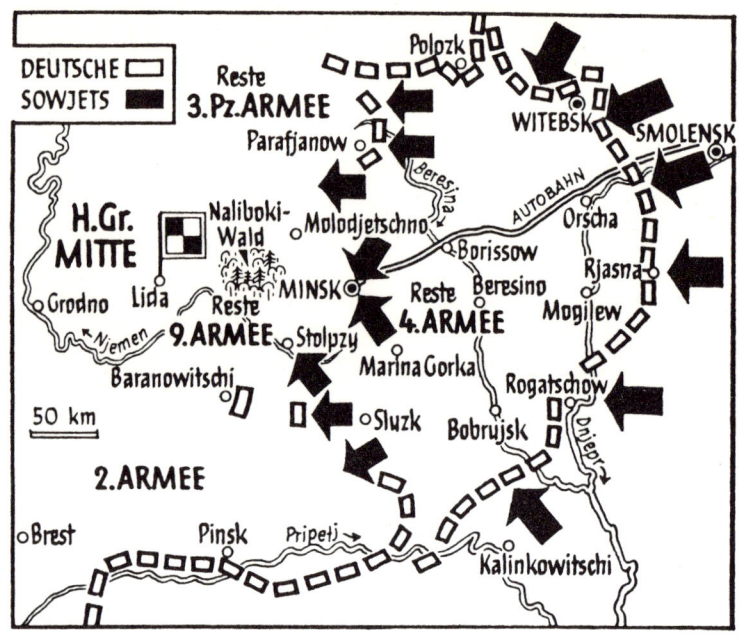

Große Schlacht in Weißruthenien: Lagen vom 22. Juni und 3. Juli 1944

geben. Busch begab sich zur 9. Armee – Oberbefehlshaber Gen. d. Inf. Jordan, Chef GenMaj Staedtke –, deren Gros eingeschlossen war und die sich mit einer Panzer- und einer Feldausbildungsdivision um den Aufbau einer rückwärtigen Sicherungsfront bemühte. Im Hauptquartier der Heeresgruppe in Slepjanka bei Minsk war man beim Packen. Minsk war nicht mehr sicher. Für den nächsten Tag sollte der Gefechtsstand nach Lida, einem Kurort westlich von Minsk, verlegt werden. In den Mittagsstunden rief General Schmundt aus dem Führerhauptquartier an und teilte mit, der Feldmarschall solle durch FM Model abgelöst werden, der neben der HGr Nordukraine auch die HGr Mitte übernähme. Um 13.40 Uhr bestätigte General Zeitzler dies im Ferngespräch mit Krebs, versuchte zu beschwichtigen, das alles habe nichts mit Busch's Lagemeldungen zu tun, sondern mit dem besseren Austausch

178

von Reserven zwischen den Heeresgruppen. Zeitzler kündete an, er werde am nächsten Tag selbst nach Lida kommen, um mit den beiden Feldmarschällen zu sprechen. Um 20.30 Uhr landete Model im neuen Hauptquartier Lida. Er fand nur Hiobsbotschaften vor. Bei der 2. Armee an der Südfront des Bogens setzte der Gegner zum Stoß über Sluzk an, die 3. Panzerarmee im Norden war an mehreren Stellen durchbrochen. Aus Bobruisk lagen Meldungen vor, ein Divisionskommandeur habe sich erschossen, ein zweiter hatte gemeldet, er habe seine Division nicht mehr in der Hand. In der Zitadelle sahen 3500 Verwundete einem ungewissen Schicksal entgegen. Model befahl noch am Abend die Zuführung der 4. Panzer- und der 28. Jägerdivision von Nordukraine zur 2. Armee – Oberbefehlshaber GenOb Weiss, Chef GenMaj v. Tresckow. Auch die HGr Nord mußte zwei Divisionen abgeben und nahm vorsichtshalber ihren Südflügel auf Polozk zurück.

Busch und Model kannten sich lange genug. Model vermied das sonst angewandte Verfahren besonders rauhbeinigen Auftretens. General Heidkämper, Chef des Stabes der 3. Panzerarmee, hat anläßlich des Wechsels im Oberbefehl in Lida bemerkt, Buschs Gesundheit sei durch den steten Konflikt zwischen der tatsächlichen Lage und den Befehlen des „Führers" angegriffen gewesen. Der „Transportgeneral Mitte", Oberst i. G. Teske, teilte diese Ansicht, Feldmarschall Busch sei ein „kranker" Mann gewesen; Model, Spezialist in Rückzügen und Krisenbereinigung, so schrieb er, sei allerdings jetzt vor die „Meisterprüfung" gestellt worden. Auch Oberst Teske bekam indes bald zu spüren, wie Model sich in Krisen betrug. Teske nannte das „giftig ätzende Grobheit". Als er nach einem heftigen Zusammenstoß mit dem Feldmarschall bei General Krebs um seine Ablösung ersuchte, entgegnete dieser: „Was wollen Sie? Mich, seinen alten Chef, hat er gestern mit dem Kriegsgericht bedroht! Aber der Mann kann eben unglaublich viel und ist im Augenblick unsere einzige Hoffnung hier."

Der Feldmarschall sah sich in Lida einer Situation gegenüber, wie er sie weder bei Übernahme der HGr Nord noch bei der HGr Süd erlebt hatte. Das Ostheer war ausgebrannt. Der Zusammenbruch der HGr Mitte war begleitet vom Zurückfluten Zehntausender von Versprengten oder von solchen Leuten, die einfach ausgerissen waren und sich als „Versprengte" deklariert hatten. Unvorstellbare Szenen ereigneten sich. Wie Model beschaffen war, reagierte er dann mit all seiner Energie und explosiven Temperamentausbrüchen. Die Drohung mit dem Kriegsgericht kam ihm leicht über die Lippen. Er konnte fürchterlich drohen – und war dann äußerst timide, wenn es im konkreten Fall um Kriegsgerichtsverfahren ging. Soweit sich ermitteln läßt, hat er niemals ein Todesurteil vollstrecken lassen.

Noch an diesem berühmten 28. Juni – Models vorletztem Triumph in schier hoffnungsloser Abwehrlage – unternahm das LIII. AK einen Ausbruchversuch aus Witebsk. Die Meldungen rissen ab. Das Wetter an diesem Tag war ideal für Panzeroperationen, heiß mit Temperaturen bis zu 25 Grad und wechselnden Wolkenfeldern.

Am Morgen des 29. Junis trafen sich in Lida die Feldmarschälle Busch und Model, General Zeitzler (der bereits mit dem Gedanken spielte, sich durch „Krankmeldung" den ewigen Querelen mit Hitler zu entziehen), und der stellvertretende Stabschef der HGr Nord. Model hatte inzwischen, um die breit und breiter werdende „Luke" – wie es im Heeresgruppen-Deutsch hieß – zwischen der 4. Armee und der 3. Panzerarmee zu schließen, GenLt v. Saucken von der HGr Nordukraine abgerufen und ihn beordert, mit einer neugebildeten Eingreifgruppe (5. Panzerdivision, eine Abteilung schwerer Panzer und die Gruppe des Höheren SS- und Polizeiführers Weißruthenien, SS-Gruppenführer v. Gottberg) im Gegenangriff die Lage zu bereinigen. Wie Saucken notierte, erwiesen sich indes die Einheiten Gottbergs, Polizeischützenbataillone, die mit Überfallwagen ausgestattet waren, für eine derartige Kampfaufgabe als ganz ungeeignet, und Gottberg selbst fehlte auch jede Erfahrung im Großkampf.

Wie sein Vorgänger Busch verlangte Model von Zeitzler die Zuführung neuer Verbände. Zeitzler betonte, Minsk sei als

„fester Platz" unbedingt zu halten, und versprach Verstärkungen, die 7. Panzer- und die 28. Jägerdivision – die zu Models HGr Nordukraine gehörten und die dieser bereits von sich aus in Marsch gesetzt hatte –, sowie sieben Kampf-Marschbataillone und drei Abteilungen schwerer Panzerjäger. Viel hatte er nicht zu bieten, außerdem mußte jede Truppenverlegung vom „Führer" genehmigt werden.

Der folgende Tag, der 30. 6. 1944, schien sich etwas ruhiger anzulassen. Model meldete an das Führerhauptquartier, die befohlene „Halt"-Linie zwischen dem Tscherwonnoje-See und Lepel sei nicht zu halten. Ihm erschien es jetzt ausschlaggebend, die beiden Landbrücken bei Baranowitschi und Malodeczno die Hauptverbindungsstraßen nach rückwärts im riesigen, sumpfigen Waldgebiet von Naliboka, mit allen Mitteln zu behaupten. Tag um Tag flog er an die Front. Ein neuer Schwerpunkt zeichnete sich bei der 2. Armee im Südbogen ab. Ersichtlich wollten die Sowjets, weit im Rücken beziehungsweise in der tiefen Flanke der „deutsch-faschistischen" Kräfte, hier den Durchbruch erzwingen, um zur Umfassung der gesamten, großenteils auseinandergeschlagenen Heeresgruppe anzusetzen. Nicht minder kritisch war die Lage bei der 4. Armee im Zentrum. Hier traf ihn General v. Saucken bei einer Besprechung mit dem Armeeoberbefehlshaber Gen. v. Tippelskirch. Model saß auf einem Langholzstapel, bei prächtigem Sommerwetter. Seine beiden „Störche" waren in einem Schuppen in der Nähe abgestellt, zur Tarnung gegen Fliegersicht. Die roten Hosenstreifen der Generale leuchteten in der Sonne. Plötzlich brausten sowjetische Tiefflieger heran. Irgend jemand rief, alles solle Deckung im Schuppen nehmen. Model: „Tun Sie das, sofern Sie rote Streifen haben." Er selbst blieb, sarkastisch lächelnd, auf seinem Langholzbrett sitzen. Er trug eine alte Reithose ohne Generalsstreifen.

Die Behauptung der Landbrücken erwies sich rasch als unmöglich. Der Gegner stieß mit seinen Panzerverbänden weiter vor. Am 2. Juli meldete sich der Generalstabschef des Heeres, Gen. Zeitzler, „krank", der Chef der Operationsabteilung, GenLt Heusinger, übernahm die Geschäfte des Generalstabes.

Model gab im Hinblick auf das Schicksal von Minsk zu verstehen, kampfkräftige Teile der 4. Armee würden kaum noch diesen Raum zur Verteidigung erreichen. Wichtiger war noch eine andere Aufgabe: Ordnung in das Chaos zu bringen, die Panik abzufangen. Model erteilte „Auffangbefehle". Mit Hilfe von Feldgendarmerie, Heeresstreifen, unter Einsatz von Stabsoffizieren wurden ostwärts der Bahnlinie Wilna-Lida die Massen der echten und unechten Versprengten, der zurückflutenden Trosse und rückwärtigen Dienste angehalten und sofort wieder in Kampf-Marschbataillonen zusammengefaßt. Fronturlauber ereilte das gleiche Geschick. Ihre Truppe war ohnehin oft nicht mehr existent oder nicht auffindbar. Vielfach wirkte allein die Kunde, Model sei da, Wunder, wie schon während der Panik bei der HGr Nord im Januar/Februar 1944. Models Erfindungsgabe, durch „Aushilfen" Alarmverbände aus dem Boden zu stampfen, feierte wieder einmal Triumphe.

Am 4. Juli verschärfte sich die Lage erneut. Sowjetische Panzerspitzen näherten sich Wilna, der historischen Hauptstadt Litauens. Nach Hitlers Maximen wurde Wilna selbstverständlich zum „festen Platz" erklärt, der bis zum letzten Mann zu halten war. Diese einer Dornenkrone vergleichbaren Aufgabe fiel dem Generalleutnant der Luftwaffe Rainer Stahel zu, der 1918 bei der Befreiung Finnlands mitgewirkt und längere Zeit in der finnischen Armee Dienst getan und sich im Vorjahr als Stadtkommandant von Rom bewährt hatte. Der Stab der Heeresgruppe mußte Lida räumen und siedelte nach Druskieniki, einem Erholungsort bei Grodno, über. Nach den Berechnungen der Heeresgruppe betrug die Stärke des Gegners vor der eigenen Front in diesen Tagen 126 Schützen- und sechs Kavalleriedivisionen sowie 16 mechanisierte und 45 Panzerbrigaden, was auf eine Panzerstärke von 4000 - 4500 Stück schließen ließ. Model verfügte auf seiner erheblich reduzierten Front von 350 km Breite noch über acht wenigstens einigermaßen kampfkräftige Großverbände. Der Gegner nahm Minsk. Die Idee, hier abermals einen „festen Platz" zu schaffen, erwies sich als blanker Unsinn.

Es konnte kein Zweifel sein, daß der Gegner mit allen Mitteln versuchte, die Reichsgrenze in Ostpreußen zu erreichen und gleichzeitig einen Keil bis zur Ostseeküste zwischen die HGr Mitte und Nord zu treiben. FM Model begann darauf zu drängen, die von ihm geschaffene Narwastellung aufzugeben und die HGr Nord in eine verkürzte Linie Dünaburg-Riga zurückzunehmen. Hitler ordnete an, die Naht an der Innenflanke beider Heeresgruppen durch einen Gegenangriff von Norden her zu festigen. Da dies unmöglich war, wurde Models Nachfolger bei Nord, GenOb Lindemann, abgelöst und durch General Friessner ersetzt, von dem Model weit mehr hielt als von dem schon recht alten Lindemann. Friessner konnte freilich nichts anderes melden als sein Vorgänger.

Durch den Einsatz einer mühsam von Model ausgesparten gepanzerten Eingreifgruppe gelang es wenigstens noch, im Raum Minsk den Rückzug von Resten der 4. und 9. Armee zu ermöglichen. Aus Bobruisk schlug sich GenLt Kessel von der 20. Panzerdivision mit einer Kampfgruppe bis an den Njemen durch. Solche Verbände waren dann freilich ausgelaugt und brauchten zunächst eine Pause zur bei Model so beliebten „Auffrischung". Das XII. Korps kapitulierte geschlossen unter Führung des stellvertretenden Kommandierenden Generals, des Generalleutnants Vincenz Müller, eines ehemaligen Mitarbeiters im Büro des Generals v. Schleicher. Vincenz Müller schloß sich in der sowjetischen Gefangenschaft dem „Bund deutscher Offiziere" beim „Nationalkommitee Freies Deutschland" an, eine Handlungsweise, die übrigens bei vielen gefangenen Generalen der HGr Mitte zu beobachten war. FM Model und Gen. Friessner, die sich beide gut kannten, setzten jetzt gemeinsam bei Hitler ihre Kampagne für eine Neuordnung der Ostfront im Mittel- und Nordabschnitt fort. Zumindest war die Verkürzung der Front bei Nord in der Linie Dünaburg-Riga geboten, Model hielt es auch für möglich, die gesamte HGr Nord auf eine Linie vorwärts der Reichsgrenze im Memelgebiet und Ostpreußen zurückzunehmen. Hitler kehrte unterdes vom „Berghof" nach der „Wolfsschanze" in Ostpreußen zurück, in der Meinung, seine Anwesenheit hinter der Front werde der Moral des Ostheeres dienlich sein.

FM Busch hatte einmal zu Beginn der Katastrophe dem Chef des Stabes der 3. Panzerarmee, GenMaj Heidkämper, bedeutet, als dieser für rechtzeitiges Ausweichen plädierte,: „Ich habe Ihnen schon mal gesagt – wir stehen alle unter einem Befehl des Führers – und wir sind Soldaten, um zu gehorchen!" Model war ein Soldat pur sang – jedoch nicht, um unter allen Umständen zu gehorchen. Gemeinsam mit Friessner vertrat er, im Beisein des Oberbefehlshabers der Kriegsmarine, Großadmiral Dönitz, am 9. Juli in einer Besprechung bei Hitler in der „Wolfsschanze" die Zurücknahme der HGr Nord im Baltikum. Hitler berief sich darauf, daß inzwischen die Finnen auf der Karelischen Landenge sich mit dem Mut der Verzweiflung gegen eine sowjetische Großoffensive wehrten. Jeder deutsche Rückzug an der Ostseeküste werde politische Folgen für die Lage Finnlands haben. Der Großadmiral trug pflichtschuldigst die Argumente der Marine vor. Bislang war durch Behauptung der baltischen Ostseeküste die rote Ostseeflotte in der Kronstädter Bucht blockiert, bislang hielt sich auch Finnland. Was würde geschehen, wenn die Sowjets Operationsfreiheit zur See in der östlichen Ostsee erhielten?

Erhebliche Teile der deutschen U-Boot-Produktion befanden sich an der Ostseeküste. Durch die mittlere Ostsee lief der Seeweg für den Transport schwedischer Erze nach Deutschland. Als Kriegsgeschichtslehrer war Model durchaus nicht ohne Verständnis für die operative Zusammenarbeit von Heer und Marine gewesen. In der Praxis sprach hier jedoch der Fachmann für Seekriegführung gegen den Fachmann für Landkriegführung. Model hatte im Umgang mit Hitler Gespür dafür bekommen, wann dieser zum Nachgeben zu bringen war, und wann nicht. Im großen Kreis, in Anwesenheit des Großadmirals Dönitz, würde er jetzt keinesfalls Model zustimmen. Also schwieg dieser sich aus. In seiner Begleitung befand sich sein Ia, Oberst v. d. Groeben. Als dieser ihm in einer Gesprächspause Vorhaltungen machte, weil er gehofft hatte, der Feldmarschall würde sich mit bewährter Energie durchsetzen, sagte Model etwas unwirsch: „Was regen Sie sich so auf? Sie sehen ja, ER will es nicht." Das hieß in übertragenem Sinne

– im Augenblick ist nichts zu wollen, man muß auf die nächste, bessere Gelegenheit warten. Inzwischen schlug der betriebsame Verbindungsoffizier der Wehrmacht beim Propagandaministerium, Obstlt. Balzer, seinem Minister Goebbels vor, er solle doch dem Feldmarschall in dessen Hauptquartier in Druskieniki einen Besuch abstatten. Model hatte im Herbst 1943 mit Goebbels korrespondiert, da dieser der einzige Reichsminister zu sein schien, der sich wirklich um die Belange der Front kümmerte. Solche Fühlungnahme konnte – so Model – nützlich sein bei der Beschaffung von Ersatz und Material. Goebbels nutzte die Gelegenheit, mit einem Feldmarschall zu sprechen, den er für einen „Gefolgsmann" des „Führers" hielt – im Gegensatz zu den meisten hohen Generalen. Model gab in dem kleinen polnischen Kurort am Njemen, dessen Umgegend durchaus nicht frei von Partisanen war, ein Essen für den Gast aus Berlin. Anwesend waren auch der General der Pioniere beim OKH, Gen. Jacob, dessen Stabschef, Gen. Krebs und Balzer. Nach Balzers Niederschrift sprach Model ganz ungeschminkt darüber, daß er bei der Übernahme der HGr Mitte sozusagen gar nichts mehr vorgefunden habe. Der erkennbar werdende sowjetische Offensivstop sei nicht sein Verdienst, auch der Gegner brauche jetzt einfach eine Vormarschpause. Es habe ihn seinerzeit Mühe gekostet, ein paar Pionierkompanien zusammenzukratzen, um wenigstens die Landbrücken bei Baranowitschi und Malodeczno zu sperren. Darauf schaltete sich General Jacob ein: „Herr Feldmarschall, ich könnte Ihnen sofort 35 - 40 bestens ausgebildete und ausgerüstete Pionierbataillone zur Verfügung stellen." – Model: „Jacob, was reden Sie denn? Wie wollen Sie das machen?" – Jacob: „Luftwaffe und Marine!" – Model: „Das weiß ich natürlich auch." Die übertriebene Hortung von Personal bei der Kriegsmarine und mehr noch bei der flügellahm geschossenen Luftwaffe war unbestreitbar. Wie aber der Pioniergeneral aus solchen Mannschaftsbeständen in Windeseile erstklassige Pioniereinheiten formieren wollte, bleibt sein Geheimnis. Sehr bald erfolgte für die Heeresgruppe wieder Gefechtsstandwechsel. Druskieniki war nicht zu halten, der Stab ging nach Lomza in Nordpolen. Wilna stand vor dem Fall. General Stahel verfügte nur über Alarm- und Ausbildungseinheiten. Model verlangte von Hitler die Räumung Wilnas, bevor es zu spät sei. Hitler sträubte sich wieder. Ein „fester Platz" mußte eben gehalten werden. Darauf ließ sich Model schließlich mit Hitler persönlich verbinden. Der Verbindungsoffizier Hauptst. führer Maeker hörte das Gespräch mit. Unter vier Augen war mit Hitler eher umzugehen, das hatte Model sehr wohl herausgefunden. Zunächst weigerte sich Hitler abermals, auf Models Vorstellungen einzugehen. Darauf erklärte Model knapp und kalt: „Mein Führer, im übrigen hat Stahel gemeldet, daß die Festung kein Wasser mehr hat." Ob sich das wirklich so verhielt, ist nicht ganz klar. Jedenfalls gab Hitler darauf Stahel den Ausbruch frei.

Weniger Erfolg hatten Model und Friessner, als beide erneut am 14. Juli in der „Wolfsschanze" für die Zurücknahme der Front im Baltikum eintraten. Hitler versteifte sich darauf, die HGr Nord habe die bisherige Front zu halten. Um die gleiche Zeit ließ sich die Bilanz aus der Katastrophe der HGr Mitte ziehen: 28 Divisionen waren zerschlagen worden, rund 350 000 Mann waren auf deutscher Seite gefallen, vermißt oder in Gefangenschaft geraten.

Um die Führung der HGr Nordukraine hatte sich Model seit dem 28. Juni wenig gekümmert, zumal vor deren Front Ruhe herrschte. Praktisch betreute der Chef des Generalstabes, GenLt Busse, mit Models Adlatus Obstlt. Reichhelm als Ia, die Heeresgruppe. Bei der Eigenart Models, während einer Krise persönlich zu führen, war für ihn mehr als eine Heeresgruppe nicht überschaubar. Am 12./13. Juli ging jedoch der Gegner auch gegenüber der „Nordukraine" zur Großoffensive über. Unter dem Oberbefehl des Marschalls Konjew griffen die I. „Ukrainische Front" und Teile der I. „Weißrussischen Front" mit 80 Schützendivisionen, 10 Panzer- oder Mechanisierten Korps, 13 000 Geschützen und Granatwerfern, 2200 Panzern und Geschützen auf Selbstfahrlafetten und 2800 Flugzeugen an. Model hatte sechs Divisionen aus seiner selbstaufgebauten Heeresgruppenreserve in den Mittelabschnitt abgezogen, glaubte in seinem gewohnten Optimismus im ersten Augenblick jedoch, die Lage noch mit eigenen Kräften meistern zu können. Das erwies sich als Irrtum. Binnen einer Woche enthüllte sich eine weitere Katastrophe. Um eine direkte Führung in diesem Abschnitt in Galizien zu ermöglichen, wurde das gemeinsame Oberkommando über beide Heeresgruppen aufgehoben. Die HGr Nordukraine erhielt Generaloberst Harpe, der Models volles Vertrauen genoß, vielleicht gerade darum, weil er eine so unkomplizierte Natur war. Freilich konnte Harpe den sowjetischen Vormarsch zunächst nicht stoppen. Ende Juli 1944 erschienen die Sowjets in Lemberg und näherten sich dem Oberlauf der Weichsel.

Bei der Heeresgruppe Mitte fiel der Oberbefehlshaber der 4. Armee, Gen. v. Tippelskirch, aus, da er sich bei einer unglücklichen Landung mit dem „Storch" erhebliche Verletzungen zugezogen hatte. Nachfolger wurde auf Models Vorschlag Gen. d. Inf. Hossbach, Hitlers einstiger militärischer Adjutant, dessen aufrechte Art Model imponierte. Der 4. Armee fiel jetzt die Deckung der ostpreußischen Grenze zu. Damit aber kam auch der äußerst anmaßende Gauleiter von Ostpreußen, Erich Koch, bis kurz zuvor Zwingherr der besetzten Ukraine, in seiner Eigenschaft als Reichsverteidigungskommissar ins Spiel. Koch entwarf Pläne für einen „Ostpreußenwall", die militärisch völliger Unsinn waren. In der Folge kam es in Gegenwart Hitlers darüber zu einem schweren Zusammenstoß mit FM Model, der die höchste Verantwortung für alle Abwehrmaßnahmen trug. Koch konnte äußerst rabiat werden, Model gab ihm nichts nach, schließlich hatte der „Führer" Mühe, den Streit beizulegen. Unangenehme Erfahrungen mit den sachlich meist ganz inkompetenten Gauleitern und Reichsverteidigungskommissaren sollten Model das letzte dreiviertel Jahr seines Lebens begleiten. Hauptaufgabe war einstweilen die Stabilisierung einer neuen Front zwischen den Karpathen und der Ostsee in Mittelpolen und vor der ostpreußischen Reichsgrenze. Noch war nicht entschieden, ob es der HGr Mitte gelingen würde, den Stoß des Gegners auf Warschau abzufangen.

Am 20. Juli flog Model wieder an die Front, zunächst zur 2. Armee – Oberbefehlshaber GenOb Walter Weiss, Chef GenMaj Henning v. Tresckow – und zu der im Neuaufbau befindlichen 9. Armee unter General v. Vormann im Raume Warschau.

Auf dieser Frontfahrt erreichte ihn die Nachricht, im Führerhauptquartier habe ein Sprengstoffanschlag auf Hitler stattgefunden. Model reagierte spontan mit einem Fernschreiben an den „Führer", in dem er diesem seine Ergebenheit versicherte und seinem „Haß" auf die Urheber des Anschlages Ausdruck gab. Wer die Urheber wirklich waren, ahnte er nicht. Im Augenblick bewegte ihn einzig und allein die Sorge, irgendwelche inneren Verwicklungen könnten seine mit knapper Not wieder halb und halb gefestigten Frontabschnitte gefährden. Er kannte die Psychologie des Landsers zu gut, er wußte, welche Rolle noch immer der Glaube spielte – oder der Aberglaube, der „Führer" werde schon einen Ausweg finden, beziehungsweise ein Wunder bewirken.

Gegen Abend kam der „Transportgeneral Mitte", Oberst Teske, von einem Frontflug nach Lomza zurück. Sein Fahrer meldete ihm das Attentat und fügte hinzu: „Gott sei Dank, daß es kein Landser war." General Hossbach, Oberbefehlshaber der 4. Armee, den Hitler persönlich am Vortag in seine Aufgabe eingewiesen hatte, hörte bei der Rückkehr von der Front davon. Sein Fahrer bemerkte: „Wenn Herr General das gemacht hätten, hätte es geklappt." Hossbach schwieg.

Als der Feldmarschall endlich am Abend des 20. Julis wieder in Lomza erschien, meldete ihm Oberst Teske, er kenne einige der Attentäter – so Graf Stauffenberg – von früher her sehr gut. Model sagte, Teske solle für die Nacht bei ihm bleiben: „Man weiß nie, wie schnell der SD arbeitet." Mit dem Feldmarschall und General Krebs hörte Teske am Abend Hitlers Rundfunkansprache an. Model trug ein sarkastisches Lächeln zur Schau und schwieg. Teske fand diese Haltung zynisch. Das einzige, was Model bemerkte, war der Satz: „Noch schlechter vorbereitet als der Kapp-Putsch." An diesem Abend begriff er wohl einiges von den Hintergründen des Anschlags und des

Putschversuchs. Am nächsten Tag vernahm mit anderen Offizieren Hauptmann v. Steinäcker vom Stab Mitte eine noch seltsamere Äußerung: „Wenn Sie mich fragen, meine Herren – die größte Blamage für den preußisch-deutschen Generalstab." Wollte er damit sagen, wenn schon der Generalstab ein derartiges Unternehmen einfädelt, hätte wenigstens „alles klappen" müssen? Niemand kann das mehr mit Bestimmtheit sagen.

Der Krieg ging weiter. Am 22. Juli flog Model mit seiner Begleitung in zwei „Störchen" zur Korpsgruppe des Generals der Kavallerie Graf v. Rothkirch u. Trach, des ehemaligen Wehrmachtbefehlshabers Weißruthenien und Schwagers des längst verstorbenen Generals v. Seeckt. Die „Störche" wurden von sowjetischen Tieffliegern gefaßt. Model konnte aus dem ersten Flugzeug beim Niedergehen noch in Deckung springen. Der zweite Apparat mit seinem Begleitoffizier geriet in die vollen Geschoßgarben. Sturmbannführer Maeker und der Flugzeugführer wurden schwer verwundet, sämtliches Kartenmaterial und die beiden Fotoapparate des Feldmarschalls gingen verloren.

Unter dem 21. 7. 1944 wurde im Kriegstagebuch der HGr Mitte notiert, der Chef des Stabes der 2. Armee, GenMaj v. Tresckow, sei in vorderster Front gefallen. Tresckow war befreundet mit dem damaligen Ia der Heeresgruppe, Oberst v. d. Groeben, und hatte diesen als seinen Nachfolger im Heeresgruppenstab empfohlen. Model und Krebs ahnten nichts von den näheren Umständen des Todes von Tresckow. General Krebs erfuhr erst fünf Tage später die Wahrheit, der Feldmarschall wohl niemals. Der Generalmajor hatte Selbstmord begangen, weil er tief in die Verschwörung gegen Hitler verwickelt gewesen war. Doch im Stab Mitte fand keinerlei weitere Untersuchung statt, und Oberst v. d. Groeben, der später General in der Bundeswehr war, ist noch heute davon überzeugt, daß dieser Umstand den guten Beziehungen Models zu Partei und SS zu danken war und daß der Feldmarschall damit allen Mitwissern im Stab indirekt das Leben gerettet habe.

Dafür geschahen seltsame Dinge bei einer der Elitedivisionen

Models, der 28. Jägerdivision unter GenMaj Heistermann v. Ziehlberg. Der Ia, Major i. G. Kuhn, der Gen. v. Tresckow bei dessen letzter Frontfahrt begleitet hatte, wechselte die Front und begab sich aus eigenem Entschluß in sowjetische Kriegsgefangenschaft. Kuhn, früher lange im OKH tätig gewesen, war in die Beschaffung des Sprengstoffs für das Attentat verwickelt. Darauf wurde General v. Ziehlberg, langjähriger Mitarbeiter Halders in der Zentralabteilung des Generalstabes und Mitwisser mancher Planungen, abgelöst, verhaftet und später hingerichtet. Im Generalstabslager „Mauerwald" in Ostpreußen wurde GenLt Heusinger verhaftet, die Geschäfte des Chefs des Generalstabs übernahm GenOb Guderian.

Wahrscheinlich erfaßte Model nur wenig von den Einzelheiten und fand auch kaum Zeit, sich um diese, ihm im Grunde wenig sympathischen „politischen" Dinge zu kümmern. Ein Privatbrief von Anfang August 1944 läßt allerdings seine Empörung darüber erkennen, daß ausgerechnet Generaloberst Korten, der ideenreiche und energische Generalstabschef der Luftwaffe, von dem er wohl eine Reorganisation dieses Wehrmachtteils erhofft hatte, ein Opfer des Attentats geworden war. Um der Stimmung der Truppe willen erließ er dann am 31. Juli einen Tagesbefehl, dessen Diktion nur aus der damaligen, höchst angespannten Frontlage heraus zu verstehen ist.

Die Parole lautete, da der Feind vor der Reichsgrenze stehe: „Jetzt gibt es kein Zurück mehr! ... Kein Soldat der Welt darf gerade jetzt besser sein als wir Soldaten unseres Führers Adolf Hitler!"

Die Sowjets standen unmittelbar vor Warschau. Am 1. August löste hier die polnische Untergrund-„Heimatarmee" unter General Bor alias Graf Komorowski einen allgemeinen Aufstand aus. Im Einvernehmen mit der Londoner polnischen demokratischen Exilregierung wollte sie vor dem erwarteten Einmarsch der Sowjetarmee die Macht an sich reißen und Stalin damit vor vollendete Tatsachen stellen. In Lublin hatte sich unter sowjetischem Patronat bereits eine kommunistische polnische Regierung gebildet, und in den polnischen Gebieten, die von der Sowjetarmee „befreit" worden waren, hatte diese

190

die Einheiten der „Heimatarmee" entwaffnet und deren Offiziere zum Teil verschleppt. Von diesen Besonderheiten polnisch-sowjetischer Politik wußte Model nichts oder wenig. Für den Fall, daß in Warschau Unruhen ausbrechen würden, hatte Hitler am 31. Juli den Generalleutnant Stahel als Wehrmachtskommandanten eingesetzt, der taktisch der 9. Armee des Generals v. Vormann unterstand. Models erste Reaktion auf die Nachricht vom Warschauer Aufstand war laut Oberst Teske die Bemerkung: das solle gefälligst die SS erledigen. Sie habe durch ihre Politik diese Entwicklung verschuldet. Tatsächlich übernahm die SS-Führung die Niederwerfung des Aufstandes. Der Feldmarschall brachte unterdes dem III. sowjetischen Panzerkorps bei Radzymin eine vernichtende Niederlage bei, ein letzter Teilerfolg bei einem Gegenangriff.

Eben um dieser Kämpfe willen war er äußerst besorgt um die Sicherung der Nachschubwege durch Warschau. Dem mit der Niederwerfung der „Heimatarmee" betrauten Polizeigeneral Reinefahrt bedeutete er am 3. August um 23.55 Uhr im Nachtgespräch, er solle Warschau doch einfach abbrennen: „Bin für rücksichtsloses Abbrennen, 1000 Meter rechts und links der Straße. Sonst kommen wir nicht durch." Von den technischen Möglichkeiten solch barbarischen Verfahrens einmal ganz abgesehen, war das wieder ein Beispiel dafür, wie Model in Krisen leichthin die rücksichtslosesten Maßnahmen verlangte. Der Wehrmachtskommandant Gen. Stahel war keineswegs von der Probatheit solcher Methode überzeugt. Die rückwärtigen Verbindungen der 9. Armee wurden dann auch auf andere Art gesichert.

Die Sowjets verhielten nach der Niederlage bei Radzymin vor Warschau. An einem Sieg der „Heimatarmee" hatten sie nicht das geringste Interesse, wohl aber hatten sie das größte Interesse daran, daß die nationalen und demokratischen Kräfte Polens sich hier in einem aussichtslosen Ringen verbluteten. Genau dies geschah dann auch. Und Warschau entschwand sehr bald aus Models Gesichtskreis, weil ihm eine neue Aufgabe zugedacht war.

Am 16. August – der Stab der HGr Mitte war inzwischen nach Zichenau, die Führungsstaffel nach Ortelsburg verlegt worden – traf der Befehl ein, der Feldmarschall solle sich um 12 Uhr mittags bei Hitler in der „Wolfsschanze" melden. Hitler eröffnete Model ohne Umschweife, er gedenke ihn zum Oberbefehlshaber West zu ernennen. Im Westen stehe die Front vor dem Zusammenbruch. Anfang Juli 1944 hatte Hitler den bisherigen OB West, FM v. Rundstedt, durch den wiedergenesenen FM v. Kluge ersetzt. Dieser hatte seit dem 17. 7. 1944 auch die Führung der Heeresgruppe B übernommen, nachdem deren Oberbefehlshaber, FM Rommel – in den Augen der Verschworenen vom 20. Juli Deutschlands künftiger Reichspräsident – auf der Rückkehr von der Front bei einem Angriff britischer Jagdbomber schwer verletzt worden war. Kluge wie auch vermutlich bereits Rommel standen jetzt bei Hitler in dem Verdacht, in die Verschwörung des 20. Juli verwickelt gewesen zu sein.

Model widersprach und bat, ihn auf seinem Posten zu belassen, er sei Spezialist für die Ostfront und kenne das Terrain im Westen überhaupt nicht. Hitler kam auf seinen Verdacht gegen Kluge zu sprechen (der gar nicht unbegründet war). Model erwiderte, Kluge sei lange Zeit sein unmittelbarer Vorgesetzter gewesen, er könne sich nicht vorstellen, daß er am 20. Juli beteiligt gewesen sein solle. Er betonte, er halte sich nicht für geeignet, den Oberbefehl im Westen zu übernehmen. Hitler gab sich plötzlich ausweichend. Nach dem Mittagsgespräch hatte man beim Stab „Mitte" – so das Kriegstagebuch – den Eindruck, Model bleibe Oberbefehlshaber. Um 15 Uhr wandelte sich die Situation. Hitler hatte befohlen, Feldmarschall Model werde OB West und gleichzeitig Oberbefehlshaber der Heeresgruppe B. In einer zweiten Unterredung machte Hitler dem Feldmarschall klar, die Lage im Westen sei derart, daß nur er sie retten könne. Model habe die Ostfront gerettet, jetzt müsse er der „Retter der Westfront" werden. Die Mittel dafür werde ihm der „Führer" geben ... Vorerst verlieh ihm Hitler die Brillanten zum Ritterkreuz mit Eichenlaub und Schwertern.

Seinem einzigen, damals vor der Einberufung zur Wehrmacht stehenden Sohn hat Model etwas später einmal gesagt, nur im Osten würden die letzten Entscheidungen fallen. Im Westen habe man einzig die Aufgabe, dem Ostheer den Rücken freizuhalten . . .

Achtes Kapitel

Retter der Westfront – zum letzten Mal
Oberbefehlshaber West und Oberbefehlshaber
Heeresgruppe B

In den Mittagsstunden des 17. 8. 1944 klingelte im Schloß La Roche-Guyon, dem Hauptquartier der HGr B in Nordwestfrankreich das Telefon. Ein Ordonnanzoffizier nahm den Hörer ab, der Oberbefehlshaber, GenFM v. Kluge, befand sich auf Frontfahrt. FM Model meldete sich aus dem Hauptquartier des OB West in St. Germain bei Paris und fragte in barschem Ton nach den Wegemöglichkeiten, um nach La Roche-Guyon kommen zu können, weshalb man auf dem Nordufer der Seine fahren müsse, weshalb die Seine-Brücken unpassierbar seien, wo denn der Feind stehe und warum dieser so weit vorgekommen sei? Der Ordonnanzoffizier verständigte den Ia, Oberst i.G. v. Tempelhoff, und den Chef des Stabes. GenLt Dr. Hans Speidel – Models alten Bekannten. Der Eindruck war, hier melde sich der neue Oberbefehlshaber, obwohl aus dem OKW keine Nachricht über einen Wechsel vorlag. Der „Terrorflieger", wie junge Generalstabsoffiziere und freche Adjutanten Model nannten, fiel ein . . .

Amerikanische Panzer näherten sich in diesen Stunden dem alten Riesenschloß der Herzöge von La-Rochefoucauld. Für die Nacht bereitete man den Quartierwechsel nach der „Führer"-Bunkeranlage in Margival bei Soissons vor. In den Nachmittagsstunden fuhr der Wagen Models im Schloßhof ein, begleitet von zwei großen, offenen Mannschaftstransportwagen, besetzt mit je 8–10 Mann Heeresstreifenpersonal in hellgrauen Overalls. Die Mannschaft sprang ab und sicherte mit schußfertigen Karabinern den Schloßhof gegen die Fensterfronten. Der Ordonnanzoffizier bemerkte zu Tempelhoff, der die Szene beobachtete: „Nanu, wir sollen wohl verhaftet werden? Na, jetzt können wir was erleben."

Von seinem Befehlsstand in Ostpreußen war der Feldmarschall, begleitet von seinem Ordonnanzoffizier Leutnant Botho Graf zu Stolberg-Rossla, nach Paris geflogen, hatte den vor kurzem neuernannten Wehrmachtkommandanten Groß-Paris, Gen. v. Choltitz, aufgesucht, um die Sicherungs- und Verteidigungsmaßnahmen für die französische Hauptstadt zu überprüfen. Nach Hitlers Ansicht war Paris unbedingt zu halten. Im Hauptquartier West in St. Germain hatte er sich dann vom Chef des Generalstabes, Gen. Blumentritt, über die Lage unterrichten lassen. Sie war katastrophal. In Südwest- und Südfrankreich gingen amerikanische und französische Verbände gegen die 1. und 19. Armee nach Mittel- und Nordostfrankreich vor. Beide Armeen wichen zurück. In Nordwestfrankreich waren die Amerikaner und Engländer aus den Großlandeköpfen auf der Halbinsel Cotentin und bei Caen in die Tiefe durchgebrochen. Ein deutscher Gegenstoß war bei Mortain infolge der alliierten Luftherrschaft und Materialüberlegenheit nicht mehr zum Tragen gekommen. Von den drei Armeen der Model direkt unterstellten HGr B staken die 7. Armee und Teile der 5. Panzerarmee, etwa 100 000 Mann, zwischen Mortain und Falaise in einem Riesenkessel. Die 15. Armee des Generalobersten v. Salmuth an der Kanalküste lief Gefahr, abgeschnitten zu werden.

Model war an diesem Tag sicher zutiefst betroffen und erregt. Die martialische Begleitmannschaft hatte doppelte Gründe für ihr Auftreten. Frankreich war im Aufruhr, der „Maquis", die freifranzösische Untergrundorganisation, hatte die illegale Mobilmachung eingeleitet. Zum Zweiten muß Model im Führerhauptquartier die tollsten Geschichten über einen von FM v. Kluge beabsichtigten Verrat, von einer Verständigung mit den Westmächten und dem Abschluß eines Sonderfriedens gehört haben. Hitler kam in einer Unterhaltung mit den Generalleutnanten Krebs und Westphal, den Generalstabschefs Mitte und Südwest (Italien), noch einmal darauf zu sprechen. Am 15. August – einen Tag vor Models Entsendung an die Westfront – hatte sich Kluge auf eine Frontfahrt in den Kampfraum bei Mortain-Falaise begeben. Für rund zwölf Stunden war die

Funkverbindung mit dem Feldmarschall verlorengegangen. Hitlers Mißtrauen gegen Kluge stieg ins Ungemessene. Die Untersuchungen über die Hintergründe des 20. Juli hatten bereits ergeben, daß Kluge, dem er eine Dotation geschenkt, den er mit Gnadenbeweisen überhäuft hatte, zumindest gegenüber der Verschwörung einen sonderbaren Attentismus an den Tag gelegt hatte. Er hatte viel gewußt und alles geduldet. Daß der Feldmarschall an der Front durch Tieffliegerangriffe oder Artilleriefeuer von allen Verbindungen abgeschnitten worden sein konnte, wollte niemand mehr wahrhaben. Hitler behauptete, Kluge habe überlaufen wollen.

Gegenüber Krebs und Westphal gab er abenteuerliche Geschichten über Kluges Machenschaften zum besten. Dann verbreitete er sich lobend über Model, dieser habe aus „dem Loch" bei der HGr Mitte wieder eine Front gemacht. Zu Krebs, den er bereits als Models Chef im Westen in Aussicht genommen hatte, sagte Hitler – soweit es das teilweise zerstörte Protokoll über die Unterredung erkennen läßt: „... der Stab, den Sie, Krebs, übernehmen, ist (sicherlich versaut), darüber muß man sich klar sein. Ich kann nur (sagen): (Passen) Sie auf, daß Sie den Laden so schnell wie (möglich säubern), daß Sie dem Feldmarschall Model ..." (Rest des Textes verbrannt.) Wir wissen, daß Hitler bereits am 16. August Model auf Kluges Verbindungen zum 20. Juli aufmerksam gemacht hatte.

So wird dieser wieder einmal sein Rezept für nützlich gehalten haben, dem neuen Stab sofort zu zeigen, wie gut neue Besen kehren. Am späten Nachmittag oder frühen Abend kehrte FM v. Kluge nichtsahnend von der Front zurück und fand seinen Nachfolger vor. Auch General Blumentritt kam aus St. Germain zur Lagebesprechung herüber. Die beiden Feldmarschälle zogen sich zurück und sprachen unter vier Augen miteinander. Beide kannten sich lange genug und gaben einander an gegenseitiger Geringschätzung nichts nach. Über den Inhalt ihrer Unterredung ist nichts bekannt geworden. Ihre beiden Generalstabschefs warteten im Vorzimmer, in der Meinung, sie würden zugezogen.

Statt dessen erschien Model und schnob Blumentritt und Dr.

Speidel – beides alte Bekannte – in fürchterlichster Weise an: Was sie denn eigentlich hier gemacht hätten? Ob sie geschlafen hätten? Es fielen noch unparlamentarischere Äußerungen. Blumentritt, begabt mit schwäbisch-humoriger Gemütlichkeit, sah Speidel an und sagte ganz bieder, er werde nun für sie beide eine Flasche Champagner kommen lassen. Die wollten sie in Ruhe austrinken, es habe ja heute keinen Zweck, mit dem Feldmarschall zu reden . . . Die Generale empfahlen sich. Model war völlig konsterniert und sagte nichts. Übelgenommen hat er Blumentritt und Speidel die Szene nie. Dafür geriet ihm ein anderes Opfer in die Hände, der Generalleutnant Bayerlein, Kommandeur der völlig zusammengeschossenen Panzer-Lehrdivision. Model: „Was wollen Sie denn hier?" Bayerlein: Er wolle sich beim Feldmarschall abmelden, die Reste seiner Division müßten zur Auffrischung aus der Front gezogen werden. Model: „Mein lieber Bayerlein! Im Osten werden die Divisionen an der Front aufgefrischt, und so wird es in Zukunft auch hier gehalten. Sie bleiben mit Ihren Verbänden, wo Sie sind."

Die Offiziere des Heeresgruppenstabes wurden ihm vorgestellt, Oberst v. Tempelhoff trug über die Frontlage vor, fand ihn zu grob und zu sprunghaft. Zum IIa, dem Adjutanten Oberst Freyberg sagte er: „Na, wir kennen uns doch?" Freyberg, der 1939 Adjutant bei der 4. Division gewesen war, erwiderte: „Jawohl, Herr Feldmarschall. Ich kenne Herrn Feldmarschall genau vom IV. AK. Bin genau über Herrn Feldmarschall unterrichtet." Model setzte sein sarkastisches Lächeln auf.

In der Nacht vom 17./18. August rückte die Masse des HGr-Stabes B bereits nach Margival ab. Die große Wanderung der Hauptquartiere begann, in stetem Ausweichen vor den amerikanischen Panzerströmen. In La Roche-Guyon blieben der Feldmarschall v. Kluge mit seinem Ordonnanzoffizier und Fahrer und der Feldmarschall Model mit einer kleinen Führungsstaffel zurück. Kluge mußte am nächsten Tag in die Heimat zurückkehren. Offiziell war er in die Führerreserve versetzt worden. Ihm schwante, was ihn erwartete: Ausstoßung aus dem

Heer, Verhaftung, Verhöre, Todesurteil durch den Volksgerichtshof.

FM Model fuhr in gewohnter Weise punkt 6 Uhr zur Front, um auf dem Gefechtsstand der 5. Panzerarmee mit deren OB General Eberbach, und den SS-Oberstgruppenführern Sepp Dietrich und Hausser (OB der 7. Armee) Maßnahmen zur Aufsprengung des Kessels von Mortain-Falaise zu besprechen. Sepp Dietrich, Kommandierender General des I. SS-Panzerkorps, der für gewöhnlich alle Generale und auch den Feldmarschall Rommel zu duzen pflegte, dies indes bei Model denn doch lieber vermied, hatte es vorgezogen, sich durch seinen Chef des Stabes vertreten zu lassen, GenMaj Rudolph Christoph Freiherr v. Gersdorff, ehedem Ic der HGr Mitte, der – Angehöriger der Widerstandsbewegung – Model als einen „Vollblutnazi" verabscheute. Der Kessel von Mortain-Falaise war noch 36 km breit und 18 km tief. Man mußte sehen, daß man möglichst viele Kräfte noch hinauszog. Noch wurde um die Ausgänge nach Osten erbittert gerungen. Von Süden drängten die Amerikaner, von Norden Engländer und Kanadier.

In La Roche-Guyon erschien FM v. Kluge auf dem Hof, ein paar Offiziere fanden sich ein. Oberst v. Tempelhoff machte noch einen Rundgang durch das verödete Schloß. In Kluges Zimmer sah er das Frühstück noch auf dem Tisch stehen, ein Kännchen Kaffee, halb voll, zwei kleine Schnittchen. Er hatte nicht den Eindruck, daß die beiden Feldmarschälle, wie so oft später erzählt wurde, noch gemeinsam gefrühstückt hätten. Sie hatten sich auch kaum noch etwas zu sagen. Auf der Rückfahrt in die Heimat nahm sich Kluge an diesem Tag durch Gift das Leben. Er hinterließ einen langen Brief an Hitler, in dem er dessen Genie feierte und ihn bat, Frieden zu schließen. Als er aus dem Schloßhof fuhr, stand am Horizont das Grollen des amerikanischen Artilleriefeuers. Model nahm die Meldung von Kluges Tod mit unbeweglicher Miene entgegen. Er sandte jedoch sofort den Adjutanten Oberst Freyberg zur 7. Armee, wo Kluges Sohn, Obstlt. i.G. Günther v. Kluge, Ia war, um diesem die Nachricht vom Tod seines Vaters zu überbringen. Bald darauf wurde auch der Sohn als Mitwisser der Verschwörung ab-

gelöst und verhaftet. Model hat später niemals mehr ein Wort über Kluge verloren, weder im Guten noch im Bösen.
In den nächsten Tagen stellte ihn General Speidel wegen seines Benehmens am 17. August zur Rede, mit dem Bedeuten, sie kennten sich doch so lange, was das alles solle? Model gab sofort zu, er sei zu aufgeregt gewesen. Speidel kam dann auf die allgemeine Lage zu sprechen und meinte, das beste sei, sich im Westen mit den Alliierten zu arrangieren, um freie Hand im Osten zu bekommen. Model stimmte zu, schwieg einen Moment, sagte dann: „Ach, lassen wir die politischen Dinge." Und empfahl seinem Chef, lieber mal eine Flasche Wein zu trinken, wie er dies auch tue . . .
Models Auftrag von Hitler wie vom Wehrmachtführungsstab, der den westlichen Kriegsschauplatz bearbeitete, lautete zunächst, den Gegner so weit wie möglich westlich der Seine abzufangen und Paris zu halten, in Models Augen der Drehpunkt für die aus Südwestfrankreich zurückgehende 1. Armee des Generals von der Chevallerie. Wie schon im Fall der gekoppelten Führung der Heeresgruppen Nordukraine und Mitte zeigte sich dabei, daß Model sich speziell um den Hauptkrisenpunkt bei der HGr B kümmerte, die Gesamtführung jedoch weitgehend dem Chef OB West, Gen. d. Inf. Günther Blumentritt, überließ, wobei er angesichts dessen hoher militärischer Gaben gut beraten war. Mit der ihm eigenen Bonhomie hat Blumentritt gemeint, er sei mit Model immer ganz gut ausgekommen. Er habe sich nie ins Bockshorn jagen lassen. Model scheint um die Grenzen seiner Begabung durchaus gewußt zu haben. Als Blumentritt ihn um die Monatswende August/September davon unterrichtete, er habe GenOb Jodl brieflich vorgeschlagen, doch den Generalfeldmarschall v. Rundstedt, der am 3. Juli 1944 durch Kluge abgelöst worden war, als OB West wieder zurückzuholen, bemerkte er spontan: „Das ist eine gute Idee."
Models Versuche gingen zunächst dahin, an den kleinen Flußläufen der Touques und Dives immer noch jenseits der Seine neue Auffanglinien aufzubauen. Paris sollte im Vorfeld verteidigt werden. Mit dieser Aufgabe wurde der bisherige Befehlshaber des Besatzungsbereiches Nordwestfrankreich, Gen.

d. Inf. Vierow, sein einstiger Leutnantskamerad, beauftragt. Aber für solche Maßnahmen fehlten bereits die Kräfte, die Divisionen des Westheeres waren zur Schlacke ausgebrannt. Model, der Atmosphäre und der Wunderlichkeiten in der „Wolfsschanze" sich sehr wohl aus eigener Anschauung bewußt, stellte unter Kopfschütteln seines Stabes exorbitant hohe Ersatzforderungen, bis zu 30 frischen Divisionen. Natürlich wußte er, daß keine Macht der Welt mehr in Deutschland, auch Hitler nicht, solche Wünsche erfüllen konnte. Aber wenn hernach nur noch zehn oder zwanzig Prozent seiner Forderungen erfüllt wurden, hatte er das noch Menschenmögliche erreicht.

Inzwischen geriet Paris, vom 19. August an, in wachsendem Ausmaß in die Hand des Maquis. Der von Hitler bestallte Wehrmachtkommandant Gen. v. Choltitz in seiner Residenz, dem Hotel Majestic, hatte weder genügend Kräfte, um die Kontrolle über ganz Paris aufrechtzuerhalten, noch gar um eine Verteidigung im Vorfeld zu ermöglichen. Model hielt einstweilen noch an dem Gedanken fest, Paris als Drehpunkt für die Vereinigung der 1. Armee mit der HGr B um jeden Preis zu behaupten. Hitler jagte seinen ersten fanatischen Befehl zur Verteidigung von Paris am 20. 8. 1944 hinaus. Model gab den Befehl weiter.

Am 21. August traf er mit dem Oberbefehlshaber der 15. Armee, GenOb v. Salmuth, zusammen, dessen linkes Flügelkorps gerade über die Seine zurückging. Salmuth, ein aristokratischer Herr aus Seecktschen Reichswehrzeiten, meinte, Model habe früher oft „im kleinen Jagdgalopp" alle möglichen Hindernisse genommen – aber hier . . .? Er fand seinen Optimismus bewunderungswürdig. Er riet ihm, die ganze Heeresgruppe über die Seine zurückzunehmen, sonst werde er in ein paar Tagen nur noch ein paar tausend Mann ohne Panzer und Geschütze herüberbekommen. Model fand das unmöglich. Kurz darauf wurde Salmuth abgelöst und durch Gen. d. Inf. Gustav v. Zangen ersetzt.

Ebenfalls am 21. August fiel der Oberbefehlshaber der 7. Armee, SS-Oberstgruppenführer Hausser, durch Verwundung aus. Model übertrug die Führung der 7. Armee dem Panzergeneral

Eberbach. SS-Oberstgruppenführer und GenOb Sepp Dietrich, ein braver Troupier, der höheren Anforderungen nicht gewachsen war, erhielt zeitweilig die Führung der ganzen Front bis hinunter zum Abschnitt der 1. Armee, die nun für die Verteidigung von Paris für zuständig erklärt wurde. Doch Umdispositionen und neue Befehlsverhältnisse änderten gar nichts an der Tatsache, daß auch die Seinelinie nicht zu halten war. Im rückwärtigen Gebiet war – zunächst ohne Unterstellung unter die HGr B – dem General der Flieger Kitzinger, vormals Wehrmachtsbefehlshaber Ukraine, die Aufgabe zugedacht, eine Querverteidigungslinie durch Frankreich zu schaffen. Auch das blieb illusorisch. Es nutzte auch nichts, daß Teile der noch aus dem Kessel von Mortain-Falaise herausgekommenen, schwer angeschlagenen Kräfte der 7. Armee nun zur Verteidigung von Paris eindrehen sollten. Alle derartigen Befehle kamen zu spät, wurden durch den glanzvollen Vormarsch der amerikanischen Panzerdivisionen illusorisch gemacht. Am 19. August erschien Model noch einmal bei Gen. v. Choltitz in Paris. Der Tenor war Härte. Am 23. August jagte Hitler den zweiten seiner Haß-Befehle gegen die französische Hauptstadt hinaus: Paris war zu halten und notfalls in ein „Trümmerfeld" zu verwandeln. Gen. v. Choltitz, dessen Sicherheitskräfte nur noch isolierte Stützpunkte in der Metropole hielten, nahm Verbindung mit Führern der Résistance auf. Die Zerstörung von Paris war in seinen Augen Barbarei. Model gab auch den „Trümmerfeld-Befehl" weiter – und kümmerte sich dann nicht sonderlich mehr um Paris. Sein Chef Speidel und Choltitz regelten die Nichtbefolgung des berüchtigten „Führerbefehls" in stillem Einvernehmen untereinander.

Model hatte andere Sorgen als die, Paris laut Führerbefehl in ein Stalingrad zu verwandeln. Die Seinelinie war nicht mehr zu halten. Am 24. August meldete er an das OKW, im Hinblick auf den möglichen Verlust von Paris müßten Auffangstellungen nördlich und östlich der Stadt vorbereitet werden. Am folgenden Tag kapitulierte Choltitz im Hotel Raphael, General de Gaulle, Chef des „Freien Frankreichs", zog in Paris ein. Die Frage erhebt sich, was geschehen wäre, hätte Model starrsinnig auf der Befolgung des „Trümmerfeld-Befehls" bestanden? Sein Ia, Oberst v. Tempelhoff, glaubt, dies sei auch seine Absicht gewesen. Doch in der Praxis war Paris – aus militärischer Sicht – für Model unwichtig geworden. Er mußte versuchen, jenseits der Seine zu halten, was noch zu halten war, mußte neue Auffanglinien an der Somme und Marne ins Auge fassen.

Gegenüber dem Stab fielen freilich rüde Worte über Choltitz. Pflichtgemäß beantragte er ein Kriegsgerichtsverfahren gegen den Wehrmachtkommandanten, der gegen einen „Führerbefehl" gehandelt hatte. Darüber kam dann plötzlich der wahre Model zum Vorschein. Er diktierte dem IIa, Oberst Freyberg, sehr sonderbare Stichworte für die Begründung. Da war die Rede davon, daß es schwer sei, Choltitz' Willenschwäche, den Mangel an Urteilsvermögen zu erklären, möglicherweise seien „chemische" Mittel, wollte er sagen, Schlaftabletten (?), im Spiel gewesen. Freyberg hatte den Eindruck, als wolle Model dem Kameraden goldene Brücken bauen. Jedenfalls kam es nie zu einer Verurteilung.

Ende August 1944 erwies sich auch die Hoffnung auf das Halten der Somme-Marne-Saone-Linie als illusorisch. Die Maas-Moselstellung wurde vorbereitet. Dazwischen warf der 20. Juli wieder seine Schatten auf die Heeresgruppe. Speidel hat über Model geurteilt, die Weisheit des „minima non curat praetor" (Um Kleinigkeiten kümmert sich der Prätor nicht) habe für ihn nicht gegolten. Model wußte jedoch sehr wohl, welch vorzüglichen Generalstabschef er in diesem außerordentlich klugen, hochgebildeten Offizier besaß. Am 30. August saß der Stab der HGr B auf seiner ewigen Rückzugstour vorübergehend im „Weißen Schloß" von Havrincourt, Model sagte aufgeregt zu seinem Adjutanten Oberst Freyberg: „Da muß irgend etwas mit Speidel los sein. Rufen Sie gleich Burgdorf mal an." General Burgdorf war Chef des Heerespersonalamtes geworden, nachdem General Schmundt den Folgen seiner schweren Verletzungen beim Attentat erlegen war. Burgdorf wollte den Feldmarschall persönlich sprechen. Der 1. Ordonnanzoffizier der HGr B, Hauptmann Maisch, hörte das Gespräch mit:

202

Burgdorf: „Herr Feldmarschall, General Speidel muß als Chef abgelöst werden." – Model: „Wie bitte, das ist doch Unsinn." – Burgdorf: „Speidel ist stark verdächtig, am 20. Juli beteiligt gewesen zu sein. Ich soll Herrn Feldmarschall fragen, wen Herr Feldmarschall als Nachfolger wünschen?" (Daß Hitler diesen bereits bestimmt hatte, davon war nicht die Rede!) – Model: „Das ist doch alles Quatsch. Ich kann jetzt meinen Chef nicht hergeben, und ich verlange, daß das berücksichtigt wird. Sagen Sie das dem Führer! Verdacht... Habt ihr denn Beweise? Ist doch alles Unsinn." – Burgdorf: „Aber Herr Feldmarschall..." – Model: „Interessiert mich nicht! Fertig!"
Model tobte weiter. Oberst Freyberg bekam zu hören: „Die sind völlig verrückt geworden. Speidel soll weg. Irgend etwas ist da mit dem 20. Juli, irgendein politischer Quatsch." General Blumentritt gegenüber wurde Model noch deutlicher, ob die da oben keine anderen Sorgen hätten, an der Front werde jetzt jeder Mann gebraucht. Er wollte – aus nicht zu ermittelnden Gründen – den Oberst i.G. Ullrich, Chef des LXXXIX.AK, als Nachfolger haben. Dieser aber war nicht mehr aufzutreiben, wahrscheinlich war er bereits in der Normandie mit dem Korps untergegangen. Krebs hatte er nicht angefordert. Aber General Krebs erschien. Was konnte er noch für Speidel tun? Wenig. Am 3. September gab er für GenLt Dr. Speidel im schon weiter rückwärts liegenden Hauptquartier Chaudefontaine südlich von Lüttich ein kleines Abschiedsessen und sprach selbst kurz, aber sehr herzlich. Als er dann mit Oberst Freyberg die abschließende Beurteilung für Speidel besprach, hieß es: „Die müssen wir sehr vorsichtig abfassen, um Speidel nicht zu schaden." Der Tag, an dem General Burgdorf Speidels Rückkehr verlangt hatte, war der gleiche Tag, an dem der Volksgerichtshof in Berlin den ehemaligen Militärbefehlshaber Frankreich, General v. Stülpnagel, dessen Chef Oberst i.G. v. Linstow, und den früheren OQu West, Oberst i.G. Finckh, zum Tod am Galgen verdammt hatte. Model war dies alles gräßlich und unverständlich. Als der von ihm sehr geschätzte SS-Gruppenführer und General der Waffen-SS Bittrich sich abfällig über die neuen Hinrichtungsmethoden für hohe Offiziere vernehmen ließ,

deckte er ihn. Als die Witwe des hingerichteten Oberst i.G. Schultze-Büttger sich an ihn wandte und um Hilfe bei Nachforschungen nach dem ihr unbekannten Schicksal ihres Mannes bat, sagte Model seinem Adjutanten: „Da halte ich mich raus. Damit will ich nichts zu tun haben." Er ließ den Brief an das Heerespersonalamt weitergehen. Frau Schultze-Büttger erhielt nur eine Notiz darüber.

Anfang September 1944 ergab sich eine verheerende Bilanz: Schon bei der Aufgabe der Seine-Linie hatten die 1., 2., 9., 10. und 12. SS-Panzerdivision und die 21. und 116. Panzerdivision des Heeres nur noch über insgesamt etwa 1300 Mann, 24 Panzer und 60 Geschütze verfügt. Im Kessel von Mortain-Falaise waren etwa 130 000 Mann in Kriegsgefangenschaft gegangen. Versuche, aus Resten der zerschlagenen Panzerdivisionen im Raum Rouens und Beauvais zwei Reserveeingreifgruppen zu bilden, waren durch den rasanten Vormarsch der Alliierten illusorisch gemacht worden. In Amiens erwischten amerikanische Panzer am 31. August einen der besten Generale des Westheeres, den General der Panzertruppen Eberbach, mit seinem Stab. Die Reste seiner 11 Divisionen der 7. Armee sollten im Raum Somme-St. Quentin aufgefrischt werden. Der Raum wurde überrollt. Am 4. September meldete FM Model Hitler, die Kräfte der HGr B reichten nurmehr für das Halten der Linie Maas-Verlauf des Westwalls aus.

Der Krieg näherte sich den Reichsgrenzen. Model ordnete Vorsichtsmaßnahmen für die Rheinlinie an. Er verlangte 25 frische Divisionen, 5–6 Panzerdivisionen zur Bildung einer beweglichen Reserve. Bis spätestens 15. September 1944 brauche er 10 Infanterie- und 5 Panzerdivisionen. Er wußte sehr wohl, daß er so viel Kräfte niemals erhalten würde. Aber er wollte Alarm schlagen. Nachdrücklich wies er darauf hin, es sei nurmehr möglich, den alliierten Vormarsch vor den Zugängen zum Reich zu stoppen. Alles, was er Anfang September bekam, waren zwei Panzergrenadierdivisionen und zwei Panzerbrigaden. Model versuchte GenOb Jodl klarzumachen, die Alliierten hätten die absolute Überlegenheit.

Anfang September stieß die 2. britische Armee des Generals

Dempsey in die Lücke zwischen 5. Panzer- und 15. Armee auf Antwerpen und Brüssel vor. Die britische Gardepanzerdivision rollte in Brüssel ein. Model befahl der 15. Armee, über die untere Schelde auszuweichen, Teile sollten nach Osten durchbrechen. Boulogne, Dünkirchen und Calais an der bisherigen Armeefront längs der Kanalküste wurden zu „Festungen" erklärt und sollten sich im Rücken des Gegners behaupten. Nur Dünkirchen hielt bis zum Kriegsende, ohne daß dies Einfluß auf den Gesamtablauf der Kriegshandlungen gehabt hätte. Am 5. September übernahm GenFM Gerd v. Rundstedt wieder den Oberbefehl im Westen. Model traf sich mit ihm zur ersten Unterredung in der Apotheke von Stadtkyll in der Eifel. Er behielt die HGr B und wahrscheinlich war ihm wohler, daß die Last der Verantwortung für den gesamten Kriegsschauplatz von seinen Schultern genommen war. In diesen Tagen bezifferte er die Kampfstärke seiner zerschlissenen Heeresgruppe noch auf den Gegenwert von 3–4 Panzer- und zehn Infanteriedivisionen. Die Gesamtstärke des Gegner veranschlagte er auf 61 gutausgerüstete und kampfstarke Divisionen, sämtlich voll motorisiert und unterstützt durch 16 400 Flugzeuge, denen die Luftflotte 3 im Westen kaum etwas entgegenzusetzen hatte. Die 21. britisch-kanadische Heeresgruppe unter FM Montgomery schien zum Stoß durch Belgien und Südholland auf das Ruhrgebiet anzusetzen, die 12. US-Heeresgruppe unter General Omar N. Bradley stieß durch Belgien und Luxemburg auf die Reichsgrenze vor. Am 11. September erreichten amerikanische Vorausabteilungen die Reichsgrenze bei Aachen. Da kam Model die Tatsache zu Hilfe, daß bei den stark überdehnten Nachschublinien von der normannischen Küste her die amerikanischen Panzerdivisionen wegen akuten Treibstoffmangels einen Stop einlegen mußten.

Die Versorgungskrise auf alliierter Seite war jedoch zu einem Gutteil auch das Ergebnis der Umsicht und Zähigkeit Models. Zwar hatten die Alliierten Anfang September Antwerpen genommen, den für sie unentbehrlichen natürlichen Großnachschubhafen, die HGr. B hatte indes die Befestigungen an der

Unterschelde gehalten. Damit blieb der Hafen von Antwerpen immer noch geschlossen.

Model nutzte die Atempause zur Konsolidierung seiner Verbände. Der zum Teil überstürzte Rückzug aus Frankreich und Belgien, die Auflösung zahlreicher Land- und Bodenorganisationen der Marine und der Luftflotte 3 im Westen, die Räumungsbefehle für zahllose Feldkommandanturen, Versorgungsdienste und Feldintendanturen hatten zu Zuständen geführt, wie sie in der deutschen Kriegsgeschichte bisher unbekannt gewesen waren. Der Rückzug war vielfach in Flucht und Panik ausgeartet. Nicht selten erscholl der Ruf: „Der Krieg ist aus – Heim ins Reich!" Um in einem Chaos Ordnung zu stiften – dafür war der Feldmarschall wie geschaffen. Feldgendarmerie, Heeresstreifen, besonders eingeteilte Stabsoffiziere wurden eingesetzt, um die Ströme Flüchtender, echter oder sogenannter Versprengter abzufangen, zu sieben und neu zu gliedern. Der Name des „Gefürchteten", die vage Kunde, Model sei da – ergänzt durch das Gerücht, der OB West, FM v. Kluge, habe sich in Brüssel aus Verzweiflung erschossen –, erzeugte ebensoviel Schrecken wie Zuversicht bei den noch kampfwilligen Einheiten. Von seinem Namen ging jetzt eine sagenhafte Wirkung aus.

Der alliierte Oberkommandierende, General Dwight D. Eisenhower, ein Methodiker, war der Überzeugung, man könne sich den Vormarschstop durchaus leisten, die Zeit arbeite ohnehin nicht mehr für den Gegner. General Omar N. Bradley von der 12. US-Heeresgruppe teilte „Ikes" Überzeugung, er war zudem erstaunt über die Zähigkeit des deutschen Widerstandes im Schelde-Bereich und meinte später in seinen Erinnerungen, dies sei einem „Preußen" zuzuschreiben gewesen, das heißt Model. Anders dachte der Oberbefehlshaber der 21. britischen Heeresgruppe, FM Sir Bernard Law Montgomery, ein strategisch weit originellerer Kopf als Eisenhower und Bradley zusammengenommen. Nachdem der Versuch der 2. britischen Armee gescheitert war, die deutsche Verteidigung hinter Maas, Waal und Niederrhein aufzubrechen, entwickelte Montgomery den Plan, die Strom- und Kanalbarriere mit der starken 1. amerikanisch-britischen Luftlandearmee zu überspringen, um auf diese Weise einen breiten Korridor durch Südholland zu gewinnen und sich der großen Straßenbrücken über die Maas, den Waal und den Niederrhein zu versichern. Dann wurde der Stoß ins Ruhrgebiet und nach Nordwestdeutschland möglich, und damit ergab sich die Chance, den Krieg noch im selben Jahr zu beenden, bevor die Deutschen Zeit hatten, ihre angeschlagenen Verbände wieder zu ordnen. Für diese Aufgabe stellte Montgomery die 82. und 101. amerikanische Luftlandedivision unter den Generalen J. Gavin und Maxwell Taylor, die 1. britische Luftlandedivision unter Gen. R. E. Urquhart und die Polnische Fallschirmjägerbrigade unter Gen. Sosabowski bereit. Die Amerikaner sollten die Brücken im Raum Eindhoven – Greve – Nijmwegen nehmen, die Briten und Polen den Raum von Arnheim am Niederrhein besetzen. Für Transport und Jagdschutz standen für den ersten Tag der „Market Garden" genannten Operation 1588 Flugzeuge und 478 Lastensegler zur Verfügung. Mitte September 1944 besuchte der Höhere SS- und Polizeiführer Niederlande, SS-Gruppenführer Rauter, Model auf dessen Gefechtsstand in Oosterbeek bei Arnheim an der Straße nach Utrecht. Er hatte den Eindruck, in den nächsten Tagen sei mit einer alliierten Großluftlandung zu rechnen. Model und Krebs waren skeptisch. Model meinte, Montgomery sei ein sehr vorsichtiger Mann.

Der 17. September 1944 war ein Sonntag, das Wetter spätsommerlich warm und schön. Die Führungsstaffel der Heeresgruppe war im Oosterbeek im Park-Hotel, mit Teilen auch im Tafelberg-Hotel untergebracht. Am Vormittag hielt Model eine Stabsbesprechung im Park-Hotel Hartenstein ab, es herrschte sehr lebhafte Fliegertätigkeit, doch das war man gewöhnt. Gegen 13 Uhr setzte man sich im Hotel Tafelberg zu Tisch. Gegen 14 Uhr kam ein dringender Anruf für den Ia, Oberst v. Tempelhoff, der darauf in sein Geschäftszimmer ging.

Unmittelbar darauf krachten Bombeneinschläge, die Fensterscheiben gingen zu Bruch, ungeheures Getöse entstand. Alle, auch der Feldmarschall, nahmen volle Deckung auf dem Fußboden. Die zweite Bombenserie folgte. Dann rannten alle in den Garten – der Himmel war schwarz von Flugzeugen. „Market Garden" hatte begonnen. Oberst Tempelhoff erschien, sozusagen gestiefelt und gespornt, und meldete kurz: „Eine ganz große Schweinerei – ein bis zwei Divisionen Fallschirmjäger über uns." Der Feldmarschall rief: „Alles raus – Treffpunkt Terborg!" In Terborg lag die Oberquartiermeisterstaffel des Stabes. Model und Krebs fuhren sofort im Personenkraftwagen los. Die Führungsstaffel packte in rasender Eile, dennoch ging kein Aktenstück und keine einzige Lagekarte verloren. Terborg war an der Rückzugsstraße von Arnheim nach Emmerich gelegen. Gegen 17 Uhr nahm hier die Führungsstaffel die Arbeit wieder auf. Models erstes Ziel war Doetinchem, wo sich das II. SS-Panzerkorps unter Gruppenführer Bittrich befand. Für den Gegner traf es sich schlecht, daß Arnheim Auffrischungsbereich für die SS-Panzereinheiten war. In Doetinchem herrschte heilloses Durcheinander, soeben war der Ortskommandant bei den Luftangriffen gefallen. Model stiftete mit etlichen Grobheiten Ordnung und eilte zu Bittrich. Sofort mußten die Rheinbrücken gesichert und mittels „Aushilfen" Verbände für den Gegenangriff gesammelt werden.

Verfügbar waren eine Kampfgruppe der 9. SS-Panzerdivision „Hohenstaufen", ein SS-Ausbildungsbataillon und etliche zusammengestoppelte Alarmverbände.

An den anderen beiden Luftlandeabschnitten sah es noch trüber aus. Bei der benachbarten 1. Fallschirmjägerarmee wollte der OB Generaloberst Student, der in seinem Hauptquartier Vught ähnlich unangenehme Dinge wie Model in Oosterbeek erlebt hatte, sofort die große Brücke über den Waal sprengen. Model verbot ihm das, er war kein Freund voreiliger Zerstörung, was sich in diesem Fall als falsch herausstellen sollte. Die Brücke und Nijmwegen wurden zunächst gehalten. Erst nach Tagen nahm die 82. US-Luftlandedivision im Zusammenwirken mit einer Spitzengruppe der britischen Gardepanzerdivision die Brücke. Auch die Maasbrücke bei Greve und Brücken im Raum Eindhoven bei Veghel gerieten in alliierte Hand. Dann setzte überall der deutsche Gegenangriff ein, und es zeigte sich, daß General Horrocks mit den Panzerdivisionen des XXX. britischen Korps nicht imstande war, mit der notwendigen Schnelligkeit Verbindung zu den vorwärts abgesetzten Luftlandeeinheiten zu gewinnen. Allgemein überraschte die Kühnheit und Präzision der Modelschen Sofortmaßnahmen. Der Feldmarschall leitete persönlich am Montag, 18. September, den Gegenstoß gegen die englischen Luftlandetruppen zwischen Oosterbeek und Wolfheeze. General Urquharts Fallschirmjäger, die zunächst ohne Funkverbindung mit den eigenen Stellen blieben, sahen sich rasch eingeengt. Der zusätzliche Einsatz der exilpolnischen Brigade am 21. September kam bereits zu spät. Schon am nächsten Tage befahl Gen. Horrocks den britisch-polnischen Kräften im Raum Arnheim, sich nach rückwärts durchzuschlagen.

General Bradley hat „Market Garden" „the gallant defeat", die bravouröse Niederlage, genannt. Für Model barg dies ein hohes Lob. Es war der letzte eindeutige Abwehrsieg in seiner militärischen Karriere. Die Bilanz, die der OKW-Bericht zog, lautete am 27. September: 6 450 Kriegsgefangene, Tausende von Gefallenen, 30 erbeutete Panzerabwehrkanonen, 1000 abgeschossene Lastensegler; 100 Flugzeuge wurden als vernichtet gemeldet. Nach deutscher Rechnung waren an dem Gesamteinsatz rund 21 000 Mann Fallschirm- und fast 14 000 Mann Luftlandetruppen beteiligt gewesen. Vom Gegner waren 238 Kraftfahrzeuge und 278 leichte Geschütze aus der Luft abgesetzt worden.

Die Anfangserfolge der alliierten Luftlandearmee hatten allerdings eine schlauchförmige Einbuchtung in der deutschen Front bei Nijmwegen zur Folge, deren Beseitigung aus Kräftemangel von deutscher Seite nicht mehr möglich war. Noch während des Beginns der Schlacht von Arnheim hatte sich zudem ein neuer Krisenpunkt gebildet: Die Schlacht um die alte Kaiserstadt Aachen hatte begonnen.

Für die eigenen Chancen bei der sogenannten ersten Schlacht von Aachen im September 1944 konnte FM Model nicht nur den Sieg bei Arnheim verbuchen, sondern auch die Tatsache, daß mit dem 23. September der Abtransport des Gros der 15. Armee über die Westerschelde abgeschlossen war. Rund 82 000

Mann mit 580 Geschützen waren für den Aufbau der Front in Südholland verfügbar. Antwerpen blieb als Versorgungshafen weiterhin gesperrt durch die Behauptung der „Festungen" Schelde-Nord (Weveland-Walcheren) und Schelde-Süd. Der Gegner, Briten und Kanadier, begann allerdings sofort, unter Ausnutzung der während der Schlacht von Arnheim gewonnenen Landbrücke Eindhoven-Nijmwegen, auf die Maas- und Waalfront zu drücken. Die Befreiung der Niederlande, möglicherweise eine Überflügelung der 15. Armee im Raum Nijmwegen blieben das Ziel. Die HGr B konnte der Armee nur wenig neue Kräfte zukommen lassen, denn fortan nahm das Ringen um Aachen alle Aufmerksamkeit in Anspruch.

Am 4. und 5. September hatten Patrouillen der 1. US-Division des Generalmajors Clarence R. Huebner (vom VII. Korps der 1. US-Armee) die Außenbereiche der Stadt Aachen erreicht und damit auch das Vorfeld des Westwalls. Der Wehrmachtkommandant Aachen, Oberst v. Osterroth, übernahm die Funktionen eines „Kampfkommandanten", hatte jedoch kaum einsatzfähige Einheiten. Die Bunker des einstmals hochgerühmten „Westwalls" waren zum Teil verschlossen, die Schlüssel nicht mehr aufzufinden. Andere Bunker waren von flüchtenden Etappendiensten erbrochen und ausgeplündert, wieder andere standen unter Wasser. Models mahnende Befehle von Ende August schienen bei den für die Verteidigung des Westwalls zuständigen Generalkommandos VI (Münster) und XIII (Wiesbaden) wenig gefruchtet zu haben. Die Front bei Aachen gehörte zum Abschnitt der 7. Armee des Generals Brandenberger, Aachen selbst zum Bereich des LXXXI. AK unter GenLt Ferdinand Schack, der nach seinen Worten zwar über vollmotorisierte höhere Stäbe, aber nur noch über Reste von Divisionen verfügte. Zum Einsatz in Aachen wurde die 183. Infanteriedivision, oder das, was davon noch bestand, befohlen.

Handelte der Gegner rasch – was dieser aus den schon angeführten Gründen nicht vermochte –, so konnte er über Aachen hinweg zum Stoß ins Kölner Becken auf den Rhein zwischen Köln und Düsseldorf ansetzen. Model beorderte die 116. Panzerdivision unter GenLt Graf Gerd v. Schwerin nach Aachen. Unterdes brach in der Kaiserstadt bei den Spitzen von Partei, Stadtverwaltung und Polizei eine Panik aus. Sie befahlen die Zerstörung der Aachener Rüstungsindustrie, zu einem Teil Betriebe, die Munition für Handfeuerwaffen herstellten und die noch Wochen hindurch die halbe HGr B hätten versorgen können, befahlen der verwirrten Bevölkerung, die Stadt zu verlassen, und fuhren selbst als erste ab, der Kreisleiter-Stadt und der Polizeipräsident in schöner Gemeinsamkeit. Als Gen. Graf Schwerin mit seinen Panzer- und Kraftfahrkolonnen erschien, fand er die Straßen mit Flüchtlingen verstopft. Um sich den Weg frei zu machen, befahl er auf eigene Faust der ratlosen Bevölkerung, zunächst in die Stadt zurückzukehren. Der möglicherweise zu erwartende amerikanische Großangriff hatte noch gar nicht begonnen. Vorsichtshalber richtete Graf Schwerin ein Schreiben an den gegenüber kommandierenden General des VII. Korps, J. Lawton Collins, indem er diesen darauf aufmerksam machte, daß Aachen nicht evakuiert worden sei und in dem er um Schonung der Zivilbevölkerung bei Kampfhandlungen bat.

Der Gauleiter Köln-Aachen, Josef Grohé, für den die Flucht seiner Funktionäre aus der Kaiserstadt ein schwerer Schlag war, erfuhr von dem Brief Schwerins an den amerikanischen General, und da seit dem Zusammenbruch der HGr Mitte und dem 20. Juli ohnedies die Parole vom „Verrat der Generale" in aller Munde war, glaubte er ein exemplarisches Beispiel für deren Richtigkeit entdeckt zu haben und holte zum Gegenschlag aus.

Am 16. September – die 1. US-Armee unter General Courtney H. Hodges setzte gerade mit zwei Panzerdivisionen zum Großangriff bei Aachen und zum Durchbruch durch den Westwall auf breiter Front an – erschien im Auftrag des Reichsführers SS Himmler, der am 20. Juli auch Befehlshaber des Ersatzheeres geworden war, Gen. d. Inf. Mattenklott, stellv. Kommandierender General im Wehrkreis VI in Münster. Er sollte den Verbleib der 116. Panzerdivision feststellen, die – so Grohé – in wilder Flucht die Stadt verlassen hatte. Die Aache-

ner Polizei, die ihrerseits abgerückt war, sollte mit Panzernah-
kampfmitteln ausgerüstet werden, um eingedrungene Panzer
im Straßenkampf zu vernichten. General Graf Schwerin gab
eine Gegendarstellung und wurde am 17. September auf dem
Korpsgefechtsstand von General Schack vernommen. Inzwischen hatte FM Model wissen lassen – von Oosterbeek aus – Graf
Schwerin, der zur Armee weiterfahren sollte, habe dort mit
seiner Verhaftung und Aburteilung durch den Volksgerichtshof zu rechnen. Das kann man als Warnung auffassen. Im übrigen schlug Model zunächst die Schlacht um Arnheim und hatte
andere Sorgen als die Parteifunktionäre und der Reichsführer SS.

Graf Schwerin weigerte sich, weiterzufahren, und kehrte zur
Division zurück, wobei er den Gefechtsstand wechselte und fortan möglichst geheimhielt. Er schlug die erste Schlacht um
Aachen. General Schack deckte ihn, freilich mit dem verzweifel-
ten Hintergedanken – so seine eigene Darstellung –, sich gegebenenfalls lieber vom Gegner einschließen und überrollen
zu lassen, als sich den Henkern des Volksgerichtshofes zu über-
antworten. Nach drei Tagen teilte General Brandenberger dem
Grafen Schwerin mit, er sei vorläufig festgenommen und werde
dem OB West in Koblenz überstellt. Model hatte den Fall
Schwerin – wenn es überhaupt einer war – auf seine Weise geregelt. Schließlich unterstand Graf Schwerin ihm, beziehungsweise Rundstedt und nicht dem Reichsführer SS. Der General-
richter West in Koblenz, Freiherr v. Beust, fand denn auch
nichts Tadelnswürdiges an Schwerins Handlungsweise. Schwerin gab die 116. Panzerdivision ab und erhielt ein Panzerkorps
auf dem italienischen Kriegsschauplatz. Gen. Schack, der für
die Parteistellen niemals rechtes Verständnis aufgebracht hatte,
wurde ebenfalls abgelöst und durch Gen. Köchling ersetzt.

Der seit den ersten Tagen des Dritten Reiches bestehende Gegensatz zwischen Parteiführung und Wehrmacht, manchmal
überdeckt, niemals beseitigt, drohte wieder aufzureißen. Im
Bereich der HGr B links des Rheins hatte Model es zunächst
mit zwei dort residierenden Gauleitern zu tun, Grohé (Köln-
Aachen) und Karl Florian (Düsseldorf), beides typische Vertre-

ter des machtbewußten und sachlich oft ganz inkompetenten hohen NS-Funktionärkorps. Als Reichsverteidigungskommissare waren sie, und nicht mehr wie einst 1914/18 die stellv. Kommandierenden Generale, für die innere Ordnung, auch für die von der Partei befohlene Aufstellung des sogenannten „Volkssturms" zuständig, einer Art Miliz aus den in der Heimat beschäftigten Männern aller Jahrgänge. Mit Handfeuerwaffen, Panzer-Nahkampfmitteln und hie und da auch mit leichten Maschinenwaffen ausgerüstet, sollte sie innerhalb des Reiches dem Gegner in Stadt und Land den Weg verlegen und jede Stadt und jedes Dorf verteidigen. Dafür horteten die Gauleiter Waffen, die die Wehrmacht besser hätte gebrauchen können. Doch was die Beziehungen zu den Parteispitzen anbetraf, nahm der Feldmarschall einen eigentümlichen Standpunkt ein. Es gab genug Generale und Kommandeure, die die auch bei der Bevölkerung sehr unbeliebten „Goldfasane" jetzt fühlen ließen, daß ihre Zeit abgelaufen sei. Model hielt das für sinnlos und schädlich. Es war – so eben Model – nicht Sache der Soldaten, die politischen Verhältnisse zu ändern, es lag auch nicht in ihrer Macht. Der Krieg wurde immer schwerer, seine Aufgabe war es, die wankende Front zu halten. Jede Frontstellung gegen die Gauleitungen konnte dabei nur von Nachteil sein. Mochten diese Leute sein, wie sie wollten, man brauchte sie einfach. Seine Feinde und Neider haben Model oft „Parteihörigkeit" vorgeworfen. Aber es ging ihm gar nicht um die NSDAP, es ging ihm um die Kriegsführung. Im Fall Graf Schwerin und später in einem zweiten Fall sorgte er dafür, daß für den Soldaten Recht blieb, was rechtens war. Alles andere war von Übel – nach seiner Meinung. So ertrug er die Gauleiter mit fest eingeklemmtem Monokel und behielt für sich, was er über diese meist wenig erfreulichen Typen dachte.

Der emsig um die Kontakte zwischen dem Feldmarschall und dem Minister Goebbels bemühte Obstlt. Balzer veranlaßte Goebbels, bei einem Besuch der Gaue an Rhein und Ruhr Model in dessen neuem Hauptquartier in Fischeln bei Krefeld aufzusuchen. Model gab ein Essen für den Minister. Vielleicht konnte man diesen für eine bessere Zuführung von Ersatz und

213

Material interessieren? Goebbels bekam zu hören, so katastrophal wie noch vor einigen Wochen sei die Lage nicht mehr. Aber, so Model, man brauche zwei Divisionen und 100 Panzer, um die Landbrücke Eindhoven-Nijmwegen einzudrücken, die in britischer Hand sei, und diese Kräfte bekomme er eben nicht. Goebbels begriff das alles nicht. Der Reichsminister für Rüstung Albert Speer, meldete steigende Produktionsziffern an Panzern, Geschützen und Flugzeugen – und hier fehlten ganze 100 Panzer, die nicht zu beschaffen waren? Model forderte neue Mittel, jeder Mittler war ihm gerade recht. Vielleicht erzählte Goebbels das alles dem „Führer"? Model dürfte auch klar gewesen sein – im Gegensatz zu Goebbels, der erklärte, er glaube Speer kein Wort mehr –, weshalb die steigenden Ausstoßziffern an Panzern und Geschützen wenig oder nichts fruchteten. Unter den Fernbomberschlägen der alliierten Luftwaffe wurden die deutsche Treibstofferzeugung und die Verkehrswirtschaft, deren Kern noch das Schienennetz bildete, immer stärker gelähmt. Bekam er tatsächlich 100 Panzer, war noch längst nicht sicher, ob er auch zusätzlichen Treibstoff für eine neue Offensive noch so begrenzten Zieles erhielt. Man mußte eben von „Aushilfen" zehren, von Tag zu Tag, von Woche zu Woche.

Unter Himmlers Ägide als Befehlshaber des Ersatzheeres wurden laufend neue Verbände formiert, „Volksgrenadier"-divisionen, „Volksartillerie"- und „Volkswerfer"korps oder -brigaden, Kern eines erträumten, neuen, politisch fanatisierten, nationalsozialistischen „Volksheeres". Model fragte gar nicht mehr nach solchen utopischen Höhenflügen der Ideologie. Er trachtete einzig und allein danach, sich möglichst viele der neuen Einheiten „unter den Nagel zu reißen" – für seinen Abwehrauftrag. Und den Gedanken, nach sowjetischem Muster Artillerie- und Werferverbände als selbständige Formationen für den Großkampf zu schaffen, hielt er für richtig – was er objektiv betrachtet, auch war.

Unterdes tobte die Schlacht um Aachen, beiderseits der Kaiser- und Reichsstadt im Westwallgelände, mit Stoß und Gegenstoß und Artillerieduellen, die an den Ersten Weltkrieg er-

innerten. Model warf an neuen Kräften in das Ringen, was ihm
gerade zugewiesen wurde. In Hitlers phantasmagorischer Ge-
schichtssicht besaß die Behauptung Aachens, der Stadt Karls
des Großen, mythische Bedeutung. Wollte er doch den Traum
mittelalterlicher Kaiser erneuern, nur sollte der Kreuzzug nicht
mehr nach Süden, sondern nach Osten gehen. Die beiden Oberbefehlshaber West und HGr B, Rundstedt und Model, waren
in der Gesamtführung direkt an die Weisungen aus dem Führerhauptquartier gebunden. Möglicherweise war Model der
Überzeugung, daß die Behauptung Aachens um jeden Preis
zwar eigene Kräfte verschlang, aber auch den amerikanischen
Gegner daran hinderte, Kräfte für andere Frontabschnitte frei
zu machen.

Jedenfalls wurde Aachen zur Tragödie, für die Stadt, für die
Menschen, die hier noch in Kellern und Bunkern hausten – und
für Models Haltetaktik.

Die 116. Panzerdivision wurde nach Schwerins Ablösung von
Oberst v. Waldenburg übernommen. Der bisherige Kampf-
kommandant v. Osterroth wurde am 30. September durch
Oberst Leyherr ersetzt, den Kommandeur des Grenadierregiments 689. Die 116. Panzerdivision wurde für einen Entsatz-
angriff herausgelöst und durch die vom Truppenübungsplatz
Milowitz bei Prag kommende 245. Volksgrenadierdivision un-
ter Oberst Gerhard Wilck ersetzt. Daß junge Obersten jetzt
Divisionen führten, war bei den hohen Generalsverlusten kein
Wunder mehr. Der Gegner griff mit dem XIX. und dem VII.
US-Korps an, um Aachen einzuschließen. Zwischen dem 8. und
dem 15. Oktober versuchte Model durch Gegenangriffe mit der
116. Panzer-, der 3. Panzergrenadierdivision und schweren
Panzer- und Panzerjägerabteilungen die Schließung des Kessels zu verhindern. Dies war die zweite Schlacht um Aachen.
Die Entsatzangriffe blieben liegen. Am 10. Oktober forderte
der OB der 1. US-Armee, GenLt Hodges, durch drei Parlamen-
täre, durch Flugblätter und Lautsprecher Aachen, Verteidiger
und Bürger, zur Übergabe auf. Aachener Bürger, an der Spitze
der Fabrikant Heusch, drängten Leyherr zur Annahme der
Kapitulation. Der Oberst lehnte ab, am 3. Oktober hatte ihm

der Feldmarschall schon einmal eine Kapitulationsempfehlung abgeschlagen. Noch war auch der Ring nicht völlig geschlossen. Zwei Tage später bekam Leyherr die Quittung für seine Standhaftigkeit. Im Führerhauptquartier oder bei der SS-Sonderkommission hatte man entdeckt, daß er ein potentieller „Verräter" war. Leyherr war ein Schwiegersohn des inzwischen wegen Verbindungen zu 20. Juli-Leuten festgesetzten ehemaligen Generalstabschefs GenOb Halder. Am 12. Oktober 1944 wurde er abgelöst. (Er fiel 1945 an der Front in Süddeutschland.) Neuer Kampfkommandant Aachen wurde der junge Oberst Wilck von der 245. Volksgrenadierdivision. Der Ring um Aachen hatte sich fast geschlossen. Oberst Wilck hatte Mühe, noch in die todgeweihte Stadt zu gelangen. Er gehorchte genausogut, wie der Chef des Stabes der 7. Armee, Oberst Freiherr v. Gersdorff, den Befehlen Hitlers, obwohl der nach seinen eigenen Angaben ein Feind Hitlers war. Wilck war dies nicht und hatte es darum leichter. Der Oberbefehlshaber der 7. Armee, General Brandenberger, der Model mehr fürchtete als den ihm gegenüber befehligenden General Hodges, nahm Wilck persönlich ins Gebet – er habe zu halten und nochmals zu halten.

Leyherr hatte noch in den Kellern des weltberühmten Hotels Quellenhof gesessen. Oberst Wilck siedelte in den Hochbunker an der Förster-Rütscher-Straße über. Die Hälfte des Stadtgebietes war ein Ruinenfeld. Aachener Bürger begannen den vordringenden US-Soldaten die Wege zu weisen, damit der Schrecken ein Ende habe, versuchten, fraglos mit Erfolg, Offiziere und Soldaten dazu zu überreden, sich zu verbergen, Zivil anzulegen und den Einmarsch der Amerikaner abzuwarten. Amerikanische Infanterie stieß bis ins Domviertel vor – und stellte fest, daß der Bischof von Aachen und seine Kleriker in der Stadt geblieben waren – im Gegensatz zu den Funktionären der NSDAP.

Eine noch in Aachen befindliche SS-Kampfgruppe verschwand. Oberst Wilck verlangte über Funk von der HGr. B die Genehmigung zum Ausbruch. Der Feldmarschall antwortete: „Halten bis zum letzten Mann – notfalls unter Trümmern begraben lassen." Am 24. Oktober meldete sich Oberst Wilck um 11.38 Uhr mit einem letzten Funkspruch bei der 7. Armee ab. Mit noch 300 Mann kapitulierte er vor dem 26. US-Infanterieregiment.

Oberstleutnant Reichhelm, der zur Zeit der 1. und 2. Schlacht von Aachen noch nicht bei der Heeresgruppe B war, sondern erst nach diesen Geschehnissen Tempelhoff als Ia ablöste, hat über das lange Halten bei Aachen geurteilt, dies sei im operativen Sinne nur so lange sinnvoll gewesen, als noch Aussicht bestand, im Gegenstoß Vorfeld am Westwall zurückzugewinnen. Als der letzte Entsatzversuch gescheitert war, wäre es klüger gewesen, Aachen freizugeben und zur „Offenen Stadt" zu erklären, um Kräfte für andere Abschnitte und Aufgaben freizubekommen. Eine rechtzeitig angelegte Verteidigungslinie ostwärts Aachen wäre der Heeresgruppe bekömmlicher gewesen. Freilich, meint Reichhelm, ein großer Verehrer Models, habe ein Führerbefehl vorgelegen, und was sich der Feldmarschall wirklich bei all dem gedacht habe, könne er nicht sagen. Er sei nicht anwesend gewesen, und späterhin habe sich der FM niemals zum Fall Aachen geäußert, sondern sich, wie es seine Manier war, „ausgeschwiegen" ...

Noch im Endstadium der Aachener Tragödie traf im Hauptquartier bei Krefeld die Meldung ein, am 14. Oktober sei GenFM Rommel auf einer Fahrt ins Lazarett Ulm überraschend den Folgen seiner schweren Verletzungen vom Juli erlegen. Der „Führer" ordnete einen Staatsakt in Ulm für die Beisetzung an. Es ist nicht bekannt, wie Model diese Nachricht aufgenommen hat; mit Rommel verbanden ihn kaum persönliche Beziehungen. Von der HGr B wurde Oberst v. Tempelhoff zur Teilnahme am Staatsakt entsandt. Rommel war Models Vorvorgänger gewesen. Die beiden Adjutanten OB West und HGr B, die Obersten Abé und Freyberg, die an einer Tagung höherer Adjutanten in Lübben im Spreewald teilgenommen hatten, wurden ersucht, sich auf der Rückreise in Ulm einzufinden. Der alte GenFM v. Rundstedt hielt die Traueransprache. Zu diesem Zeitpunkt ahnten weder er noch Model irgend etwas von den Hintergründen dieses plötzlichen Todes.

217

Etwa vierzehn Tage nach dem Staatsakt erfuhr Abé von Oberstleutnant Hackmeister, dem Adjutanten des Bearbeiters für Offizierpersonalien im Personalamt, GenLt Maisel, die Wahrheit. Maisel und der Personalamtschef Gen. Burgdorf hatten auf der Fahrt nach Ulm den Feldmarschall Rommel gezwungen, Gift zu nehmen. Rommel war tief in den 20. Juli verstrickt, hatte Reichspräsident werden sollen – und nahm, um seine Familie zu schützen, das Gift. Abé war kurz nach dem Staatsakt, noch vor der Unterredung mit Hackmeister, bei Model gewesen, um ihn über Einzelheiten der Lübbener Tagung zu informieren. Nach der Unterredung mit Hackmeister meldete er dem alten Rundstedt den Sachverhalt. Ob Model diesen je erfahren hat, ist zu bezweifeln.

Um die Mitte Oktober 1944 gab Model sich in einer Lagebeurteilung Rechenschaft über mögliche Absichten des Gegners. Denkbar erschien ihm 1.) ein Großangriff zur Befreiung der Niederlande mit überholenden See- und Luftlandungen in Nordholland, – 2.) ein Zangenangriff im Reichswald bei Wesel auf den deutschen Frontknick, unterstützt durch eine Offensive aus dem Raum Aachen, um die Rheinlinie zu gewinnen, – 3.) eine alliierte Offensive im Moseltal mit Richtung auf die Saar-Pfalz. Er beantragte zusätzlich eine Volksgrenadierdivision für Südholland, drei bis vier solcher Divisionen für den Raum Aachen, 200 Panzer und Sturmgeschütze, 200 Schützenpanzerwagen und 20 000 Mann Personalersatz.

Im Oktober 1944 fand die letzte große Umbildung seines Stabes statt. Model erreichte die Ablösung des Ia und IIa, der Obersten v. Tempelhoff und Freyberg. Beide gingen kaum ungern. Freyberg hatte eine letzte Kostprobe Modelscher schwarzer Scherze bei einem Essen mit dem Oberbürgermeister von Krefeld in Fischeln erlebt. Model fragte ihn plötzlich nach irgendeinem Batteriechef in irgendeinem Artillerieregiment. Freyberg: Er habe es mit Divisions- und Regimentskommandeuren zu tun, da könne er sich nicht auch noch um Batteriechefs kümmern. Model zum Krefelder Stadtoberhaupt: „Da sehen Sie, mit was für Leuten ich arbeiten muß. Der Mann hat keine Ahnung von Personalfragen." Freyberg: Er habe in seiner langen Adjutantenzeit schon viele Beurteilungen bekommen, die seien alle entgegengesetzt gewesen. Model, sein Glas hebend: „So, na denn Prost, Freyberg."

Für Oberst v. Tempelhoff kam Obstlt. Günther Reichhelm als Ia. (Urteil im Stab: Er habe wohl endlich „seinen Reichhelm" wiederhaben wollen!) II a wurde ein alter Bekannter aus den Zeiten beim IV. AK, Oberst Theodor Pilling, zuletzt im Mai 1944 als Kommandeur des Grenadierregiments 513 im Raum von Kischinew an der bessarabischen Front schwer verwundet. Als Pilling seine Dienstgeschäfte im November 1944 übernahm, war der Stab schon in die Nähe von Münstereifel übergesiedelt. Der Feldmarschall selbst wohnte im „Jägerhof", dem Jagdhaus eines rheinischen Großindustriellen. In der Nähe waren Baracken für die Führungsstaffel aufgebaut, mit Chef, Ia, Id Major i. G. Behr und Ic, Obstlt. i. G. Michael, dem die Kameraden Genialität und eine Vorliebe für kleine galante Affairen nachsagten. Oberst Pilling ertrug alle Sottisen und Wutausbrüche seines Feldmarschalls mit Gleichmut. Er begleitete ihn bis zum Tod.

Am 2. November nahm die 1. US-Armee den Versuch wieder auf, durch einen Großangriff südöstlich von Aachen im Berg- und Schluchtengelände des Hürtgenwaldes und bei Vossenack den Nordflügel der 7. deutschen Armee aufzurollen, um ins Kölner Becken vorzustoßen. Die „Dritte Schlacht um Aachen" begann. Sie steigerte sich an Heftigkeit durch einen zweiten Großangriff vom 16. November an auf den Rur-Abschnitt zwischen Düren–Jülich, um die Talsperren der Urft und Rur in die Hand zu bekommen. Model hielt auf Schloß Schlenderhan westlich Kölns am 2. November, dem Tag des ersten amerikanischen Angriffs, gerade ein Planspiel mit den Chefs und den Generalstabsoffizieren der 5. Panzerarmee und der 7. Armee ab. Gegenstand war ein amerikanischer Vorstoß auf die Naht zwischen 5. Panzer- und 7. Armee am Hürtgenwald. Kurz nach Beginn des Spiels rief der Chef des LXXIV. AK an und meldete, der Gegner sei in Richtung auf Germeter–Vossenack angetreten, die Lage sei kritisch, er bitte um Zuführung von Reserven seitens der 7. Armee. Model blieb ungerührt, schickte den anwesenden Kommandierenden General des LXXIV. Korps, Gen. Erich Straube, an die Front und setzte die Übungsbesprechung fort.

Das Ringen um die Dörfer, Höhen und Täler im Hürtgenwald, das an die düstersten Tage an der Westfront im Ersten Weltkrieg gemahnte, verebbte erst im letzten Drittel des Novembers 1944. Die deutsche Front hielt wieder – Models Verdienst. Aber die schweren, wechselvollen Abwehrkämpfe zwangen ihn immer aufs neue, schnelle Verbände, die an sich aus der Front herausgelöst werden sollten – für bereits ganz andere Aufgaben – in die Schlacht zu werfen. Die „Dritte Schlacht um Aachen" überdeckte schon völlig neue Pläne, die nicht von Model, sondern von Hitler selbst ausgingen.

Am 28. Oktober hatte Hitler die beiden Chefs der Stäbe OB West und HGr B, GenLt Westphal (der Blumentritt im September abgelöst hatte) und Gen. Krebs, nach Berlin in die Reichskanzlei bestellt und ihnen eröffnet, er trage sich mit dem Gedanken, im Westen durch eine neue Offensive eine Entscheidung zu erzwingen. Das Ziel sei nicht einfach Geländegewinn, sondern die Vernichtung des Feindes. Er ersuchte die Generale, diese Absicht ihren Oberbefehlshabern vorzutragen, Rundstedt und Model wurden aufgefordert, sich dazu zu äußern.

Von der aller Kräfteeinschätzung Hohn sprechenden Idee einmal ganz abgesehen, brachte der Auftrag General Krebs einige Genugtuung. Model hatte ihn schlechter behandelt, als dies früher der Fall gewesen war. Jetzt kam er in die Lage, zum erstenmal seinen Feldmarschall in eine neue Lage einweisen zu können. Models erste Reaktion war die Bemerkung: „Mir scheint die ganze Sache auf verdammt hölzernen Füßen zu stehen."

An dem bereits erwähnten 2. November 1944 besprachen die Feldmarschälle v. Rundstedt und Model, Westphal, Krebs und die Armeeoberbefehlshaber der HGr B, die Generale Brandenberger, Hasso v. Manteuffel und v. Zangen, im Modelschen Hauptquartier die Situation und die Möglichkeiten für eine neue Offensive. Krebs trug eine sogenannte „Kleine Lösung" vor: Angriff mit den vorhandenen begrenzten Kräften auf den amerikanischen Frontbogen bei Aachen, um diese ostwärts der Maas abzuschneiden. Hitler schwebte dagegen eine „Große Lösung" vor. Dazu schwiegen sowohl Rundstedt wie Model.

Laut Hitler sollte Antwerpen, dessen Öffnung den Alliierten inzwischen gelungen war, wiedergenommen werden, durch einen kühnen, handstreichartigen Stoß aus dem Eifelraum und über die Maas, darauf sollte der Gegner in Belgien und Südholland eingekreist werden. Alliierte Autoren haben den Plan für die „Ardennen-Offensive II" als strategischen Entwurf für genial gehalten, nur nutzte der schönste Entwurf nichts mehr, wenn die Kräfte fehlten. Immerhin war Model sichtlich erleichtert, als er nach der Besprechung unter vier Augen von Manteuffel hörte, dieser stimme durchaus der „Kleinen Lösung" zu.

Der Tag muß für Model besonders ernst gewesen sein. Denn vom 2. 11. 1944 stammt auch eine Generalvollmacht für seine Frau für seine Vertretung in allen Vermögens- und Grundstücksangelegenheiten, als wolle er Vorsorge für den Fall treffen, daß er von der Heimat abgeschnitten oder daß sie sich überhaupt niemals mehr wiedersehen würden.

Seltsamerweise existierte damals im Stabe der HGr B – nach dem Zeugnis Reichhelms – die Überzeugung, Hitler wolle versuchen, sich mit den Westmächten zu arrangieren, damit die Front im Osten gehalten werden könne. Ja man glaubte mit Sicherheit zu wissen, daß konkrete Geheimgespräche geführt würden. Niemand kann heute mehr sagen, aufgrund welcher Erzählungen sich diese – objektiv völlig unzutreffende – Ansicht herausgebildet hatte. Im engsten Kreis der Mitarbeiter Models sprach man natürlich auch über den Gedanken einer Voll- oder Teilkapitulation im Westen. Der Gedanke wurde verworfen – dem Feldmarschall selbst konnte man natürlich mit derartigen Überlegungen schon gar nicht kommen –: Die Moral der Truppe schien noch gut, der Arbeitswille der Bevölkerung ungebrochen. Allerdings würde die Fähigkeit zum Durchhalten an der Westfront – so rechnete man – allenfalls noch bis zum Frühjahr 1945 reichen, falls „nichts Außerordentliches" geschah. Reichhelm, der von der Ostfront kam, schien die Verfassung der Truppe im Westen schlechter zu sein als im Osten.

In all diese Überlegungen traf der Hitlersche Offensivplan – der Versuch eines Ausbruchs nach Westen aus der belagerten Festung Deutsches Reich, der Versuch, den Westgegner durch eine militärische Niederlage für Verhandlungen günstiger zu stimmen, der Versuch, Deutschland eine „Atempause" zu verschaffen. So vernahm man damals aus dem Führerhauptquartier in Berlin. Da die HGr B die Führung des Angriffs aus dem Eifelraum über die Maas übernehmen sollte, wurde ihr die 6. Panzerarmee unter SS-Oberstgruppenführer Sepp Dietrich zugeteilt mit zwei SS-Panzerkorps. Für den Angriff waren ferner die 5. Panzer-, die 7. und die 15. Armee vorgesehen. In Holland wurde ein neues Heeresgruppenkommando H eingesetzt, das die Sicherung der Maasfront übernahm. Gewaltige Kräfte für die Offensive wurden in Aussicht gestellt, 14 Volksgrenadier- und vier Fallschirmjägerdivisionen, 12 Volksartilleriekorps zu je 2 Regimentern, vier Flaksturmregimenter, 3–4 Sturmgeschützbrigaden, dazu weitere Heerestruppen, schwere Artillerie, schwere Panzer- und Panzerjägerabteilungen, Heerespioniere. An Treibstoff sollten drei Verbrauchssätze und eine Reserve von 17 000 cbm am Rhein bereitgestellt werden. Model wies vorsorglich darauf hin, daß das Durchschreiten der Eifel bei Winterwetter einen erheblich erhöhten Treibstoffverbrauch zur Folge haben müsse.

Das ganze Unternehmen wurde strengster Geheimhaltung unterworfen. Alle Vorbereitungen liefen, um Angriffsvorhaben zu verschleiern, unter dem Decknamen „Abwehrschlacht". Model war der Überzeugung, daß das Hitlersche Ziel Antwerpen nur dann zu erreichen war, wenn man überfallartig schnell handelte und wenn sämtliche zugesagten Kräfte tatsächlich auch verfügbar waren. Außerdem mußte man alle Kräfte für den einen großen Schlag über die Maas hinweg zusammenfassen. Hitler dagegen wünschte auch einen Angriff in der Südeifel durch die 7. Armee und einen Teilvorstoß im Rur-Brückenkopf bei der 15. Armee. Hitler gedachte den Hauptstoß durch die Schneeeifel zu führen, trotz deren schlechtem und dürftigem Straßen- und Wegenetz. Model schlug vor, mit der Masse der Kräfte durch die Südeifel zu gehen. Jeder anderweitige Teilangriff mußte vermieden werden.

Bis zum 10. 11. 1944 war der ganze Plan nur den Oberbefehlshabern, und deren Chefs und Ias bekannt, dann durften wenigstens die Höheren Artillerie- und Pionierführer und die Oberquartiermeister eingeweiht werden. Dem Unternehmen voraus sollten zwei Sonderaktionen gehen: Das Unternehmen „Greif" des SS-Sonderverbandes Skorzeny, getarnt als „Panzerbrigade 150", der weit hinter den feindlichen Linien Verwirrung stiften sollte, und das Fallschirmunternehmen „Stößer". Dabei war vorgesehen, daß Fallschirmspringer, etwa 500–1000 Mann unter dem Kommando von Obstlt. v. d. Heydte, wichtige Höhenstraßen vor der 6. Panzerarmee frei machen sollten. Mittels Funktäuschung suchte man dem Gegner vorzuspiegeln, nordostwärts Aachen fände ein Aufmarsch größerer Verbände statt. Zu allem Überfluß entsandte man einen Agenten, als Frontüberläufer und Mitglied einer kommunistischen Zelle getarnt, mit dem Auftrag, den Sender Luxemburg anzulaufen, um das gleiche Geheimnis zu „verraten".

In Anbetracht der schweren Abwehrkämpfe im Raum von Aachen, in denen immer wieder Kräfte verschlissen wurden, die im Grunde für die Offensive bereitzustellen waren, und im Hinblick auf das nur tropfenweise Fließen der versprochenen neuen Kräfte focht Model, sekundiert von Rundstedt, im November den Kampf für die „Kleine Lösung", den Zangenangriff gegen den Aachener Bogen ostwärts der Maas. Das ließ sich verantworten, zumal der Gegner den Eifelraum nur schwach gesichert hatte. Hitler lehnte ab: Die „Große Lösung" blieb das Ziel, die Erzwingung der Entscheidung. Die Auseinandersetzungen bei Ferngesprächen nahmen rauhe Formen an. Gen. v. Manteuffel wurde Zeuge, wie der Feldmarschall den Chef des Wehrmachtführungsstabes, GenOb Jodl, am Telefon anfuhr: „Sie können Ihrem Führer bestellen, daß Model einen derartigen Befehl nicht ausführt." Aber – wie der Feldmarschall beschaffen war, ging er in den großen Planspielen bei den Angriffsarmeen natürlich beide Lösungen durch. Bei allen Planspielen glänzte der rauhe Troupier Sepp Dietrich durch Abwesenheit. Model war ihm ungemütlich, er fürchtete bissige Randbemerkungen und ließ sich daher lieber durch Bittrich vertreten, der beim Feldmarschall mindestens seit Arnheim einen Stein im Brett hatte, außerdem das Handwerk wirklich verstand.

Am 2. Dezember fuhren Model, begleitet von seinem Ia Obstlt. Reichhelm, und die Generale Manteuffel und Sepp Dietrich, die Oberbefehlshaber der Panzerstoßarmeen, noch einmal zum Vortrag bei Hitler nach Berlin. In der Reichskanzlei, dem damaligen Hauptquartier, waren der stellv. Chef des Wehrmachtführungsstabes, Gen. August Winter, und der mit der Führung der Geschäfte des Generalstabchefs beauftragte GenOb Guderian entschiedene Gegner jeder Westoffensive. Guderian war überzeugt, daß er die wiederaufgefrischten Panzerdivisionen, die hier nun verschlissen werden sollten, im Osten sehr bald benötigen würde. Was Jodl noch dachte, war laut Winter nicht mehr zu erkennen, sein Antlitz sei schon zur Maske erstarrt gewesen, schrieb er. Model trug noch einmal, kalt, knapp und klar, seine „Kleine Lösung" vor. Hitler setzte dem sein „Nein" entgegen, wich dann aber plötzlich aus und meinte, die „Kleine Lösung" bleibe ja immer, schlüge die „Große" nicht durch. Antwerpen als Ziel sei natürlich ein Risiko, ein Wagnis, aber er setze jetzt alles auf eine Karte. Im übrigen versprach er wieder, an Kräften zu geben, was er irgend hatte. Reichhelm schrieb später, man habe den Eindruck gehabt, „der Mann" tue wirklich, was in seinen Kräften stehe, fand aber, gleich Manteuffel, die ganze Besprechung „unbefriedigend". Unter anderem sicherte Hitler auch einen Jagdschirm von 4000 Jägern zu (!). Von den Generalen hatte niemand einen Überblick darüber, ob solche Versprechungen, auch wenn sie ehrlich gemeint waren, noch erfüllbar waren, auch der Feldmarschall nicht.

Also nahm Model den Auftrag hin, die „Große Lösung" auszuführen, mitsamt den unnötigen Verzettelungsangriffen bei der 7. und 15. Armee. Er gehorchte als Soldat und bot alles auf, was in seiner Macht stand, um dem Unternehmen zum Erfolg zu verhelfen. Was die versprochene Zuführung an Angriffskräften betraf, so sah die Praxis unmittelbar vor dem Beginn der Offensive Mitte Dezember 1944 so aus: Von 14 zugesagten Panzerdivisionen waren zehn vorhanden, von 14 Infanteriedivisionen etwa 11, von vier versprochenen Fallschirmdivisionen nur zwei. Von den in Aussicht gestellten Heerestruppen, Volksartilleriekorps, Werfer- und Sturmgeschützbrigaden, Pionieren, schwerer Artillerie waren 60 Prozent verfügbar. Die projektierte große Treibstoffreserve war nicht vorhanden. Insgesamt standen Model für die Offensive etwa 1800 Panzer und Sturmgeschütze zur Verfügung – die gleiche Zahl, die im Sommer 1944 in der Invasionsschlacht verloren worden war. Am 15. 12. 1944 erging noch ein besonderer Führerbefehl an die Heeresgruppe B. Jegliches Abziehen von Panzerkräften östlich der Maas nach Norden wurde verboten. Offenbar traute Hitler dem Feldmarschall zu, dieser würde seine „Kleine Lösung" eigenmächtig einleiten. Model meldete zurück, alles sei auf Antwerpen abgestellt.

Im Morgengrauen des 16. Dezembers begann die letzte deutsche Offensive im Westen. Es herrschte leichter Frost, die Wolkendecke über dem Angriffsraum verhinderte jede Fliegertätigkeit des Gegners. Die Überraschung gelang, das gegenüberstehende VII. US-Korps wurde überrannt, die amerikanische Front an vielen Stellen aufgerissen. Weder im Hauptquartier General Bradleys in Luxemburg noch beim alliierten Oberkommando in Reims hatte man mit einer deutschen Offensive in der Vorweihnachtszeit gerechnet. FM Montgomery hatte gerade um Weihnachtsurlaub in England gebeten. Die beiden deutschen Vorausunternehmen „Stößer" und „Greif" scheiterten freilich, aber zum Teil wurde die amerikanische Truppe, wurden rückwärtige Dienste von einer Panik erfaßt. Flüchtende Soldaten gelangten bis Sedan. Dafür hielten an wichtigen Punkten, vor allem an den großen Straßenkreuzen Bastogne und St. Vith, andere Einheiten oder Kampfgruppen äußerst zäh.

Am besten kam die 5. Panzerarmee Manteuffels voran, auch der

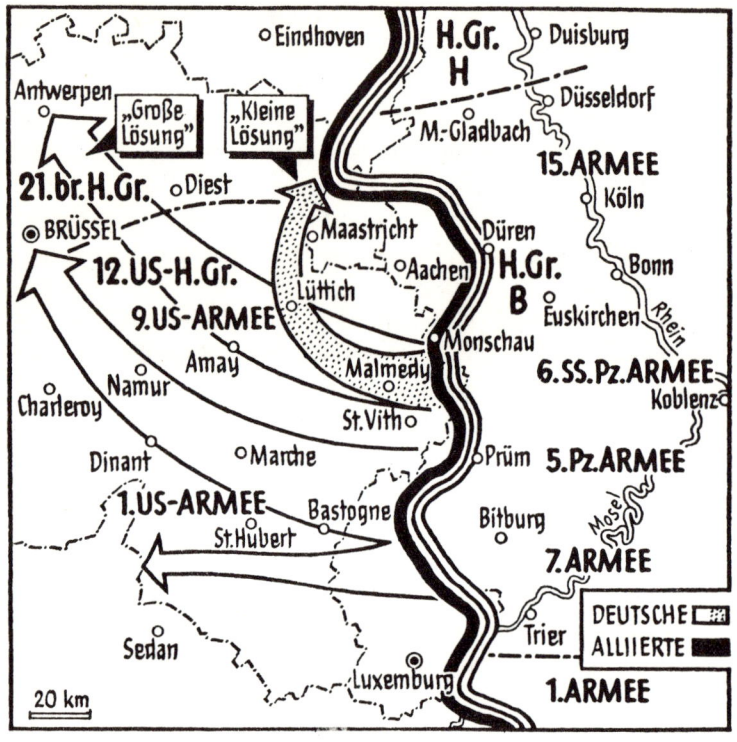

Schematische Wiedergabe der Großen und der Kleinen Lösung
vor der II. Ardennenoffensive Hitlers Mitte Dezember 1944

Angriff der 7. Armee hatte auf deren rechtem Flügel zunächst
Erfolg, während die 15. Armee im Rur-Brückenkopf nicht zum
Zuge kam. Die 6. Panzerarmee, nach Hitlers Willen die Haupt-
stoßmacht, stieß dagegen in der verschneiten Schnee-Eifel auf
erhebliche Schwierigkeiten (wie Model vorausgesehen hatte).
Viele Kolonnenfahrzeuge erwiesen sich als nicht „eifelgängig"
und blieben auf den steilen kurvenreichen Hochstraßen liegen.
Die Nachrichtenverbindungen zwischen den einzelnen Verbänden waren nicht genügend eingespielt. Im Raum Elsen-
born leistete der Gegner obendrein hartnäckigen Widerstand.
Trotzdem prallte hier in den nächsten Tagen eine Vorausabteilung der 1. SS-Panzerdivision „Leibstandarte Adolf Hitler"

bis Malmedy vor, wurde dort eingeschlossen und mußte sich schließlich, nach der Sprengung sämtlicher Panzer, wegen Treibstoffmangels zu Fuß nach rückwärts durchschlagen. Am Straßenkreuz von Malmedy entdeckten die wieder nachstoßenden amerikanischen Truppen die Leichen von 71 amerikanischen Soldaten, die möglicherweise nach der Gefangennahme erschossen worden waren. Der Fall blieb trotz einem Monstreprozeß nach dem Krieg im Grunde ungeklärt. FM v. Rundstedt, der von diesem Geschehnis erfuhr, befahl der Heeresgruppe B, die Angelegenheit zu untersuchen. Aber die Heeresgruppe war außerstande, den berühmt-berüchtigten „Fall Malmedy" aufzuklären, zumal sie bald ganz andere Sorgen hatte.

Während Hitler für die „Entscheidung im Westen" sein Hauptquartier in die „Führer"-Bunkeranlage „Adlerhorst" bei Ziegenberg in Hessen verlegte, hatte Model seinen Gefechtsstand im „Jägerhof" in einem verschwiegenen Eifeltal aufgeschlagen, wo er gegen Fliegersicht einigermaßen gedeckt war. Hier fand sich ein ungewöhnlicher „Schlachtenbummler" ein, der Reichsrüstungsminister Speer, der bei Hitler schon halb und halb in Ungnade geraten war, aber doch den Erfolg aller Rüstungsanstrengungen gern in der Praxis beobachten wollte. In den ersten Tagen fand er den Feldmarschall guter Laune. Noch war der Himmel wolkenverhangen. „Wir brauchen schlechtes Wetter, sonst kann das Unternehmen nicht gelingen", sagte er zu Speer.

Auch Speer fuhr nach vorn, sah das „Durcheinander" beim Nachschub, die fehlende Verbands- und Kolonnendisziplin. Ein kaum mehr zu behebendes Manko enthüllte sich. Man konnte Produktionsziffern und selbst die Gestellung von Mannschaftsersatz noch forcieren – aber die in den verlorenen Großschlachten in Weißrußland und in der Normandie gefallenen, schwerverwundeten oder in Gefangenschaft geratenen kriegserfahrenen Generalstabsoffiziere und Generale konnten nicht wieder aus dem Boden gestampft werden. Hochqualifiziertes, durchgebildetes Führungspersonal war schon bei Kriegsbeginn knapp gewesen.

Die Entwicklung der nächsten Tage zeigte, daß sich die 6. sogenannte SS-Panzerarmee mit zwei Korps und vier Panzerdivisionen im Raum Elsenborn-Krinkelt festgefahren hatte. Manteuffels 5. Panzerarmee operierte wendiger und schneller, vermochte freilich auch nicht im ersten Anlauf den entscheidenden Straßenknotenpunkt von Bastogne zu nehmen. Der Gegner hatte sich von seiner Überraschung erholt und warf Luftlandeeinheiten, darunter die 101. US-Division, nach Bastogne. General McAuliffe von der 101. Luftlandedivision lehnte die Aufforderung des Generals v. Lüttwitz vom XXXXVII. Panzerkorps, den Platz zu übergeben, mit dem berühmtgewordenen Wort „Nuts" (Quatsch) ab. Bastogne wurde von den Deutschen eingeschlossen, aber damit war das Gros der 5. Panzerarmee an diesem Punkt gebunden. Daß Spitzen ihrer 2. Panzerdivision bis auf fünf Kilometer östlich von Dinant an der Maas vorstießen, änderte nichts an der Gesamtlage. Die 5. Panzerarmee konnte auch die Kapitulation eingekesselter amerikanischer Infanterie verbuchen. Am 21. Dezember nahm sie den erbittert verteidigten zweitwichtigsten Straßenknotenpunkt St. Vith.

Der Schwerpunkt des Ringens verlagerte sich in den Vorweihnachtstagen eindeutig in den Raum Houffalize-Bastogne. General Eisenhower in Reims begriff, daß es sich um eine echte deutsche Gegenoffensive mit sehr weitgestecktem Ziel handelte. Die Gegenaktion richtete sich gegen die Flanken der deutschen Angriffsgruppe. Zu besserer Koordinierung der Gegenoffensive wurden die 1. und die 9. US-Armee dem britischen Feldmarschall Montgomery von der 21. Heeresgruppe unterstellt, bei der Rivalität zwischen amerikanischer und britischer Generalität ein außergewöhnlicher Entschluß. Model sah den einzigen Ausweg darin, den Schwerpunkt jetzt völlig zu der gutgeführten 5. Panzerarmee zu verlagern. Er traute Hasso v. Manteuffel mehr zu als dem biederen Sepp Dietrich. Dies konnte nur geschehen, wenn der „Führer" einverstanden war. Dieser argwöhnte, Model denke wieder an die „Kleine Lösung". Er untersagte Model die Einleitung der einzig noch möglichen „Groß-Aushilfe".

228

Um den 22./23. Dezember klarte das Wetter auf. Damit gewann die alliierte Bomberwaffe, gewannen die alliierten Tieffliegerstaffeln wieder Angriffsfreiheit. Die Nachschublage wurde hoffnungslos. Am Tag vor Heiligabend kam die Offensive zum Stillstand. Am 23. Dezember sagte FM Model mit der ihm in solchen Augenblicken eigenen unbeweglichen Miene, verschanzt hinter seinem Monokel, zu Speer, die Offensive sei endgültig gescheitert – der „Führer" habe ihre Fortsetzung befohlen . . . Das Ringen um Bastogne, um die weit im Vorfeld des Westwalls gewonnenen Positionen ging weiter. Am 27. Dezember befahl Hitler, Models „Kleine Lösung" einzuleiten. Dafür war es zu spät. Der Ia des Feldmarschalls, Obstlt. Reichhelm, zog das Fazit: Die Vorbereitung der Offensive war nicht abgeschlossen, als sie befohlen wurde, die Angriffsverbände waren zu schwach geblieben, die Versorgung war völlig ungenügend gewesen. Das Zusammenspiel in der Führung verbundener Waffengattungen hatte nicht mehr voll geklappt. Für das Jahr 1944 senkte sich der Vorhang . . .

Neuntes Kapitel

Bis zur letzten Konsequenz
Die Verteidigung des Rheinlandes und das Ende im Ruhrkessel

Am Abend des 5. Februars 1945 meldete sich der Kommandeur der Führergrenadierbrigade, Oberst Mäder, bei Hitler, der sein Hauptquartier inzwischen von den „Adlerhorst"-Bunkern bei Ziegenberg in Hessen nach Berlin in die Reichskanzlei verlegt hatte. Der Oberst, der unter Model an der Ardennenoffensive teilgenommen hatte, sollte General und Divisionskommandeur werden. Lauernd fragte Hitler ihn: „Was glauben Sie, warum die Ardennenoffensive gescheitert ist?" Mäder nannte als Gründe das für Panzereinsätze ungeeignete Gelände, die fehlende Luftunterstützung, den „Sprit"-Mangel ... Hitler – nach schweren Vorwürfen gegen Sepp Dietrich, den OB der 6. Panzerarmee, und die Luftwaffe: „Ich wollte einen breiten Angriffsraum, Model einen engeren. Ich habe mich vom Model breitschlagen lassen." Das war die vollendete Umkehrung der Wahrheit, aber für Model zeichnete sich jetzt der Dank vom Hause Habsburg ab. (Ende April 1945 erklärte Hitler allerdings: „Model war mein bester Feldmarschall.") Der selbe Hitler hatte am 2. Januar 1945, quasi zu Neujahrsbeginn, von der HGr B gefordert, der Angriff bei Bastogne müsse wiederaufgenommen, die frühere Front wiederhergestellt werden. Model ließ über den OB West zurückmelden, so, wie befohlen, sei des Kräftemangels halber der Angriff nicht mehr zu führen. Er befand sich am 2. Januar selbst wieder an der vordersten Front. Er schlug einen anderen Ansatz von den Flanken aus vor. Der „Führer" war's damals noch zufrieden. Aber in solchen Kontroversen zeichnete sich für Model jene zweite Front ab, mit der die Heeresgruppe sich in den letzten dreieinhalb Monaten ihrer Existenz auseinanderzusetzen hatte – der stete Kampf gegen unsinnige, der Lage nicht mehr entsprechende Befehle aus dem Wehrmachtführungsstab und dem OKW, das heißt von seiten Hitlers. Eben um dieses Sisyphuskampfes willen unterband er jegliche oppositionelle Äußerungen. Unter seinen Kommandierenden Generalen war wahrscheinlich Heinrich Freiherr v. Lüttwitz vom XXXXVII. Panzerkorps derjenige, der am wenigsten aus seinem Herzen eine Mördergrube machte. Lüttwitz, dem seine schlesischen Standesgenossen den Spitznamen „der Pferdehändler" gegeben hatten, riskierte es am 10. 1. 1945, den Feldmarschall auf die politische Lage anzusprechen. Model wollte das nicht dulden, zumal bekannt war, daß der Panzergeneral wegen ungeschminkter Äußerungen über den „Führer" und die Partei kritisiert wurde. Er wies Lüttwitz schroff zurecht. Dann schickte er den Ia Obstlt. Reichhelm mit einem scharfen Brief zu ihm, in dem er ihm – nach Lüttwitz' Angaben – jede politische Äußerung untersagte. Und darauf – lud er ihn ostentativ zum Essen ein. Das war seine Taktik.

In den wenigen noch erhaltenen Familienbriefen aus den letzten Monaten des Krieges wird über aller Kargheit des Ausdrucks doch deutlich, wie der so lange aufrechterhaltene, siegesgewisse Optimismus einem ernsteren Ton weicht. Man müsse alle Kräfte „heranhalten" – „Dann wird es gehen", hatte er seiner Frau am 29. Dezember 1944 geschrieben. Wenn man will, liegt darin schon düstere Verbissenheit, es mußte doch „gehen" – denn was kam sonst? General Omar N. Bradley, sein amerikanischer Gegner, der dem „Preußen" Model so viel Achtung bezeigt, meint in seinen Erinnerungen, Models Neujahrsbefehl habe noch die Zuversicht unterstrichen, daß es gelungen sei, die feindliche Offensive gegen die Heimat zu zerschlagen. In Wahrheit habe die deutsche Seite 24 Divisionen verbraucht, um die Schlußoffensive für ein paar Wochen zu unterbrechen...

Tatsächlich war die Masse der Divisionen der Heeresgruppe zwar nicht „verbraucht", aber doch schwer angeschlagen, gut die Hälfte des Bestandes an Panzern und Sturmgeschützen war verloren. Vorläufig stand die Heeresgruppe noch immer westlich der Ausgangsstellungen für die Ardennenoffensive, mit 25 Divisionen, die abgesehen von sechs Divisionen der 15. Armee meist nur noch die Gefechtsstärke von Kampfgruppen hatten, auf 250 km Breite. Was an Ersatz kam, war schlecht ausgebildet, kaum ausgerüstet und von geringem Kampfwillen. Bisher hatte die HGr B keinerlei Einfluß auf die Ersatz- und Ausbildungseinheiten in den westdeutschen Wehrkreisen, in ihrem rückwärtigen Gebiet, besessen. Die Dienstaufsicht lag bei den stellv. Generalkommandos, die ihrerseits dem seit dem 20. Juli als Befehlshaber des Ersatzheeres fungierenden Reichsführer SS Himmler unterstanden. Erst in zähem Ringen gelang es, hier wenigstens im neuen Jahr Wandel zu schaffen.

Am 12. Januar 1945 brach im Baranow-Brückenkopf die sowjetische Wintergroßoffensive im Osten los. Hitler befahl – trotz allen Protesten Models – den Abtransport der stärksten Kampftruppe der Heeresgruppe, der 6. Panzerarmee, nach Osten, beileibe aber nicht in den Brennpunkt der sich rasch entwickelnden Riesenschlacht in Südpolen, sondern nach Ungarn, um einer imaginären Offensive in der Flanke der Sowjets willen. Damit verlor die Heeresgruppe vier Panzerdivisionen, zwei motorisierte Brigaden und je drei Volksartillerie- und Volkswerferkorps. Models Kommentar lautete – nach Reichhelm –: „Das bedeutet die Preisgabe des Rheinlandes."

Am 24. Januar, dem 54. Geburtstag des Feldmarschalls, fand der Sohn, der seit dem 15. 12. 1944 als Fahnenjunker bei der Ersatzabteilung der Sturmgeschützbrigade „Großdeutschland" Dienst tat, diesen zuversichtlich wie stets, als ob nichts geschehen sei. General v. Manteuffel, der Model außerordentlich verehrte, und der Adjutant Oberst Pilling hatten sich den Besuch des Sohnes als besondere Überraschung für ihren OB ausgedacht. Trotz todernster Zeit – oder gerade wegen der Umstände, angesichts deren niemand mehr wußte, ob nicht solch Wiedersehen von Vater und Sohn das letzte sein würde, hatte Manteuffel Urlaub für die Reise des Sohnes nach dem Westen erwirkt. Oberst Pilling war darob nicht wohl zumute, er wußte nicht, wie der Feldmarschall solche Extratour aufnehmen würde, weil er stets predigte, ihm stünde nicht mehr zu als dem letzten Frontsoldaten. Doch die Überraschung gelang, und der „Jägerhof", noch immer Models Hauptquartier in der verschneiten Eifel, sah am Abend eine fröhliche Tafelrunde. Dann fuhr der Fahnenjunker Model zurück an die Ostfront. Vater und Sohn sahen sich nicht mehr wieder.

Nach dem Abzug der 6. Panzerarmee setzte sich die HGr B nunmehr noch aus der 7. Armee, der 5. Panzerarmee und der 15. Armee auf dem Nordflügel zusammen. Zur 7. Armee – Oberbefehlshaber Gen. d. Panzertruppen Erich Brandenberger, Chef des Stabes GenMaj Freiherr v. Gersdorff – gehörten drei Korps. Im Verlauf der folgenden Abwehrschlachten wurde die 7. Armee dem linken, südlichen Nachbarn, der HGr G, unterstellt. Die 5. Panzerarmee – Oberbefehlshaber Gen. Hasso v. Manteuffel, Chef des Stabes GenMaj Carl Wagener – und die 15. Armee – Oberbefehlshaber Gen. d. Inf. v. Zangen, Chef des Stabes Oberst i. G. Reinhard – verfügten zusammen noch über sechs Korps. An beweglichen Kräften verblieben der Heeresgruppe drei Panzer- und zwei Panzergrenadierdivisionen. Der zunehmende Mangel an Treibstoff behinderte größere Operationen.

Nicht nur der Mangel an Betriebsstoff und die unzulängliche Versorgung mit Munition beeinträchtigten die Überlegungen über die weitere Führung des Abwehrkampfes, sondern auch die Tatsache, daß Wirtschaft und Verkehrsanlagen im Rheinland durch die gegnerische Großluftoffensive bereits weitgehend zum Erliegen gekommen waren und daß die noch im vergangenen Spätherbst und Vorwinter 1944 durchweg erstaunlich gute Haltung der Bevölkerung in Verfall geriet. Dazu kam, daß die direkte Steuerung aller Operationsentschlüsse durch das Führerhauptquartier im fernen Berlin eine elastische Abwehr nahezu unmöglich machte. Hitlersche Halte-Befehle oder Befehle zu Gegenangriffen bei Einbrüchen in die eigene Front jagten einander. Der Feldmarschall versuchte immer wieder „gegenzuhalten" (Reichhelm), mit dem Gewicht seiner Persönlichkeit. Aber der Nimbus Models war bei Hitler sichtlich im Schwinden begriffen.

Model beantragte eine langsame, schrittweise Zurücknahme der Heeresgruppe bei hinhaltender Kampfführung auf und über den Rhein, wofür freilich die Zuführung ausreichender Mengen an Treibstoff Voraussetzung war. Aber die deutsche Treibstoffproduktion näherte sich dem Ende. Der Westwall, das bergige Gelände und die verschiedenen Flußlinien im Südteil der Front erleichterten eine hinhaltende Verteidigung. Schwerer war die Nordfront mit ihren großen Industriesiedlungen und offenem Gelände zu behaupten. GenMaj Wagener, Manteuffels Chef und vordem Hubes Chef beim Ausbruch aus dem Wanderkessel von Kamenez-Podolsk, ein sehr besonnener, ruhig urteilender Generalstabsoffizier, hielt es theoretisch für möglich, bei kräftesparendem Verhalten das linke Rheinufer sogar vielleicht bis zum Sommer 1945 hin halten zu können. Zu welchem Zweck?

Von Model wissen wir so viel mit Sicherheit, daß er es im Westen als seine erste und einzige Aufgabe ansah, der Ostfront den Rücken gegen den Bolschewismus freizuhalten. Und im Osten zog jetzt die Katastrophe bereits riesengroß herauf! Im übrigen glaubten Generalstabsoffiziere wie Wagener und Reichhelm immer noch an eine politische Lösung im Westen. Eine vorzeitige Kapitulation im Westen oder eine eigenmächtige isolierte Teilübergabe etwa der HGr B war in ihren Augen Verrat an denjenigen Verbänden, die im Osten noch weiterkämpften. Noch bestanden auch für sie Möglichkeiten der Verteidigung. Und sie alle waren in der Überzeugung großgeworden, es sei Soldatenpflicht, so lange zu kämpfen, wie noch eine Möglichkeit dafür gegeben war.

Für den geordneten Rückzug auf den Rhein war Voraussetzung die rechtzeitige Organisation der Brückensicherung wie der Aufbau einer Auffangstellung auf dem rechten Stromufer. Doch über die Brückensicherung und die Rheinverteidigung gebot nicht die Heeresgruppe, sondern die zuständigen stellv. Generalkommandos beziehungsweise die Gauleiter als Reichsverteidigungskommissare. Und schließlich und endlich bereiteten die Halt-Befehle Hitlers und dessen striktes Verbot, Stellungen auf dem Ostufer anzulegen, allen derartigen vernünftigen Überlegungen ein vorzeitiges Ende.

Ende Januar 1945 nutzte der amerikanische Gegner die Tatsache, daß die Initiative wieder voll in seiner Hand lag. Die 7. Armee und die 5. Panzerarmee wurden hinter die Our, bis an das Vorfeld des Westwalls zurückgedrängt. Vor der 15. Armee schob sich der Gegner bis an die Rur-Talsperre heran. Als einzige Reserve verfügte Model noch über das XXXXVII. und LVIII. Panzerkorps. Aber der Versuch, bewegliche Reserven auszusparen, wurde stets durch den Mangel an Treibstoff behindert, ebenso durch die Tatsache, daß das beharrliche Nachdrängen des Gegners immer wieder die eigenen Dispositionen über den Haufen warf. Der Rückzug über die verschneiten und vereisten Straßen der Eifel brachte vor allem der 5. Panzerarmee Einbußen, nicht nur an Material, sondern auch an Moral. General Wagener fand es in der Rückschau unverständlich, weshalb der Amerikaner nicht schärfer nachstieß. Nach seiner Überzeugung wäre der 1. amerikanischen Armee schon um die Monatswende Januar/Februar 1945 der Durchbruch ins Kölner Becken an den Rhein durchaus möglich gewesen.

Bei der HGr B rechnete man fest mit einer derartigen Hauptoffensive auf die Linie Köln-Düsseldorf, bei Fesselungsangriffen in der Eifel. Die 15. Armee mit dem XII. SS-Korps (das zwar diese Bezeichnung führte, aber ausschließlich aus Heeresdivisionen bestand), dem LXXXI., LXXIV. und LXVII. Korps, stand noch an der Rur zwischen Prüm, Roermond und dem Raum südlich Dürens. Obwohl der Bau rückwärtiger Stellungen untersagt war, ließ Model die Erft-Linie als zweite Verteidigungsstellung vorbereiten.

Gegenüber der 7. Armee trat Gen. George S. Pattons 3. US-Armee in der Südeifel an. Hitler verbot jede Preisgabe des Westwalls. Aber die Rückwärts- oder Ausweichbewegungen erlangten jetzt eine gewisse Eigengesetzlichkeit. Der 7. Februar 1945 wurde in mehrfacher Hinsicht ein schwarzer Tag. Das LXXIV. und LXXXI. Korps wurden über den Westwall zurückgeworfen. Im Abschnitt von Prüm durchbrachen amerikanische Panzer und Infanterie auf breiter Front ebenfalls den Westwall. Model gab Befehl, die Rur-Talsperren zu sprengen, was für einige Zeit Entlastung brachte. Dabei mußte der Raum um Dreiborn mit der Ordensburg Vogelsang aufgegeben werden. Und damit flammte neben dem Kampf mit der US-Armee der Streit der Partei gegen das deutsche Heer wieder auf. Nach dem Fall Schwerin ereignete sich der zweite Spektakulär-Fall.

Der Reichsorganisationsleiter Dr. Robert Ley, Leiter der „Deutschen Arbeitsfront", in der alle Arbeitnehmer und Arbeitgeber zusammengefaßt waren, erhob Klage, es sei nicht alles geschehen, um die Ordensburg Vogelsang, in der sein Funktionärsnachwuchs geschult wurde, zu halten. Der Kommandierende General des LXXIV. AK, Gen. Straube, ein Divisionskommandeur und der Kommandeur eines Artillerieregiments mußten sich vor dem Kriegsgericht verantworten. Der zuständige Gerichtsherr, Gen. v. Zangen, fand nichts Tadelnswürdiges an der Haltung der Offiziere. FM Model, der ja gern Drohungen mit dem Kriegsgericht im Munde führte, im konkreten Fall jedoch äußerst subtil verfuhr – zumal er Hitlers Brutalität durchaus kannte –, akzeptierte den Freispruch nicht. Der Gerichtsherr blieb jedoch beim Freispruch. Der Feldmarschall hörte jetzt selbst die Angeklagten an, prüfte selbst das Gelände bei Dreiborn – das noch in deutscher Hand war – und sprach die inkriminierten Offiziere höchst eigenhändig frei.

Über diesen sonderbaren Sorgen des Reichsorganisationsleiters in sorgenvoller Zeit lag bereits der Donner einer neuen angloamerikanischen Großoffensive. FM Montgomery griff mit der 1. Kanadischen Armee am 8. 2. 1945 den nördlichen, rechten Nachbarn Models, die HGr H unter GenOb Blaskowitz, aus dem Raum Nijmwegen an, um im Reichswald den Durchbruch ins Ruhrgebiet zu erzwingen. Die 1. Fallschirmjägerarmee fing den Angriff noch einmal sehr mühsam ab und behauptete auch einen Brückenkopf links des Rheins bei Wesel. Trotz Protest mußte Model von seinen bescheidenen Reserven das XXXXVII. Panzerkorps und eine Panzergrenadierdivision an die HGr H abgeben. Von einer „Ökonomie der Kräfte" konnte keine Rede mehr sein, wie Gen. Wagener später feststellte.

Die veränderte Frontlage machte den Wechsel des Hauptquartiers erforderlich. Model bezog einen Gefechtsstand in Bad Tönisstein bei Brohl. Am 20. Februar verließ ihn sein langjähriger Generalstabschef Gen. Krebs. Krebs war von Hitler dazu ausersehen, die Nachfolge des immer unbequemer werdenden GenOb Guderian in der Führung der Geschäfte des Generalstabs im OKH zu übernehmen. Die beiden Männer sollten sich niemals mehr wiedersehen. Gen Krebs gilt seit dem 1. Mai 1945 offiziell noch immer als vermißt, seit dem Ende der Schlacht um Berlin.

Als Nachfolger wollte Model den Generalmajor Wagener haben, Manteuffels bisherigen Chef. Wageners leise, stille Art, seine gründliche Arbeitsweise bildeten ein Gegengewicht zu des Feldmarschalls impulsiven Einfällen. Wagener selbst hat später festgestellt, im Grunde habe er kaum einen gemeinsamen Berührungspunkt mit seinem OB gehabt, sie seien völlig verschieden gewesen. Aber er fand auch, daß ein Soldat vom Range Models es wohl verdient hätte, in edlerer Zeit einem besseren Herrn zu dienen. Model behandelte ihn oft schlecht, schnitt ihn gegen das Ende nahezu völlig – aber ließ ihn auch niemals ablösen, was er beim Personalamt leicht hätte bewirken können. Wageners nächste Mitarbeiter, so der Ia, meinten, der Chef habe im Grunde damals schon resigniert und nur noch, ohne jede Hoffnung, getan, was die Pflicht des Generalstabschefs einer Heeresgruppe war.

Mitten in allen täglichen Überlegungen über die Abwehr der amerikanischen Angriffe an der Front traf im Hauptquartier der Heeresgruppe die Nachricht von den furchtbaren Luftangriffen auf Dresden am 13./14. Februar 1945 ein. Der Feldmarschall wurde zur gleichen Zeit zum „Führer" in die Reichskanzlei nach Berlin befohlen. In Dresden lebten seine Frau und eine seiner Töchter. Niemand wußte, ob diese den Feuersturm überlebt hatten. Am 16. Februar 1945 meldete sich der FM bei Hitler. Was dabei gesprochen wurde, welchen Eindruck Model bei dieser letzten persönlichen Begegnung mit Hitler von dem physisch bereits stark verfallenen Obersten Kriegsherrn empfangen hat, ist nicht überliefert. Model bat um Erlaubnis, ob er bei der Rückfahrt im Wagen Dresden aufsuchen dürfe. Mißtrauisch erkundigte sich Hitler, was er denn dort wolle? Model: Dort lebe seine Familie (wenn diese noch am

Leben war). Hitler: „Ach, die wohnt in Dresden?" – In Dresden traf er Frau und Tochter in dem mit Flüchtlingen aus dem Osten überfüllten Haus im Weißen-Hirsch-Viertel wohlbehalten an. Noch war das Haus unzerstört. Auf die Frage, welche Haltung ihr Mann bei diesem letzten Besuch an den Tag gelegt habe, hat Frau Model nach dem Krieg erklärt, mit leisem Lächeln: „Unverändert optimistisch". Sollte er jetzt seiner Frau das Herz schwer machen?

Daß es mit diesem Optimismus seine Bewandtnis hatte, lehrte indes die Tatsache, daß er Frau und Tochter riet, wenn die Flüchtlinge im Hause weitergezogen seien, wofür er Sorge trug, sich bald „nach Westen abzusetzen". In Mühlhausen in Thüringen lebte sein Bruder Dr. Otto Model als Rechtsanwalt. Ferner schickte er vom 20. bis 26. Februar seinen Adjutanten Oberst Pilling nach Dresden, um der Familie behilflich zu sein und die Vernichtung seiner gesamten Akten und kriegsgeschichtlichen Sammlungen zu überwachen. Die sowjetischen Armeen waren zwar in Niederschlesien und der Lausitz zum Stehen gebracht worden, aber ob diese Front noch lange halten würde, erschien zweifelhaft.

Inzwischen hatte Mitte Februar die 15. Armee den Brückenkopf jenseits der Rur bei Heinsberg aufgeben müssen. Und am 23. 2. 1945 setzte nach einem ungeheuren Artillerieschlag der Großangriff auf die Armee an der Rur ein. Als einzige Reserve hatte Model im Augenblick die 9. Panzerdivision zur Hand, von der HGr G wurde auf der Bahn die 11. Panzerdivision herangeführt. Fünf Tage hindurch versuchte sich die 15. Armee gegen die weit überlegenen amerikanischen Kräfte der 1. US-Armee zu behaupten. Model nahm Zuflucht zu einem völlig ungewöhnlichen Schritt, den weder sein neuer Chef des Stabes Wagener, noch sein vertrauter Ia Reichhelm je begriffen haben: Er wechselte die Oberbefehlshaber aus. Der dynamische Gen. v. Manteuffel erhielt plötzlich die 15. Armee, Gen. v. Zangen, einer der Model unliebsamen methodischen Köpfe, die 5. Panzerarmee, vor deren Front im Moment noch Ruhe herrschte. Wagener notierte später erbittert, man könne doch im Großkampf nicht Oberbefehlshaber wie „eine Kanone" aus-

238

wechseln. Natürlich setzte Model seinen Kopf durch, und – erhöhte die rasch anwachsende Konfusion. Weder die Führungsstäbe noch die Truppe kannten die neuen Oberbefehlshaber. Die fraglos untunliche Maßnahme wurde denn auch nach kurzer Zeit rückgängig gemacht, zumal Manteuffel an die Ostfront versetzt wurde. Da freilich war der Zusammenbruch der linksrheinischen Verteidigung schon nahezu perfekt geworden.

Hinter der Rur wurde das XII. SS-Korps fast völlig zerschlagen. Der Gegner gewann den Raum Linnich-Jülich-Düren-Erkelenz. Bei der 7. Armee, wo Model ebenfalls den Oberbefehlshaber ausgewechselt und Gen. Brandenberger durch den für energischer geltenden Gen. Felber ersetzt hatte, erzielte Pattons 3. US Armee bei Neuerburg einen tiefen Einbruch. Ein Gegenangriff der sogenannten „Gruppe Bayerlein" (9. u. 11. Panzerdivision) kam nicht mehr zum Tragen. Am 28. Februar wurde auch die sogenannte „Erft-Linie" im Bereich der 15. Armee durchbrochen. Die amerikanischen Panzer setzten zum Stoß auf Köln und Düsseldorf an. Der Nordflügel der Heeresgruppe war zerschlagen. Teile des XII. SS-Korps wichen nach Norden aus. Hitler befahl Gegenangriffe und verbot abermals den Übergang über den Rhein. Zuvor der HGr nicht unterstellt gewesene „Festungsbaustäbe" sollten jetzt plötzlich zum Zug kommen. Dafür war es zu spät. Vor den amerikanischen Panzerspitzen ausweichend, befanden sich diese Stäbe (ohne Bautruppen) in dauerndem Umzug (Wagener). Der allerorten aufgebotene Volkssturm, der zum Teil auch die C-Linie der 15. Armee an der Rur besetzen sollte, versagte, was bei den unausgebildeten und kümmerlich bewaffneten Milizen kein Wunder war. Der Trierer Volkssturm, der die Stadt halten sollte, tat dies nicht mehr und verhinderte sinnlos gewordenen Widerstand.

Ende Februar 1945 war die gesamte Front der Heeresgruppe B bei allen drei Armeen aufgerissen. Gen. Wagener sprach im Hinblick auf die unentwegte Aktivität seines Feldmarschalls maliziös von einem sinnlos überspitzten System von Aushilfen. Immerhin wurde der offiziell noch immer verbotene „Uferwechsel" über den Rhein akut. Bei der Heeresgruppe wurde ein Höherer Pionierstab gebildet, der die 20 Rheinfähren zwischen Koblenz und Düsseldorf erfassen sollte. Korps und Divisionen erhielten – durch Model gedeckt – Befehl, sich in ihren rückwärtigen Stromabschnitten selbst um Übersetzmöglichkeiten zu kümmern. Das, was man technisch als die „Unterbrechung", das heißt die etwa notwendig werdende Sprengung der Rheinbrücken nannte, war bislang niemals klar geregelt gewesen. Bis Ende Februar waren dafür die Wehrkreisbefehlshaber zuständig, XII in Wiesbaden und VI in Münster. Zu dieser Zeit übernahm die Heeresgruppe dafür die Verantwortung; Gen. Wagener konnte sich später nicht mehr erinnern, ob aus eigenem Entschluß des Feldmarschalls oder auf höhere Weisung. Die Entscheidung über eine Brückensprengung wurde an die Armeeoberbefehlshaber delegiert. Bei Gefahr im Verzug sollte der örtliche Kommandeur oder der Pionierführer entscheiden. Was aber geschah, wenn Gefahr eintrat und den örtlichen Kommandeuren dennoch bekannt war, daß sich noch eigene Verbände auf dem Westufer des Rheins befanden? Das wußte so recht niemand!

Am 1. März stießen US-Panzereinheiten in Richtung Düsseldorf bis auf Neuss vor. Die Verbindung zwischen der HGr B und dem XII. SS-Korps riß ab. Merkwürdigerweise drehte der Gegner nach Norden ab und begnügte sich mit der allmählichen Sicherung des Rheinufers beiderseits von Düsseldorf. Dagegen ging der Vormarsch auf Köln weiter, eine zweite Stoßrichtung zeichnete sich gegen den Raum Euskirchen-Bonn ab.

Der alte FM v. Rundstedt unterstellte die 7. Armee jetzt der südlich anschließenden HGr G. Model war bestrebt, die Reste der 5. Panzerarmee über den Rhein zu retten. Da das Nachrichten- und Befehlsnetz weitgehend zerrissen war, wurde die zentrale Führung durch den Heeresgruppenstab problematisch. Der Feldmarschall war sowieso weit vorn, an Brennpunkten. In diesen Märztagen fiel sein Ordonnanzoffizier Botho Graf zu Stolberg-Rossla im feindlichen Artilleriefeuer. Am 6. März standen die Amerikaner in Köln, im Trümmerfeld der Domstadt hielten sich noch deutsche Kampfgruppen, und der Feld-

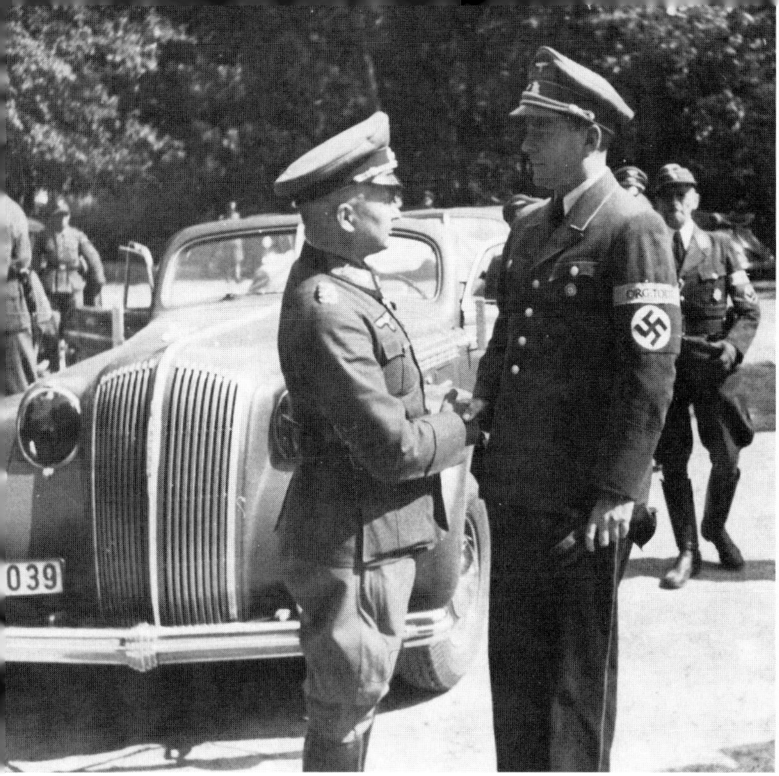

mit Reichsminister Speer, Juni 1944

als OB der Heeresgruppe Mitte an der Ostfront mit einem Divisionskommandeur, August 1944

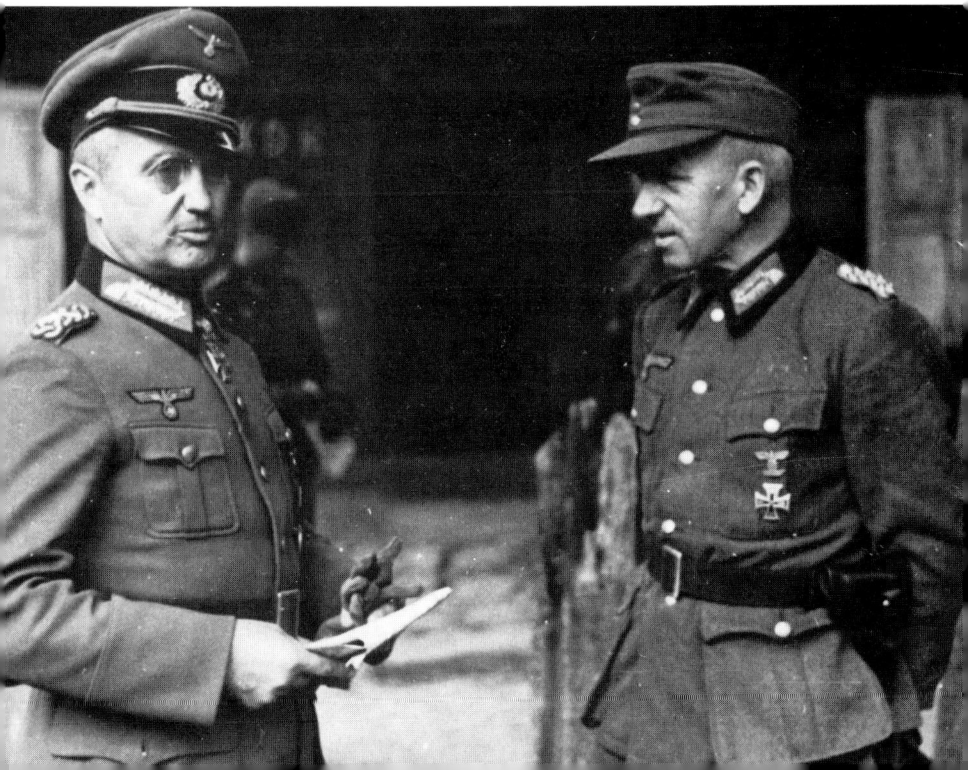

bei der Feldübung einer Panzergrenadierdivision im Osten, Sommer 1944

im Gespräch mit Grenadieren an der Front, Herbst 1944

Vorbesprechung der Ardennenoffensive, November 1944 (von links: FM Model, der OB West FM v. Rundstedt, Gen. Krebs, Chef d. Genst. der Heeresgruppe B)

▼ *Heeresgruppe B, November 1944 (von links: GenLt Westphal, Chef d. Genst. OB West, FM v. Rundstedt, FM Model, Gen. Krebs)*

am 6. 12. 1944 als OB der Heeresgruppe B während der Abwehrschlacht im Raum von Aachen im Gespräch mit einem jungen Offizier

beim Kartenstudium, Dezember 1944 (rechts Major i. G. Behr)

der Feldmarschall an seinem letzten Geburtstag, 24. 1. 1945

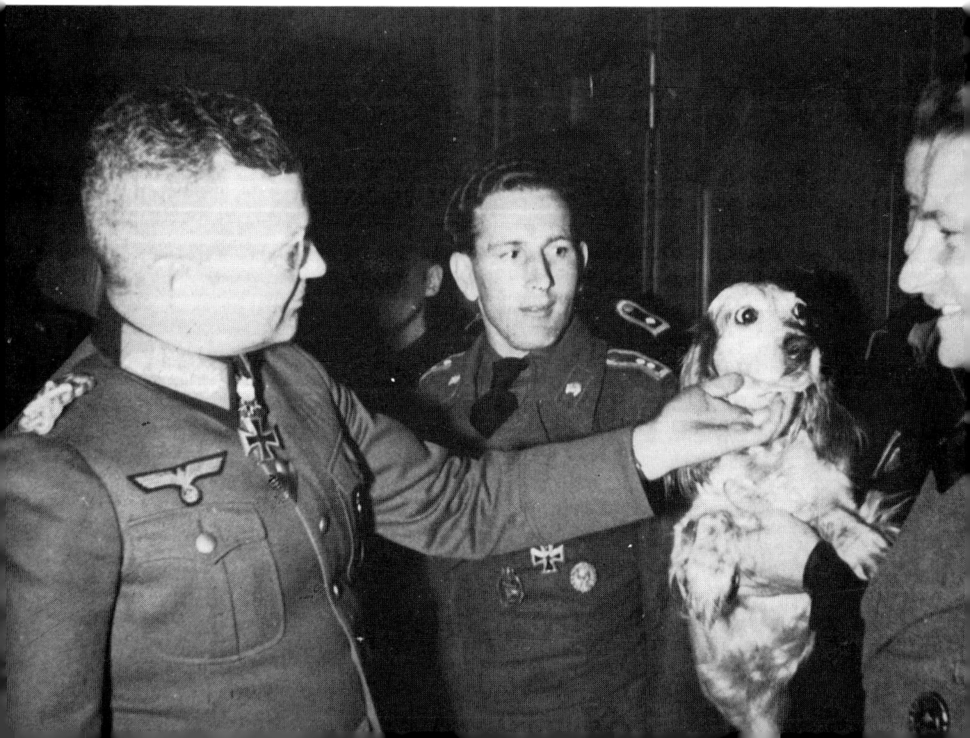

*als OB der Heeres-
gruppe B an der Westfront,
Januar 1945*

*Vortrag der Lage durch
den OB der Heeresgruppe B,
GFM Model, vor dem
neuernannten OB West,
GFM Kesselring, März 1945
(rechts Gen. Westphal)*

im Gespräch mit einem von der Front kommenden Soldaten, März 1945

die Grabstelle auf dem Soldatenfriedhof Vossenack/Eifel

marschall selbst weilte in diesem sogenannten Brückenkopf, als ob er jetzt den Tod suchen wolle.

Hitler lockerte das Übersetzverbot, untersagte aber noch immer der Heeresgruppe, mit allen Teilen den Uferwechsel vorzunehmen. Generell verboten war das Übersetzen von Trossen. Natürlich wurde dies Verbot nicht überall mehr befolgt. Aber die Folge all diesen Unsinns war, daß viele Verbände ohne schwere Waffen und Material auf das rechte Rheinufer gelangten – die letzte chimärische Barriere im Westen des „Dritten Reiches". Außerdem befahl Hitler, mit allen Mitteln einen Brückenkopf bei Bonn zu halten.

In der Nacht vom 6./7. 3. 1945 begann man beim Heeresgruppenstab in Bad Tönisstein den Rheinübergang vorzubereiten. Der Feldmarschall war vorn – in Köln. Am 7. März erzielten die Amerikaner einen tiefen Einbruch bei der 15. Armee im Raum Euskirchen. Gen. v. Zangen, der wieder den Befehl übernommen hatte, machte – nach seinen Angaben – die Heeresgruppe darauf aufmerksam, daß jetzt unmittelbare Gefahr für die große Ludendorff-Eisenbahnbrücke bei Remagen bestünde. Gen. Wagener war jedoch nicht besonders besorgt, daß der Gegner sich rasch einer Rheinbrücke bemächtigen könne. Ob den Feldmarschall die Warnung überhaupt erreicht hat, bleibt unklar.

Für die Verteidigung des rechten Rheinufers zwischen Koblenz und Düsseldorf hatte Model einen Sonderstab unter Gen. d. Inf. Joachim v. Kortzfleisch eingesetzt, dem zwar ein Generalstabsoffizier als Ia, Major i. G. Rudolf Schulz, aber keinerlei Truppen zugeteilt waren. Die im Ersten Weltkrieg erbaute zweigleisige, nach dem General Ludendorff benannte Eisenbahnbrücke bei Remagen lag im Abschnitt des noch in der Eifel in schweren, unübersichtlichen Abwehrkämpfen stehenden LXVII. Korps unter Gen. Otto Maximilian Hitzfeld, das zur 15. Armee gehörte. Hatte Kortzfleisch am 20. Juli 1944, damals stellv. Kommandierender General im Wehrkreis III Berlin-Brandenburg, eine besondere Rolle gespielt, weil er sich den Verschwörern widersetzte, so war Hitzfeld als damaliger Kommandeur der Infanterieschule Döberitz eine wichtige Figur im

Plan der Verschwörer gewesen. Eine Kampfgruppe der Infanterieschule war für die Besetzung des Rundfunks in der Masuren-Allee vorgesehen und am 20. Juli auch tatsächlich in Berlin eingerückt. Den Kommandeur der Schule bewahrte der Umstand, daß er am Tag des Staatsstreichs zu einer Beerdigung gefahren war, vor Weiterungen. Von all dem war jetzt freilich keine Rede mehr, und Model dürfte nicht geahnt haben, welche Überzeugung Gen. Hitzfeld wirklich hegte.

Da es möglich schien, daß amerikanische Panzerspitzen überraschend bis Remagen durchstießen, überlegte Hitzfeld, ob er selbst dort nach dem Rechten sehen solle. Einstweilen entsandte er seinen Korpsadjutanten, Major Scheller, mit einer Funkstelle zur Eisenbahnbrücke. Scheller sollte Kampfkommandant Remagen werden. Hitzfeld selbst stieß bei einer Frontfahrt auf den Stab der 15. Armee. Gen. v. Zangen glaubte, bei Remagen stünden ein Bataillon und Flakartillerie zum Brückenschutz bereit. Gleichwohl telefonierten die Generale nochmals mit dem Feldmarschall auf dem Kölner Gefechtsstand. Model, in Krisen stets von kalter Gelassenheit, erwiderte, eine Panzerdivision habe Auftrag, westlich des Rheins die Verbindung mit der 15. Armee wiederherzustellen.

Unterdes traf Major Scheller, ohne Funkstelle und Begleitung, die wegen Spritmangels zunächst liegenblieb, in Remagen ein. Er fand hier Flak, darunter 2-cm-Vierlinggeschütze, als Brückensicherung vor, dazu eine schwache Kompanie des Landespionierregiments 12 unter Hauptmann Friesenhahn. Ortskommandant war ein älterer Reserveoffizier, Hauptmann Bratge, der für die etwaige Sprengung der Brücke zuständig war, dem jedoch wiederum die Flak nicht unterstand. Auf dem rechten Rheinufer in Erpel befanden sich auch Trosse und Versprengte. Über die Brücke fluteten noch Kolonnen zurück, auch Teile des Heeresgruppenstabes gingen hier an diesem Vormittag über den Rhein. Als neues Hauptquartier war der Gasthof Zur Post in Rimbach an der Sieg in Aussicht genommen.

Major Scheller, ein junger, für tatkräftig und verantwortungsfreudig geltender Offizier, übernahm um 11 Uhr den Befehl. Aber die Situation war verworren, die Flak nicht einmal feuerbereit. In den Mittagstunden näherte sich eine Vorausabteilung der 9. US-Panzerdivision unter Leutnant Timmerman überraschend der Brücke, über die noch immer Fahrzeuge und Gruppen deutscher Soldaten zurückkamen. Erst um 14.30 gab Scheller Befehl, die Brücke sprengfertig zu machen und für Fahrzeugverkehr zu sperren. Um 15.30 kamen amerikanische Panzer in Sichtweite, die Brücke sollte hochgehen, die Zündung versagte. Alle Versuche, die Brücke noch im letzten Augenblick zu zerstören, scheiterten im Feuer der Panzer. Amerikanische Panzer, denen Infanterie folgte, erschienen auf dem Ostufer in Erpel, die Hauptleute Bratge und Friesenhahn, Führer der 12. Kompanie des Landespionierregiments 12, gerieten in Gefangenschaft – was sie vor schlimmerem Geschick bewahrte. Major Scheller versuchte – vergeblich – Verbindung mit seinem Korps, der Armee oder der Heeresgruppe zu bekommen, um sie von dem Fall Remagens zu unterrichten.

Die Nachricht vom Fall der Remagener Brücke schlug wie eine Bombe ein, so schrieb später Gen. Wagener, wobei er freilich resigniert feststellte, der Krieg sei ohnedies verloren gewesen. Der Verlust einer unversehrten Rheinbrücke hätte dabei auch keine ausschlaggebende Rolle mehr gespielt. Ihn bewegte im Augenblick die viel größere Sorge, das Gros des LXVI. und LXVII. Korps könnte jenseits des Rheins im Raum Neuwied abgeschnitten werden. Es gelang dann freilich, diese Verbände noch über den Strom zu bringen.

Im Bensberger Schloß, dem Gefechtsstand des Generals v. Kortzfleisch, traf die Nachricht in den Nachmittagsstunden ein. Kortzfleisch und sein Ia Major Schulz fuhren sofort in Richtung Erpel ab. Auf der Fahrt stießen sie bei Siegburg auf die Panzerbrigade 106 „Feldherrnhalle", mit noch zehn Panzern und einem voll ausgerüsteten Panzergrenadierbataillon auf Schützenpanzern, angesichts der desolaten Kräfteverhältnisse ein beinahe sagenhaft starker Verband. Der Kommandeur, Obstlt. Ewers, hatte Befehl, nach Bonn zu fahren, um den Brückenkopf zu verstärken. Kortzfleisch wollte die Brigade nach Erpel dirigieren. Es gelang, Verbindung mit FM Model zu bekommen. Dieser hatte bereits Kenntnis vom Fall Remagens, den er nicht besonders tragisch zu nehmen schien, und erwiderte Kortzfleisch, was dieser vorschlage, habe er bereits dem Führerhauptquartier vorgeschlagen. Dieses habe entschieden, die Brigade solle nach Bonn rücken.

Gen. v. Kortzfleisch erhielt jedoch vom FM den Befehl, den – zunächst schwachen – amerikanischen Brückenkopf bei Remagen-Erpel zu „bereinigen". Dafür wurden ihm die noch im Raum Düsseldorf stehenden Reste der 11. Panzer- und der Panzerlehrdivision unterstellt. Praktisch handelte es sich um Divisionsgruppen mit wenig Munition und noch weniger Treibstoff, die erst in den Raum Erpel transportiert werden mußten. In der Nacht vom 8. auf den 9. 3. 1945 ging Feldmarschall Model mit der letzten Kampfgruppe in Köln bei der zerstörten Hohenzollernbrücke auf einem von Pionieren gesteuerten Sturmboot über den Rhein, nachdem er sich zuletzt selbst am Feuergefecht gegen nachdrängende amerikanische Infanterie beteiligt hatte. Ob er für diesen Schritt noch eine besondere Genehmigung vom OKW eingeholt hat, ist ungewiß, aber nicht wahrscheinlich. Damit konnte er selbst wieder die Führung der Heeresgruppe auf dem rechten Rheinufer übernehmen. Offensichtlich war er überzeugt, daß sich der amerikanische Brückenkopf bei Remagen-Erpel ziemlich rasch wieder beseitigen lasse, daß der Gegner nicht schnell reagieren würde.

Doch der Fall Remagens zog noch weitere Kreise. Hitler war auf das äußerste empört. GenFM v. Rundstedt wurde als OB West abberufen, er sei doch zu alt und schwunglos, hieß es jetzt. Dafür übernahm am 10. März GenFM Albert Kesselring, der bislang an der Spitze der HGr C (Südwest) seit dem Herbst 1943 mit unzureichenden Kräften die Front in Italien in hinhaltend ausweichender Verteidigung zäh behauptet hatte, das Kommando über die Westfront. Kesselring, von Natur optimistisch gesonnen, war zunächst der Überzeugung, bei Remagen hätte die HGr B schneller und energischer handeln müssen. Die Überprüfung der Situation ergab freilich ein trüberes Bild. Hitler tat noch mehr: Zur Ahndung der nach seiner Ansicht skandalösen Geschehnisse in Remagen-Erpel wurde unter Leitung des Generalleutnants Hübner ein „Fliegendes Sonderstandgericht West" gebildet. Anstelle frischer Truppen kam der Henker zur HGr B. Hübner, ehemals aktiver Offizier, der zwischen den beiden Weltkriegen den Beruf eines Zahnarztes ausgeübt hatte, war mit der Schulung des NSFO, der „Nationalsozialistischen Führungsoffiziere", für die Truppe befaßt gewesen. Model hatte die NSFO zwar natürlich sofort akzeptiert, sie dann aber weniger in ideologischer Schulung als in der praktischen Truppenbetreuung eingesetzt. Der NSFO der Heeresgruppe, ein ehemaliger Kreisleiter aus dem Sudetenland namens Wettengel hatte im Stab keine besondere Rolle gespielt, war allerdings persönlich auch ein vernünftiger und wenig ehrgeiziger Mann.

Der alliierte Oberkommandierende, Gen. Eisenhower, reagierte nach kurzem Zögern weit schneller, als Model vermutet hatte, nachdem Gen. Bradley ihm am 7. März triumphierend gemeldet hatte, man habe „eine Brücke" genommen. Die 1. US-Armee setzte das III., V. und XII. Korps mit acht voll ausgerüsteten Divisionen, darunter zwei Panzerdivisionen, gegen den deutschen Einschließungsring um den Brückenkopf ein. Die HGr B hatte ihre beiden Armeen, die 5. Panzer- und die 15. Armee, zwar über den Rhein gezogen, aber nach Ansicht ihres Generalstabschefs Gen. Wagener war sie jetzt nur noch der Schatten ihrer selbst und entsprach nicht mehr einem „neuzeitlichen Kampfverband". Wagener urteilt in der Rückschau auf die letzte Phase des Kampfes: Wenn die Strategie als ein System von Aushilfen bezeichnet worden sei (nach dem älteren Moltke), so habe fortan das System bestanden, „Aushilfen für Aushilfen" zu schaffen.

Die 5. Panzerarmee, deren Oberbefehl auf Models Wunsch nach dem Ausscheiden Manteuffels der im Osten als OB der Heeresgruppe A gescheiterte GenOb Harpe erhielt, übernahm mit dem arg zerschlissenen XII. SS-Korps, dem LXXXXI. Korps und dem LVIII. Panzerkorps die Deckung an Rhein und Ruhr, wo dem Kommandierenden General des letzten Korps, Gen. Botsch, noch der Auftrag zuteil wurde, eine zweite Deckungslinie hinter dem Rhein aufzubauen. Die 15. Armee

des Generals v. Zangen wurde mit dem LIII., LXVI., LXVII.
und LXXIV. Korps und der Masse der noch vorhandenen
schnellen Verbände um den Remagen-Erpeler Brückenkopf
konzentriert – insgesamt noch 16 Divisionen, oder besser
gesagt, Divisionskampfgruppen. Mit der Leitung der Maßnahmen gegen den Brückenkopf wurde GenLt Bayerlein,
einst Stabschef von Rommel in Afrika, betraut.
An Heerestruppen verfügte die HGr B selbst noch über ein
Flakkorps bei Düsseldorf, zwei OT-Baubrigaden und eine Abteilung Feldgendarmerie. Panzer und schwere Artillerie sowie
Werfer gab es nicht mehr. Die 15. Armee hatte noch eine
Sturmgeschützbrigade, eine schwere Panzerjäger- und eine
Jagd-Tiger-Abteilung gerettet.
Zunächst fand der Fall Remagen einen peinlich-brutalen Abschluß. Major Scheller, der sich zunächst bei Gen. v. Kortzfleisch nach dessen Eintreffen bei Erpel gemeldet hatte, kehrte
am 10. März zu seinem Korps zurück, das seinen Gefechtsstand
in Altwied aufgeschlagen hatte. Hier erschien auch überraschend FM Model. Er hörte sich Schellers Bericht an, unter-
brach ihn plötzlich und sagte – zufolge Hitzfeld –: „Nun haben
wir ja einen, der schuldig ist." Das konnte wörtlich oder auch
sarkastisch gemeint sein. Jedenfalls erklärte er Scheller erst
einmal für festgenommen. Hitzfeld, der Model wenig kannte,
fand die Form sehr unwürdig. Da der FM aber schon wußte,
welche Aufregung der ganze Fall in Berlin erregt hatte, schien
es ihm gut, den Major in militärischen Gewahrsam zu nehmen,
um eine kriegsgerichtliche Untersuchung durchzuführen.
Major Scheller wurde zum neuen Gefechtsstand der Heeresgruppe in Rimbach an der Sieg gebracht. Am 11. März erschien
dort überraschend Gen. Hübner mit dem „Fliegenden Sonderstandgericht", von dessen Einsetzung Model nichts wußte. Gen.
Hübner, den einige Offiziere begleiteten, von denen zumindest
einer, Oberst Obermaier, beim besten Willen nicht wußte, wie
er zu dieser zweifelhaften Ehre gekommen war, zog den Fall
Scheller an sich, vernahm den FM stundenlang und verhörte
ausgiebig auch den Ia, Obstlt. Reichhelm, der den Quartierwechsel geleitet hatte. Noch am Nachmittag des 11. März fand

die Verhandlung gegen Scheller, den Kommandeur des Landespionierregiments 12, Major Strobel und gegen Major Kraft, den für die 12. Kompanie (Friesenhahn) verantwortlichen Bataillonskommandeur, statt. Model entsandte den Oberstrichter Janert als „Beobachter". Geladen war der Gerichtsherr der Heeresgruppe nicht. Die drei Offiziere wurden zum Tod verurteilt und erschossen. Die Verhöre im Stab der Heeresgruppe wurden fortgesetzt, in der Hoffnung, noch mehr angeblich Schuldige ausfindig zu machen. Obstlt. Reichhelm wunderte sich später, weshalb Model diese Dinge mit stoischer Ruhe hinnahm, statt dies ominöse Standgericht zum Tempel hinauszujagen. Vielleicht deutete dies schon auf eine gewisse Resignation hin, vielleicht hing es auch mit der gewohnten Taktik zusammen, jedwede politische Konfrontation mit der Obersten Führung zu vermeiden.

Zwischen dem 10. und dem 22. März dauerten die Versuche an, den amerikanischen Brückenkopf Remagen-Erpel einzudrücken. Am 8. März ging der Brückenkopf Bonn verloren, wo noch die Panzerbrigade 106 sinnlos „verheizt" wurde. Der Kampfkommandant Bonn, GenMaj Richard v. Bothmer, verlegte auf eigenen Entschluß seinen Gefechtsstand von Bonn nach Beuel auf dem rechten Rheinufer. Auf Befehl des OKW wurde er vor ein Sondergericht gestellt und zu sechs Jahren Zuchthaus und Degradierung verurteilt. Bothmer, der Witwer und dessen einziger Sohn als Offizier im Osten gefallen war, erschoß sich, um die Schande nicht zu erleben. Der Heeresgruppe ist dieser tragische Fall offenbar in der Wirrnis dieser Tage gar nicht mehr zur Kenntnis gekommen.

Die nach Gen. Wageners Ansicht „lustlos" geführten Angriffe des Stabes Bayerlein bei Remagen-Erpel scheiterten, obwohl dafür die letzten verfügbaren Panzerkräfte in der „Gruppe Hudel", unter Führung des Majors Hudel, zusammengefaßt wurden. Der Gegner erweiterte den Brückenkopf bis an die Sieg und in nördlicher Richtung bis nach Bad Honnef und Königswinter. Die Reste von drei Panzer- und einer Panzergrenadierdivision wurden hier noch weiter verschlissen. Wenn der Feldmarschall am 29. Dezember 1944 seiner Frau geschrieben hatte, halte man die Kräfte „heran", dann werde es „gehen", so zeichnete sich jetzt ab, daß nichts mehr „ging". Die Kräfte fielen dem Marasmus anheim.

Die Tatsache, daß das Ruhrgebiet, nach dem Verlust Oberschlesiens, das von der sowjetischen Armee besetzt war, die letzte Rüstungszentrale des Reiches, Kampfgebiet werden konnte, konfrontierte den Feldmarschall mit noch ganz anderen Sorgen und Wünschen. Der halb und halb bereits bei Hitler in Ungnade gefallene Reichsminister für Rüstung Albert Speer erschien selbst im Revier. In Siegburg sprach er Model auf die Notwendigkeit an, Verkehrswirtschaft und Produktionskraft der Industrie über den Krieg hinweg zu erhalten. Der FM war nach Speers Bekundungen äußerst aufgebracht. Hitler verlange mit genau bezeichneten Divisionen von ihm die Beseitigung des Remagener Brückenkopfes, aber diese Divisionen existierten nicht mehr, die hätten nicht einmal die Kampfstärke einer kriegsstarken Kompanie. Im übrigen lieh er Speers Ausführungen ein williges Ohr. Wir wissen nicht, was dabei in seinem Inneren vorging, je prekärer die Lage wurde, desto einsilbiger wurde Model.

Am 20. März suchte ihn Speer bei einer Fahrt in den Westen abermals auf. Er traf ihn auf einem vorgeschobenen Gefechtsstand bei Altenkirchen im Westerwald. Nichts verriet, daß hier die Führungsstaffel der HGr B lag. Bei Tag hatte Model jeden Fahrzeugverkehr strikt untersagt, nachdem es dem Gegner noch gelungen war, sein gutgetarntes ehemaliges Hauptquartier in der Eifel mit einem schweren Luftangriff zu belegen. Bei dieser Zusammenkunft traf ein Führerbefehl aus Berlin ein, den Model mit einem – wie Speer meint – verlegenen Lächeln dem Minister übergab, weil er diesen, nicht ihn angehe. Es war Hitlers „Verbrannte-Erde"-Befehl vom 19. März 1945. Punkt 1 lautete: „Alle militärischen, Verkehrs-, Nachrichten-, Industrie- und Versorgungsanlagen sowie Sachwerte innerhalb des Reichsgebietes, die sich der Feind für die Fortsetzung seines Kampfes irgendwie sofort oder in absehbarer Zeit nutzbar machen kann, sind zu zerstören."
Speer, aufs äußerste alarmiert, weil dieser „Führerbefehl" allen

seinen Intentionen, die er auch Hitler unterbreitet hatte, zuwiderlief, fuhr sofort nach Berlin zurück. Major Balzer vom Wehrmachtpresseamt, der Model in diesen Tagen ebenfalls noch einmal in seinem Gasthof bei Altenkirchen sah, fand keinen Optimismus mehr, nur noch tödlichen Ernst. GenLt Freiherr v. Buttlar-Brandenfels, wohl der letzte höhere Offizier vom Wehrmachtführungsstab, der sich noch der Kampfführung bei Remagen halber zur Heeresgruppe B begeben hatte, notierte dafür später, er habe Model als Soldat stets bewundert, aber damals habe er feststellen müssen, wie sehr sich der FM doch auch den Methoden Hitlers unterworfen habe. Vom „Feldherrnideal des Generalstabes" sei dieser weit entfernt gewesen. Der Sinn der Notiz bleibt dunkel.

Am 24. März fuhr Speer noch einmal ins Ruhrgebiet. Er fand sich mit dem Feldmarschall vollkommen einig, daß der Zerstörungsbefehl nicht auszuführen sei, daß vielmehr alles getan werden müsse, um unnötige Selbstverwüstung zu vermeiden. Model trug dafür Sorge, auch auf das Drängen der Ruhrindustriellen, daß die Kampfführung so angelegt wurde, daß die Vernichtung von Brücken, Produktionsanlagen und Versorgungsbetrieben tunlichst vermieden würde. Den Ausführungsbefehl des Chefs des Wehrmachttransportwesens vom 29. März zum „Führerbefehl" nahm er zur Kenntnis und legte ihn ad acta. Er sicherte Speer zu, mit dem Leiter des Rüstungsstabes Ruhr, Generaldirektor Walter Rohland, künftig enge Fühlung zu halten. Die Vernichtung der berühmten chemisch-pharmazeutischen Werke Bayer-Leverkusen, die Sprengung der großen Munitions- und Sprengstoffwerke in Troisdorf bei Köln wurden verhindert, dank dem Eingreifen des Feldmarschalls. Das bedingte schwierige Verhandlungen mit den zuständigen Gauleitern, die durchweg zunächst gewillt waren, dem „Führerbefehl" Folge zu leisten. Mit dem Gauleiter Florian in Düsseldorf gab es einen besonderen Zusammenstoß, als Polizeioffiziere versuchten, den Höheren SS- und Polizeiführer Korreng festzusetzen, um die Verteidigung der Stadt zu verhindern, und der Gauleiter vom Feldmarschall die Erschießung der Polizeioffiziere verlangte. Wie immer, verstand es Model, sich aus solchen internen Auseinandersetzungen herauszuhalten – zumal ihm in diesem Fall über die Polizei gar keine Jurisdiktion zustand. Er sah keinen Sinn darin, in der allerletzten Stunde innere Konflikte heraufzubeschwören. Wichtiger war, die Gauleiter in der Überzeugung zu erhalten, der Feldmarschall sei vollkommen loyal – auch wenn er sich jetzt gegen den „Verbrannte-Erde"-Befehl wandte – um der Zukunft willen – die es vielleicht in seinem Herzen für ihn schon nicht mehr gab. In diesem Sinne befahl der letzte General der Pioniere bei der Heeresgruppe, GenMaj. Hans v. Ahlfen, schließlich, daß Brükkensprengungen und die Zerstörung von Versorgungsleitungen nur auf besondere Anordnung des Generals der Pioniere auszuführen seien – von Fall zu Fall. Der FM hatte vorher der Ruhrindustrie, als deren Sprecher Generaldirektor Albert Vögler fungierte, zugesichert, Brücken sollten nicht gesprengt, sondern nur so weit unbrauchbar gemacht werden, daß sie für den Gegner nicht befahrbar wären. Ahlfen hielt dies für falsch, sagte dies dem Feldmarschall, und dieser stimmte sofort dem neuen Befehl Ahlfens zu. Daß trotzdem nicht jede Zerstörung, beispielsweise bei den Ruhrbrücken, vermieden wurde, lag an der Verworrenheit der Zeitumstände und dem zunehmenden Befehlschaos, beziehungsweise der wachsenden Unmöglichkeit, Befehle noch durchzubringen.

Die Bemühungen um die Erhaltung der Lebens- und Wirtschaftskraft des Ruhrgebietes überschatteten die gesamte militärische Entwicklung seit der letzten Besprechung zwischen dem Feldmarschall und Minister Speer am 24. 3. 1945. Da nämlich zeichnete sich schon die allerletzte militärische Lageentwicklung ab. Am 23 März wurde der Heeresgruppe klar, daß der Gegner aus dem Brückenkopf Remagen-Erpel nicht, wie bisher beobachtet, rasch nach Norden eindrehen, sondern weitausholend in die Tiefe des hessischen Raumes vorstoßen wollte, um die Heeresgruppe von Süden her zu umfassen. FM Kesselring suchte in diesen Tagen den ihm persönlich wenig bekannten Model auf dessen Gefechtsstand auf und versuchte ihn davon zu überzeugen, der Gegner werde weit nach Osten vorgehen, statt nach Norden einzuschwenken. Model glaubte dies nicht – nach Kesselrings Version – und beharrte darauf, man müsse die Sieg-Linie halten, um notfalls durch einen Angriff nach Süden die Verbindung mit der links anschließenden HGr G zu behaupten. Kesselring plädierte für den Ausbruch nach Osten. Am 24. März wurde deutlich, daß der Gegner die Heeresgruppe im Süden umgehen wollte. Gleichzeitig überschritten die Amerikaner – Pattons 3. US-Armee –, den Rhein bei Oppenheim, und im Norden durchschlug ein Großangriff der 21. britischen Heeresgruppe Montgomerys die Front der HGr H bei Wesel, unter Einsatz massierten Artilleriefeuers und von Luftlandetruppen. Die zu Montgomerys Heeresgruppe gehörende 9. US-Armee unter Gen. William H. Simpson stieß in die tiefe Nordflanke der HGr B hinein. Was man in Rimbach an der Sieg nicht kannte, war der Plan des alliierten Oberkommandos zu einer Doppelumfassung des Ruhrgebietes, wobei Gen. Eisenhower die HGr B abschnüren, keineswegs jedoch eine kräftezehrende Schlacht à la Stalingrad in den riesigen Industriesiedlungen riskieren wollte.

Bei allen weiteren, noch möglichen Überlegungen mußte FM Model einkalkulieren, daß die Aufgabe der Rheinfront von Hitler strikt verboten war. Infolge der Massierung der noch verfügbaren Kräfte vor Remagen-Erpel verfügte die mit der Verteidigung des Rheins beauftragte 5. Panzerarmee nur über schwache Verbände, drei Korps mit sechs zusammengeschmolzenen Divisionen. Das LXXXI. Korps besaß im Augenblick eine einzige, die 59. Division, die an der Rur schwere Verluste hatte hinnehmen müssen. Die Armee – (Heeres)-truppen bestanden aus zwei schweren Artillerieabteilungen und einem Flakregiment. Aber der Gegner verhielt sich hier erstaunlicherweise ruhig. Die deutschen Generalstabsoffiziere erstaunte dies, sie verkannten das amerikanische Prinzip, Kräfte, Blut wie Material zu sparen, sofern der Sieg sicher war. Und dieser Sieg stand in greifbarer Nähe.

Die 1. US-Armee ging vom Remagener Brückenkopf aus in Richtung auf Gießen und Kassel vor, wobei sie gehalten war, Fühlung mit der gegen die Mainlinie operierenden 3. US-Armee Pattons zu halten. Die 9. US-Armee Gen. Simpsons von der britisch-amerikanischen 21. Heeresgruppe Montgomerys schickte sich an, das Ruhrgebiet im Norden zu umfassen. Jeder Rückzug von der Rheinfront war FM Model untersagt. Model versuchte, die Kampfgruppen der 11. Panzer- und der Panzerlehrdivision sowie die schwere Gruppe Hudel aus der Brückenkopffront herauszulösen, um eine Reserve gegen einen möglichen amerikanischen Durchbruch mit Panzerkräften zu bilden. Doch in der Nacht vom 23./24. März befahl FM Kesselring, die 11. Panzerdivision an die HGr G abzugeben, um den Raum Frankfurt zu decken. Model protestierte – vergeblich, und der Befehl erwies sich als undurchführbar. Wegen Treibstoffmangels blieb der Großteil der Division auf dem Marsch liegen.

Die Südfront der HGr B wurde aufgerissen. Vom LXXIV. und LXVII. Korps gingen überhaupt keine Meldungen mehr ein. Die 5. Panzerarmee, vor deren Front Ruhe herrschte, erhielt Befehl, zwei Divisionen an die Südfront südlich der Sieg abzugeben. Doch der 15. Armee gelang es nicht mehr, ihre Front wieder zu schließen. Die Truppe hielt oft nicht mehr, wo der Gegner scharf zufaßte oder seine weit überlegene Artillerie zur Geltung brachte. Ganze Truppenteile verschwanden vom Kartenbild. Der Stab der 15. Armee gab kaum noch Meldungen durch. Die Heeresgruppe mußte versuchen, sich über die Fernsprechverbindungen der Post noch ein Bild von der Lage zu verschaffen. Zentrum und südlicher Flügel der 15. Armee wichen in einzelnen Gruppen nach Osten aus.

Im Norden gab die HGr H die Rheinlinie preis, es war nurmehr eine Frage von Tagen, bis sich der Gegner hier zwischen die beiden deutschen Heeresgruppen schob. Bei einer Frontfahrt stieß der Feldmarschall unversehens auf den Stab des LXVII. Korps, von dem man bei der Heeresgruppe argwöhnte, er habe – insgeheim – schon irgendwo „unterziehen" wollen. Eine Weile führte er selbst das Korps, dessen Kommando dann Gen. Flörke anstelle von Hitzfeld erhielt. Vorübergehend gelang es der 15. Armee und dem LXVII. Korps, die Front zwischen Sieg und Lahn wieder zum Stehen zu bringen. Das LIII. Korps wurde mit allen noch verfügbaren Panzerfahrzeugen noch einmal zu einem Gegenangriff aus dem Raum Siegen nach Süden angesetzt. Gen. Wagener war später der Überzeugung, dem Unternehmen sei nur noch theoretische Bedeutung zuzumessen gewesen. Models Absicht war es, auf diese Weise die Verbindung zur HGr G im Süden nicht abreißen zu lassen. FM Kesselring hielt einen Ausbruch nach Osten für richtig. Aber die Verbindung zwischen Model und Kesselring blieb, von der erwähnten einzigen persönlichen Aussprache auf Models Gefechtsstand abgesehen, sporadisch und beschränkte sich auf Ferngespräche, bis auch diese Nachrichtenverbindung abriß. Gen. Wagener schrieb später, durch diese – verfehlte – Angriffsrichtung habe die Heeresgruppe gleichsam selbst die Hand zu ihrer Einschließung geboten, und korrigierte im gleichen Atemzug diese Ansicht dahin, daß der Befehl des „Führers", die Rheinfront zu halten, nicht der Durchbruchversuch, die Hauptursache für die Katastrophe gewesen sei.

In der Woche vor Ostern verschlechterte sich die Situation bei der 15. Armee weiter. Model, der inzwischen einen Gefechtsstand bei Olpe in Westfalen bezogen hatte, befahl über Funk und durch Verbindungsoffiziere, mit allen Mitteln die Linie Laasphe–Marburg–Gießen zu halten. Das Wehrkreiskommando IX in Kassel begann mit dem Ausbau einer eigenen Verteidigungslinie zwischen der Edertalsperre, Melsungen und Fulda. Hier traf auch noch eine Ersatzeinheit ein, die „Division Dänemark", zusammengestellt aus Abgaben der Besatzungsverbände in Dänemark. Für Kassel wurde auch das Eintreffen eines neuen AOK 11 unter Gen. d. Art. Lucht zugesagt. Im Harz, so wurde gemeldet, werde eine neue 12. Armee zusammengestellt – Entsatz für die HGr B an Rhein und Ruhr.

Der Feldmarschall und sein Chef des Stabes erwogen noch einmal die ihnen verbleibenden Möglichkeiten: Entweder entschloß man sich zur Verteidigung des Ruhrgebietes zwischen Sieg, Rhein und Ruhr – oder man gab aus eigenem Entschluß die Rheinlinie auf und trat zum Angriff nach Osten an – die Kesselringsche Lösung. In beiden Fällen war es notwendig, die Verbindung mit wenigstens einer der Nachbarheeresgruppen G oder H wiederzugewinnen. Ließ man sich im Ruhrgebiet einschließen, konnte man sich etwa bis Mitte April behaupten, sofern kein Entsatz kam.

Aus diesen Überlegungen ging der Befehl zum Angriff aus dem Raum Winterberg im Sauerland mit der wichtigen Paßhöhe am Astenstein nach Osten hervor, um den hier mit Panzern durchgebrochenen Gegner abzufangen und die Verbindung mit den eigenen Kräften wiederherzustellen. Die letzte Heeresgruppenreserve, Gen. Bayerleins LIII. Korps mit den Kampfgruppen der Panzerlehr- und der 3. Panzergrenadierdivision wurde dafür bereitgestellt. Model und Wagener hegten die Hoffnung, trotz weitgehender Lähmung des Bahnnetzes die 176. Division von der Siegfront auf dem Schienenweg heranschaffen zu können. Sämtliche verfügbaren Artillerieeinheiten wurden zusammengerafft. Da der Stab der 15. Armee nicht aufzufinden war, erhielt der Höhere Artillerieoffizier bei der Heeresgruppe, GenLt Tholte, die Leitung des Unternehmens. Tholte, unter den Jüngern der heiligen Barbara einer der geringeren, gehörte zu jenen hohen Offizieren, die den FM mehr fürchteten als jeden Feind. Nach dem Krieg gab er eine schöne Geschichte zum besten, wie er den Feldmarschall noch daran gehindert habe, schließlich und zuguterletzt noch Winterberg mit der „ganzen Artillerie" zusammenzuschießen. Aber Tholtes Erzählung gehört schon zum Gewebe jener Schauergeschichten, die sich später um Models letzte Tage im Kessel rankten.

Am Karfreitag, 30. März 1945, eröffnete Bayerlein mit drei Stoßgruppen den Angriff. Das erste Ziel, Medebach, wurde erreicht, die hier durchführende wichtige Straße für den Gegner gesperrt. Ostersamstag erlahmten die Kräfte, der Angriff blieb liegen. Die 176. Division saß auf zerstörten Bahnlinien fest. Es war der letzte Tag, an dem die Landverbindung zwischen dem Ruhrgebiet und Ostwestfalen noch offen war. Dafür tauchte überraschend der Stab der 15. Armee mit Gen. v. Zangen wieder auf. Er war zwischen amerikanischen Panzerspitzen eingeklemmt gewesen und hatte sich durchgeschlagen: zeitweilig hatte sich Zangens große Wagenkolonne in amerikanische Fahrzeugkolonnen eingefädelt und war dann abgeschwenkt. Im Norden waren Teile der HGr H ins Ruhrgebiet abgedrängt worden, die sich darauf dem Feldmarschall unterstellten, darunter das XXXXVII. Panzerkorps des Generals Freiherrn v. Lüttwitz. Sie wurden zur Verstärkung der Nordfront der HGr B eingesetzt. Am Ostersonntag, dem 1. April, gewannen Stoßtruppen (Task Force) der 3. und der 2. amerikanischen Panzerdivision von den Armeen Hodges und Simpson in Lippstadt westlich von Paderborn Fühlung miteinander. Das Angriffsunternehmen bei Winterberg war die letzte größere eigenständige Handlung der HGr B. Der Ring begann sich zu schließen. Im Süden wurde die schwer angeschlagene HGr G des SS-Oberstgruppenführers Haußer weit abgedrängt. Die HGr H im Norden, gleichfalls schwer angeschlagen, wich nach Westfalen und dem Emsland aus. Die Verbindungen rissen ab. Die von Model gebildete „Gruppe v. Lüttwitz" mit dem XXXXVII. Panzer- und dem aus zwei Fallschirmdivisionen und der Division „Hamburg" bestehenden LXIII. Armeekorps stellte nur noch einen Kräftezuwachs von begrenztem Kampfwert dar. Die Weisung des OKW, beziehungsweise Hitlers, das Ruhrgebiet als „Festung" zu verteidigen, unter Verbot jeden Ausbruchversuchs, bildete jetzt den letzten der unmöglich zu erfüllenden Kampfaufträge, die die Heeresgruppe seit der zweiten Ardennen-Offensive erhalten hatte. Gleichwohl waren sich der FM und sein Chef, GenMaj Wagener, einig in der Auffassung, daß eine eigenmächtige Kapitulation noch nicht in Frage komme. Noch stand die Ostfront an der Oder und in Niederschlesien. Noch war Aussicht auf Entsatz durch die in Aufstellung begriffene 12. Armee unter dem General der Panzertruppen Wenck gegeben.

Wenck, einer der hervorragendsten Generalstabsoffiziere der letzten Generation dieser Institution, bis zu seinem schweren Autounfall im Februar 1945 Chef der Operationsabteilung unter dem inzwischen wieder weggeschickten GenOb Guderian, forderte jetzt Opfer personeller Art von der Heeresgruppe. Er suchte hochbewährte Offiziere für sein letztes Aufgebot. GenLt Gerhard Engel, von 1938 bis 1943 Adjutant des Heeres bei Hitler, Model wohlbekannt, der im Ruhrkessel die 12. Volksgrenadierdivision kommandierte, wurde abberufen. Als er sich bei Model abmeldete, traf er diesen auf einem Gefechtsstand bei der Sorpe-Talsperre. Seine für sehr gut geltende Division lag im Raum Gummersbach, zwar abgekämpft und mit wenig Munition versehen, aber immer noch ein geschlossener Verband. Engel fand den FM sehr ernst. Model machte kein Hehl daraus, daß das Ende nahe bevorstehe, aber Engel hatte nicht den Eindruck, daß er hinsichtlich seines persönlichen Geschickes bereits irgendwelche Entschlüsse gefaßt hätte.

Der FM bat ihn, falls er den „Führer" spreche, möge er diesem den tödlichen Ernst der Lage klarmachen. Es gehe um Tage, vielleicht noch um Wochen. Seiner Überzeugung nach war der letzte Augenblick gekommen, um zu versuchen, mit den Westmächten Frieden zu schließen, doch bezweifelte er, ob sich dazu noch eine Möglichkeit böte. Major Balzer vom Wehrmachtpresseamt, der ihn im März noch einmal bei Altenkirchen gesprochen hatte, berichtete später, Model habe sich bitter beklagt, daß nicht ein einziger hoher Offizier vom OKW einmal an die Remagen-Front komme, um die Lage selbst zu prüfen. Gegenüber GenLt Engel äußerte sich Model jetzt sehr hart und abfällig über das Treiben des Fliegenden Sonderstandgerichts Hübner, das er scharf verurteilte – während man sich im Ruhrgebiet schon die phantastischsten Geschichten erzählte, wie der wilde Feldmarschall mit eigenem Standgericht umherfahre, mitsamt Kriegsgerichtsrat und Feldgendarmerietrupps, um Versäumnisse oder Ungehorsam gleich an Ort und Stelle zu bestrafen.

Anfang April 1945 erhielt Oberst Reichhelm, den sich Wenck als Chef des Stabes wünschte, ein an die Heeresgruppe gerichtetes Fernschreiben Hitlers: „Ich brauche den Oberst i. G. Reichhelm für eine für das Schicksal der Heeresgruppe B entscheidende Aufgabe. Adolf Hitler." Gen. Wagener bemerkte darauf zu Reichhelm: „Ein Fernschreiben des Obersten Kriegsherrn persönlich, das können Sie sich hinter den Spiegel stecken." Reichhelm hatte in den letzten Wochen, die jeden Tag immer nur neue schlechte Meldungen gebracht hatten, genügend „Explosionen" beim Feldmarschall erlebt. Dessen alte Regel, ein Stabsoffizier, der ihm eine schlechte Lage melde, müsse mindestens drei Aushilfen parat haben, sonst tauge er nichts, fruchtete nichts mehr. Bei einer Gelegenheit war der FM so ausfallend geworden, daß sein Ia ihm ein ganzes Bündel Akten vor die Füße warf und den Raum verließ. Solche Reaktion wirkte immer sehr heilsam auf Model. Jetzt jedoch wollte Reichhelm seinen von ihm hochverehrten OB nicht mehr verlassen, und dieser wiederum wollte um keinen Preis zugeben, daß ihm dieser Mitarbeiter menschlich näher gerückt war als jeder andere Generalstabsoffizier vor ihm und daß ihm der Abschied von Reichhelm ans Herz ging. Reichhelm hat diese Szene selbst geschildert. Sie ist für Models verschlossene, schwer durchschaubare Natur bezeichnend. Auf dem Höhepunkt der letzten Gespräche warf er Reichhelm noch an den Kopf, dieser sei wohl zu feige, um aus dem Kessel „rauszufliegen"?

Als Nachfolger für Reichhelm wurde Obstlt. i. G. v. Siebert zum Stab kommandiert. Für den neuen Ia gab es allerdings nicht mehr allzuviel an klassischer Generalstabsarbeit. Große Entschlüsse waren nicht mehr zu fassen. Der Feldmarschall selbst war viel an den immer wieder brüchig werdenden Kesselfronten, vor allem im Osten und Nordosten unterwegs, begleitet von einer kleinen motorisierten Führungsstaffel. Im Durchschnitt war die Truppe ausgebrannt, sie bezeigte, griff der Gegner an, nur geringes Stehvermögen und wich immer wieder aus. Seiner Gewohnheit nach verfiel Model auf die ungewöhnlichsten Aushilfsmittel in dieser Situation, verteilte selbst Flugblätter an die Truppe, sprach über Funk persönlich die Soldaten an. Sein Name hatte noch immer Klang oder flößte auch Furcht ein, was wieder die unsinnigen Geschichten von Standgerichten und dem Wirken der „Modelschen Feldjäger" nährte. Er entwickelte auch die Idee, mit Panzerfäusten ausgerüstete Hitlerjungen durch die eigenen Linien zu schleusen, damit sie im Rücken der Amerikaner gegen Panzer und Versorgungskolonnen vorgehen könnten. Als einer der Stabschefs bei der Gruppe Lüttwitz es ablehnte, solche Befehle auszuführen, gab es wieder die übliche Szene, Wutausbruch, Drohung mit Kriegsgericht und die Ankündigung, am anderen Tag wolle er sich überzeugen, ob der Befehl befolgt worden sei. Der betreffende Generalstabsoffizier schloß im stillen schon mit dem

Leben ab – aber der FM erschien nicht mehr, weil die Lage täglich wechselte. In letzter Stunde war die Parteikanzlei noch auf den Aberwitz verfallen, mit Hilfe einer „Werwolf"-Organisation einen Partisanenkrieg im eigenen Lande zu entfesseln, und Models Überlegungen entsprachen solchen Vorstellungen. Es war ein Symptom dafür, wie er noch immer auf „Aushilfen" sann, mit deren Hilfe er einst so viele schwere Krisen überwunden hatte. Merkwürdig aber blieb, wie sich bei vielen Truppenteilen, wie sich auch in Teilen der Bevölkerung noch immer die Wundergläubigkeit erhielt, die vage Hoffnung, der „Führer" müsse doch noch „irgend etwas" im Hinterhalt haben, bald würden ganz neue Waffen auftauchen, und der Krieg werde eine neue Wendung nehmen.

Weder der FM noch sein Chef des Stabes teilten diesen Glauben. Nach ihrer Überzeugung blieben noch drei, höchstens vier Wochen Zeit für eine Verteidigung in der imaginären „Festung". Irgendwelche Luftversorgung kam nicht mehr in Frage, abgesehen von einem einzigen Versuch, mit einer größeren Gruppe von Ju 52 Spezialmaterial in den Kessel zu bringen, ein Versuch, der mit schweren Verlusten endete. Munition und Treibstoff reichten bei sparsamster Verwendung vielleicht noch zwei bis drei Wochen.

Nach den Vorstellungen Eisenhowers und seines Stabschefs Gen. Bedell Smith sollte der Ruhrkessel langsam ausgedörrt werden, unter Vermeidung verlustreicher Großkämpfe in den riesigen Industriesiedlungen. Dementsprechend ging der Gegner Schritt um Schritt dazu über, die Kesselfront im Süden, Osten und Norden einzudrücken. Westlich des Rheins wurde die 15. US-Armee eingeschoben, zur Bindung der deutschen Kräfte an der dünnen Rheinfront.

So kamen dann in den ersten Apriltagen nacheinander immer neue Meldungen an die Heeresgruppe von Rückschlägen bei Siegen, bei Winterberg, bei Brilon, von sich verstärkendem Druck auf die Gruppe v. Lüttwitz an der Ruhr. Von Lippstadt aus griff die 8. US-Panzerdivision nach Westen an. Gen. Wagener notierte mit Aufmerksamkeit die nurmehr geringen eigenen Verluste, wenn der Gegner angriff. Die eigene Truppe wich eben aus, sie stand nicht mehr. Das in Aussicht gestellte neue AOK 11, das im Kasseler Raum Wunder wirken sollte, kam nicht mehr zum Zuge. Das LXVII. Korps des Generals Hitzfeld, das sich zum Teil aufgelöst hatte – ein Bataillon gelangte bis nach Jüterbog! –, konnte man abschreiben. Es blieb mit dem Generalkommando in Kassel außerhalb des Kessels. Aber noch ging die Aufstellung der 12. Armee weiter. Am 4. 4. 1945 ging noch einmal ein Lagebericht Models an den OB West, FM Kesselring: Der Feind verstärke sich ständig, gehe im konzentrischen Angriff vor. Komme in zwei Wochen kein Entsatz zustande, falle die HGr B aus. Model erbat die Genehmigung zum sofortigen Ausbruch nach Osten, um Verbindung zur 12. Armee zu gewinnen. Kesselring lehnte ab. Die Verbindungen zum OB West rissen ab. Kesselring befand sich in stetem Ausweichen nach Süddeutschland. Er hatte viele Sorgen.

Am 6. April gelang es der 15. Armee noch einmal, einen tiefen Einbruch des Gegners bei Winterberg abzufangen. Dann trafen nur noch Meldungen über eine stetige Verengung der Kesselfront ein. Infolge der sich verschlechternden Lage verlegte die Heeresgruppe am 8. April ihren Hauptgefechtsstand von Rohde bei Olpe nach Lüdenscheid.

Nachdem Model im März den Fall von Bonn erfahren hatte, versuchte er vergebens, herauszufinden, was wohl mit seiner dort lebenden, hochbetagten Schwiegermutter, der alten Frau Huyssen-Rückert, geschehen war. Es gab keine Nachrichten aus dem von den Amerikanern besetzten Gebiet. Am 26. 3. 1945 sah er zum letztenmal auf einem vorgeschobenen Gefechtsstand in einer früheren Jugendherberge an der Glör-Talsperre bei Hagen in Westfalen seine älteste Tochter Hella. Diese war in Herne beschäftigt gewesen; angesichts der Möglichkeit einer Einschließung des Ruhrgebietes schien es ihm besser, sie zur Familie zurückzuschicken. Hella Model fand ihren Vater wie immer äußerst tätig, ihr gegenüber bezeigte er auch einen gewissen Optimismus. Sie fuhr dann mit dem Kriegsberichter Oberleutnant Lucke, der nach Berlin zu Goebbels befohlen war, nach Sachsen weiter – es war das letzte der drei Kinder, das Model noch gesehen hat.

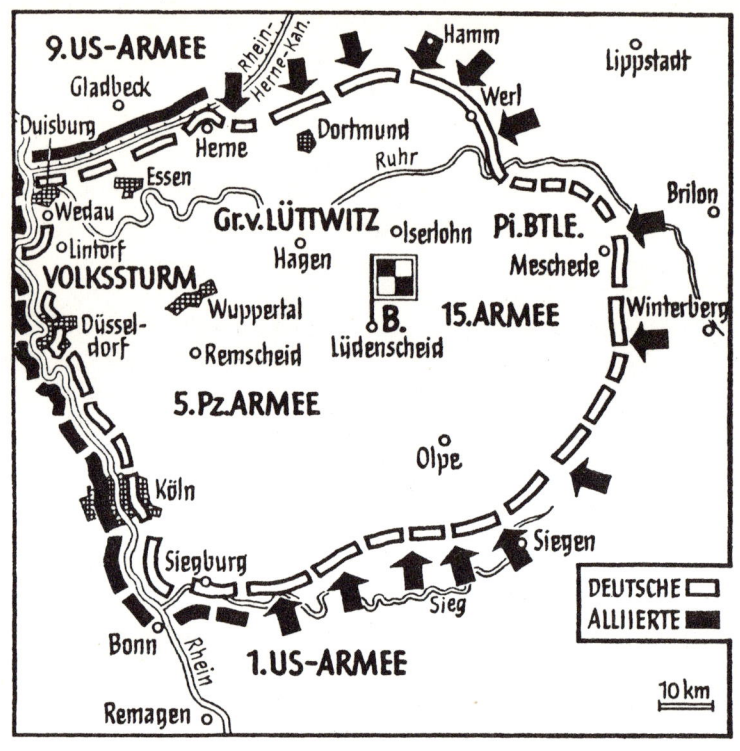

Vor dem Ende: Die Heeresgruppe B im Ruhrkessel,
Lage vom 8. April 1945

In dem letzten erhalten gebliebenen Brief an seine Frau vom
28. März hatte Model – in den Tagen vor Ostern – an ein
Lutherwort erinnert: „Alle Ängstlichkeit ist vom Teufel, der
Mut und die Freudigkeit aber sind von Gott." In einem Brief an
seine Frau, den er der ältesten Tochter mitgegeben hatte, finden sich bei aller ostentativ betonten Zuversicht sibyllinische
Worte: Er erinnert daran, daß das Schicksal den Ausgang des
Krieges bestimme. Sterben müßten alle einmal, es komme auf
die Bereitschaft zum „innerlich frohen Sterben" an. Seine Frau
und die jüngste Tochter Christa waren inzwischen auch vom
Malstrom des Kriegsgeschehens erfaßt worden. Am 2. März

war bei einem neuen Luftangriff auf Dresden das Haus im Weißen-Hirsch-Viertel unbewohnbar geworden. Die Damen Model waren zunächst zu der Familie von Obstlt. Lange, dem Abwehroffizier der HGr B, nach Langenbrück gezogen. Lange selbst war noch am 26. Februar kurz in Dresden gewesen, um die Vernichtung der Akten des Feldmarschalls zu kontrollieren. Die Models hatten dann Notquartier im Schloß der Fürsten Schönburg in Hartenstein gefunden, wohin auch Hella Model geschickt wurde; am 7. April siedelten sie nach Schloß Wolfsbrunn bei Zwickau über. In den Briefen an seine Frau mahnte der Feldmarschall, sie müßten in vorbildlicher Haltung die Unbill des Krieges ertragen, die nun, wie im Sieben- oder im Dreißigjährigen Krieg auch die Familien der Soldaten treffe. In solchen Stunden müßten die Angehörigen der „Führungsschicht" sich doppelt ihrer Pflicht bewußt sein.

Mitte April verdüsterte sich der Horizont weiter. Die Gruppe v. Lüttwitz wurde hinter die Ruhr zurückgeworfen, Bochum, Gelsenkirchen, Essen wurden aufgegeben – ohne Kampfhandlungen. Im Süden ging die Sieg-Linie verloren, Siegburg mußte geräumt werden. Der Flakstützpunkt Siegburg konnte wenigstens noch den Abschuß einer größeren Zahl von Panzern der frisch eingesetzten 13. US-Panzerdivision melden. Zwischen dem 12. und 13. April stürzte die Ostfront des Kessels ein. Mit der 15. Armee war in Lüdenscheid keine Verbindung mehr zu bekommen. Das LXXXI. Korps meldete sich nicht mehr. Dessen Kommandierender General, Gen. d. Inf. Köchling, erklärte nach der Gefangennahme, die Fortsetzung des Widerstandes an der Ruhr sei „ein Verbrechen" gewesen. Der Oberbefehlshaber der Heeresgruppe hätte kapitulieren müssen. Ihm selbst sei dies nicht möglich gewesen. Er habe Rücksicht auf seine Familie nehmen müssen . . .

Völlig eigenmächtig verfuhr der Kommandierende General des LIII. Korps, GenLt Bayerlein. Er knüpfte Verhandlungen mit dem gegenüber befehligenden Kommandeur der 7. US-Panzerdivision an und streckte mit seinem Korps die Waffen, ohne die Heeresgruppe noch zu fragen. Zwei Divisionskommandeure, die sich diesem Schritt nicht anschließen wollten, wurden von Bayerlein auf seinem Korpsgefechtsstand mit sanfter Gewalt dafür gewonnen ...

Der Kessel verengte sich auf einen Durchmesser von noch etwa 45 km. Anzeichen allgemeiner Auflösung mehrten sich. Versprengte ohne Zahl trieben sich im Kessel umher. In den Wäldern häuften sich die Ansammlungen von Fahrzeugen, die hier Schutz vor den allgegenwärtigen Jagdbombern suchten, die Straßen waren mit liegengebliebenen oder verlassenen Kolonnenfahrzeugen verstopft. Das alliierte Oberkommando richtete die Aufforderung zur Kapitulation an die Heeresgruppe. Der Feldmarschall lehnte ab, sein Chef des Stabes desgleichen, obwohl ihn Model vorher nicht von dem Angebot unterrichtet hatte. Die Zustände im Stab waren wohl einigermaßen seltsam. Gen. Wagener bezeichnete in der Rückschau die Beziehungen zwischen Oberbefehlshaber und Chef als „sehr gestört". Er bevorzugte eine sehr diplomatische Ausdrucksform. Wagener selbst scheint mehr oder weniger resigniert zu haben – was kein Wunder war! Er tat nur noch seine Pflicht. Der FM fuhr fort in schier ungebrochener Aktivität, fuhr zur Truppe, soweit es diese noch gab, und hielt es mit der heroischen Weisheit, daß man die Seele nicht in Feigheit verderben lassen dürfe.

Vom OKW in Berlin erfuhr man direkt kaum noch etwas. Im Rundfunk konnte man den Wehrmachtsbericht abhören. Mitte April gelang es dem Gegner, durch einen Sezierschnitt von Süd nach Nord und umgekehrt den Kessel in zwei Teile aufzuspalten. Im Raum Hohenlimburg-Hagen im Sauerland trafen sich die amerikanischen Panzerspitzen. Der Gegner brach auch bis zur Sorpetalsperre durch. Die Heeresgruppe nahm den letzten großen Gefechtsstandwechsel vor. Von Lüdenscheid ging die Fahrt nach dem Ausflugsort „Waldesruh" bei Wuppertal. Model und Wagener diskutierten noch einmal die Lage. Model stand das Beispiel in die Tiefe durchgebrochener sowojetischer Korps und Armeen bei den Krisen im Rshew-Bogen vor Augen. In den riesigen Waldgebieten hatten sich diese quasi selbst aufgelöst und mit den vorhandenen Bandengruppen vereinigt. Nun hatte man zwar hier keine Partisanenverbände, höchstens den „Volkssturm" von meist natürlich ge-

ringer Kampfkraft und Kampfwilligkeit. Aber aus diesen Erinnerungen entsprang fraglos bei Model der Gedanke, die
sinnlos gewordenen Kampfhandlungen einzustellen, um aus
eigenem Entschluß eine formelle Kapitulation gegenüber dem
Gegner zu umgehen. Am 17.4.1945 entschloß er sich, im
Einvernehmen mit Gen. Wagener, die Heeresgruppe aufzulösen – so Wageners Bekundungen nach dem Krieg. Nach dem
Willen des „Führers", dem sich Model in den letzten Monaten
oft genug gebeugt hatte, wurde nicht mehr gefragt.
Die Auflösung der HGr. B sollte nach drei Kategorien erfolgen: Ganz junge und ganz alte Jahrgänge waren aus der Wehrmacht zu entlassen (um sie vor der Kriegsgefangenschaft zu bewahren) und soweit noch möglich in die Heimatorte zu schicken.
Offiziere, Beamte, Berufssoldaten, mittlere Jahrgänge und
Trosse oder Einheiten ohne genügende Ausrüstung sollten sich
vom Gegner überrollen lassen. Gruppen von Offizieren und
Soldaten, die versuchen wollten, sich ohne Waffen in die Heimat durchzuschlagen, wurde dies, in Uniform oder Zivil, unter
Führung des jeweils dienstältesten Offiziers freigestellt, desgleichen Gruppen, die den bewaffneten Ausbruch riskieren
wollten. Allerdings war es eine offene Frage, wieweit es die
Nachrichtenmittel der Heeresgruppe noch erlaubten, diesen Befehl allen Verbänden zugänglich zu machen. Groteskerweise
traf mitten in diese Überlegungen noch ein Befehl vom OKW
ein, der den Ausbruch der Heeresgruppe freigab. Man nahm
ihn kaum mehr zur Kenntnis.
Am 15. April traf ein schwerer Luftangriff den letzten Gesamt-
befehlsstand in „Waldesruh" bei Wuppertal. Von der „Gruppe
v. Lüttwitz" im Nordraum des Kessels kam keinerlei Meldung
mehr. Dafür traf ein weiterer Befehl des OKW ein, die Ost-
gruppe im Kessel solle zur Westgruppe durchbrechen. Auch von
Gen. v. Zangen fehlte jede Nachricht. Dieser Befehl wurde
nurmehr zu den Akten gelegt, die man bereits zur Vernichtung
fertig machen konnte. In der Nacht vom 15./16. April siedelte
der Heeresgruppenstab in den Stadtwald von Haan zwischen
Wuppertal und Düsseldorf über, der bessere Deckung gegen
Fliegerangriffe bot. Der amerikanische Gen. Matthew Ridg-

way, Kommandierender General des XVII. Luftlandekorps, das an der Ruhr als Infanterie eingesetzt war, schickte einen Offizier seines Stabes, Captain Brandstetter als Parlamentär. Er wies darauf hin, daß weiterer Widerstand sinnlos sei, und forderte den Feldmarschall auf, die Waffen zu strecken. Model lehnte ab. Er berief sich auf seinen Fahneneid.

Im Wald von Haan wurde der Entschluß gefaßt, die Heeresgruppe aufzulösen und den für den 17. April vorgesehenen entsprechenden Befehl hinausgehen zu lassen. Der IIa Oberst Pilling schlug dem FM vor, den noch immer sehr umfangreichen Stab im Sinne der Auflösungsorder zu reduzieren. Das weibliche Hilfspersonal wurde verabschiedet, mit der Maßgabe, die Mädchen sollten versuchen, bei Familien in Wuppertal Unterkunft zu finden. Bei der Entlassung der Stabshelferinnen sah die bisherige Sekretärin des IIa, Erika Iser, die nach dem Krieg Oberst Pillings Frau wurde, den Feldmarschall zum letztenmal. Er hatte sich immer bemüht, den Stabshelferinnen ihren Dienst zu erleichtern. Er winkte den Mädchen zu, sein Gesicht schien hart, „wie ausgebrannt". Sonst hatte er stets ein freundliches Lächeln für die aus Dresden stammende Gehilfin seines Adjutanten gehabt. Jetzt hatte ihn das Lächeln verlassen ...

Im Stadtwald von Haan kam Model in den frühen Morgenstunden des 16. Aprils gegenüber seinem Ordonanzoffizier Hauptmann Maisch plötzlich auf den 20. Juli zu sprechen: „Ob ich mich daran beteiligt hätte, wenn ich dazu aufgefordert worden wäre, weiß ich nicht. Ich glaube nicht. Trotzdem habe ich die Art, in der diese Männer endeten, auf das tiefste verabscheut." Soweit das Zeugnis des O 1 der Heeresgruppe, des jungen Hauptmanns Ernst Maisch. Der Feldmarschall hatte jetzt Zeit, über Dinge nachzusinnen, für die früher niemals Zeit gewesen war. Für den an sich so verschlossenen, innerlich sehr einsamen Mann war dies ein seltsames Geständnis gegenüber einem jungen, ihm nicht einmal persönlich sehr nahestehenden Offizier.

Am 17. April trennten sich Model und Gen. Wagener im Haaner Stadtwald. Inzwischen hatte Gen. Ridgway durch Captain

Brandstetter dem FM einen persönlichen Brief überbringen lassen. Der amerikanische Korpskommandeur erinnerte an das Beispiel, das der Oberkommandierende der Südstaatenarmee in Virginia, General Robert E. Lee, ein durch Charakter wie Begabung gleich ausgezeichneter Soldat, vor 80 Jahren im gleichen Monat durch seine Kapitulation in aussichtsloser Lage gegeben habe. Er beschwor Model, deutsches Leben und deutsche Städte zu schützen und die Waffen niederzulegen. Model lehnte abermals ab.

Er fragte seinen letzten Chef: „Haben wir alles getan, was uns zu tun möglich war?" Wagener bejahte. Model: „Was bleibt einem geschlagenen Feldherrn dann noch zu tun?" Gen. Wagener schwieg. Model: „Im Altertum nahmen sie Gift." Nach der Kapitulation des GenFM Friedrich Paulus in Stalingrad hatte er seinem Sohn gesagt: „Ein Feldmarschall geht nicht in Gefangenschaft. So etwas gibt es einfach nicht."

Mit einer Restführungsstaffel, zu der der IIa, Oberst Pilling, der Ic, Obstlt. i. G. Michael, der Id, Major i. G. Winrich Behr, ein Achtradpanzerspähwagen, ein Opel-Blitz-Nachrichtenfahrzeug und ein DKW-Meisterklasse gehörten, fuhr der Feldmarschall in den Raum um Düsseldorf. Kurze Zeit machte die kleine Kolonne, der der schwere Panzerspähwagen noch ein gewisses kriegerisches Air lieh, in dem berühmten Gestüt Mydlinghoven Rast. Bei Düsseldorf stand das noch intakte Flakkorps des Generals v. Rantzau, das sich gemäß Heeresgruppenbefehl zur „Abrüstung" rüstete. Düsseldorf durch einen letzten heroischen Versuch des Widerstandes mit Hilfe der Flakeinheiten zu ruinieren, hielt Model für sinnlos.

Inzwischen begab sich Gen. Wagener mit dem US-Captain Brandstetter auf den Gefechtsstand Gen. Ridgways, um den ablehnenden Bescheid seines Oberbefehlshabers zu überbringen. Der amerikanische General bot angeblich Wagener an, gleich in Gefangenschaft zu gehen. Nach dessen eigener Aussage geriet er nach einem gescheiterten Ausbruchsversuch am 19. April 1945 in Gefangenschaft.

In der Nacht vom 17./18. 4 1945 brach die Restführungsstaffel von Ratingen aus in das Gebiet zwischen Düsseldorf und Duisburg durch, das bereits von amerikanischen Panzern kontrolliert wurde, und suchte Unterschlupf in den riesigen Wäldern des Reichsgrafen v. Spee im Raume Lintorf und Wedau. In Lintorf, zwei Kilometer vom Waldversteck Models entfernt, tauchten am 18. April amerikanische Panzer auf.

Unter dem 19. April heißt es im Lagebuch des Wehrmachtführungsstabes: „Der geschlossene Widerstand der Heeresgruppe B ist am 17. 4. zu Ende gegangen. Kleinere Gruppen kämpfen noch weiter." Nach amerikanischen Angaben gingen in diesen Tagen 317 000 deutsche Soldaten, darunter 24 Generale und ein Admiral – der Verbindungsoffizier der Marine bei der Heeresgruppe – in Kriegsgefangenschaft.

Nach den Bekundungen des 1956 in Hamburg verstorbenen Obersten Pilling versuchte dieser dem Feldmarschall klarzumachen, er müsse sein Leben für Deutschland auch nach dem verlorenen Krieg erhalten. Aber nach den Nachrichten, die die Restgruppe noch über den Rundfunk erhielt, war wenig Aussicht dafür vorhanden, daß große und eiserne Soldaten vom Schlage Walter Models in Deutschland jemals gebraucht werden würden, geschweige denn, daß man deren Leistung und Opfer anerkennen würde. Im englischen Rundfunk hörte man auch die Verlautbarungen der Sieger, alle höheren Offiziere der Wehrmacht müßten sich nach dem Sieg vor Gericht für ihre Taten verantworten. Obstlt Michael machte dem Feldmarschall klar, er würde mit Sicherheit einem sowjetischen Gericht überantwortet werden. Der Gedanke, sich wegen „Verbrechen", die er nie begangen hatte, einem Richterspruch des „Feindes" unterwerfen zu sollen, war dem FM unerträglich. Im übrigen hatte er sich sein Lebensgesetz nach Stalingrad selbst geschrieben.

Am 20. 4. 1945 hörte die Reststaffel die Ansprache des Reichsministers Goebbels zum 56. Geburtstag des „Führers" aus Berlin, auf dem bereits das Feuer schwerer sowjetischer Artillerie lag. Goebbels sprach von der „verräterischen Ruhrarmee". Major i. G. Behr hatte den Eindruck, als sei sich sein von ihm bewunderter FM erst an diesem – vorletzten – Tag seines Lebens darüber klargeworden, wem er gedient, wer Deutschland verdorben hatte – und die Lebensleistung des Feldmarschalls. Am frühen Vormittag des 21. Aprils ging er in den schon frühlinghaften Wäldern des Grafen v. Spee – aus dessen Familie jener kaiserliche Admiral stammte, der 1914 in der Seeschlacht bei den Falklandinseln lieber den Tod gegen die britische Übermacht gesucht, als die schimpfliche Kapitulation akzeptiert hatte – mit dem jungen Major i. G. Behr eine Weile spazieren. Er gab dem ihm vertraut gewordenen, hochbefähigten Generalstabsoffizier ein paar Erinnerungsstücke für seine Frau. Nichts jedoch – so Behr – ließ erkennen, daß er Entschlüsse für die Zukunft, für seinen Tod noch am gleichen Tag, gefaßt hatte. Major Behr schlug dem Feldmarschall vor, er wolle mit seinem Fahrer Heinz Crommann einen „Erkundungsvorstoß" in Richtung Wedau unternehmen, um festzustellen, wo die Amerikaner stünden und wie überhaupt die Lage in diesem Raum sei. Das konnte nach der Lage der Dinge nur „per pedes apostolorum" erfolgen. Der Major meinte, er werde in drei bis vier Stunden zurück sein. An genaue Uhrzeiten konnte er sich später nicht mehr erinnern. Als er mit dem Fahrer endlich zurückkehrte, war bereits alles geschehen . . .

In den Mittagsstunden des 21. Aprils 1945 bat der Feldmarschall seinen Adjutanten Oberst Pilling zum letztenmal um Begleitung. Unter einer Gruppe besonders prächtiger hoher Eichen im Walde zwischen Lintorf und Wedau machte er Halt, zog und entsicherte seine Pistole Kal. 6.35 Millimeter. Nach der Angabe von Oberst Pilling geschah dies gegen 14 Uhr. Nach einer Erklärung an Eides Statt, die Oberst a. D. Theodor Pilling vor dem Badischen Notariat I in Freiburg i. Br. am 24. April 1951 abgegeben hat, lag die Uhrzeit ungefähr bei 16 Uhr, als der Feldmarschall die Pistole an die Schläfe setzte. Das Standesamt Dresden I stellte am 10. Juni 1952 in einer postum ausgefertigten Sterbeurkunde fest, Walter Model sei am 21. April 1945 in einem Waldstück zwischen Lintorf und Wedau südlich von Duisburg „tot aufgefunden" worden.

Es mag sein, daß zwischen dem Todesschuß und dem Zeitpunkt, zu dem Oberst Pilling die Staffel verständigt hat, etliche Zeit

verronnen ist. Oberst Pilling und Obstlt. Michael bestatteten ihren Oberbefehlshaber am Nachmittag unter den Eichen. Die Führungsstaffel löste sich auf. Michael und Behr umgingen jede Gefangennahme, noch im Geist ihres Feldmarschalls. Augenzeugen für die letzte Stunde gibt es nicht mehr. Oberst Pilling ist tot. Obstlt. Michael, der erst 1946 von den Engländern in Bonn entdeckt und festgesetzt wurde und später in die Dienste der „Organisation Gehlen" trat, ist auf einer nachrichtendienstlichen Erkundungsreise im Osten verschollen. 1945 suchten die Amerikaner im Ruhrkessel mit Eifer nach dem verschollenen Oberbefehlshaber. Gen Bradley versprach demjenigen Soldaten einen hohen Orden, der ihm Model lebendig bringe. Gen. Wagener, der nichts vom Schicksal seines Feldmarschalls wußte, wurde mit Fragen überschüttet, wo sich dieser denn aufhalte ...
Es war die letzte Ehre, die der westliche Gegner dem Feldmarschall erwies.

Quellenverzeichnis

Vorbemerkung

In der zweiten Hälfte des Februars 1945 sind auf Anordnung von General-feldmarschall Model seine persönlichen Papiere und die für kriegsgeschicht-liche Zwecke gesammelten Unterlagen aus seiner militärischen Laufbahn in Dresden, dem letzten Friedensstandort Models, unter Aufsicht zweier Offiziere seines Stabes, des Adjutanten Oberst Pilling und des Abwehr-offiziers Oberstleutnant Lange, vernichtet worden. Der Feldmarschall wollte verhindern, daß die Unterlagen in die Hände der Sowjets fielen. Tatsäch-lich ist das von der Familie Model bewohnte Haus 1945 längere Zeit von sowjetischen Truppen besetzt und gründlich durchsucht worden.
Die vorliegende Arbeit stützt sich in erster Linie auf die vom einzigen Sohn des Feldmarschalls, Brigadegeneral Hansgeorg Model (Rheinbach bei Bonn) angelegte und geordnete Nachlaßsammlung, künftig zitiert als „Model-Nachlaß" / MNl. Diese Bestände umfassen: Familienpapiere und Angaben zur Familiengeschichte – Tageskalender der Witwe, Frau Herta Model geb. Huyssen (auszugsweise Maschinenabschrift f. d. Zeit von 1921 bis 1945) – Restbestände der Korrespondenz (u. a. Briefe des FM an seine Schwiegermutter, Frau Huyssen-Rückert, und die Feldpostbriefe an seinen Sohn) – eine Sammlung von Tagesbefehlen und Aufrufen an die dem FM unterstellten Verbände aus dem Zweiten Weltkrieg – Zeitungsberichte über den FM aus der Zeit des Zweiten Weltkrieges – Abschriften von Befehlen und auszugsweise Abschriften aus Kriegstagebüchern (KTB HGr. Mitte, KTB OB WEST) sowie eine umfangreiche Sammlung von Aussagen, Er-lebnisberichten und Niederschriften von Zeitgenossen, Vorgesetzten, Mit-arbeitern und Untergebenen des Feldmarschalls. Dazu kommt eine Samm-lung von Fotos, die zum Teil von dem Feldmarschall selbst stammen, so-wie besondere Erinnerungsstücke, Ordensurkunden und das Gästebuch des Stabes der 9. Armee aus der Zeit zwischen Weihnachten 1942 und November 1943.
Der Herausgeber hat den Bestand an Aussagen von Zeitgenossen in einer Reihe von Fällen durch mündliche oder schriftliche Befragungen ergänzt. Besonderer Dank gebührt dabei den Damen Frau Herta Model (Bonn) und Frau Margarete Jaschke (Hamburg) sowie den Herren: General a. D. Adolf

Heusinger, General a. D. Dr. Hans Speidel, General d. Inf. a. D. Friedrich Hossbach, Generalleutnant der BW a. D. Peter v. d. Groeben, Generalmajor a. D. Hans Henning v. Holzendorff, Generalmajor der BW a. D. Hans Georg v. Tempelhoff, Generalleutnant der BW a. D. Gerd Niepold, Oberst a. D. Dr. Helmuth Boysen, Oberst a. D. Georg Buntrock, Oberst a. D. Günther Reichhelm, Major a. D. Winrich Behr, Oberleutnant a. D. Klaus Liebrecht.

Diese Befragungen wurden 1970 durchgeführt. Der überwiegende Teil der Befragungen im MN 1 hat in der Mitte der fünfziger Jahre stattgefunden. Zu großem Dank ist der Herausgeber ferner dem Bundesarchiv/Militärarchiv in Freiburg i. Br. verpflichtet, das die Benutzung des Kriegstagebuches AOK 9 (Führungsabteilung) für 1942/43 und des Kriegstagebuches Pz.-AOK 2 für Juni/August 1943 erlaubte, sowie dem Staatsarchiv des Senates der Freien und Hansestadt Hamburg, das im Leihverkehr die Auswertung dieses Bestandes ermöglichte.

Quellenhinweise zu den einzelnen Kapiteln

I. KAPITEL

Model-Nachlaß

„Ahnenforschung" (MN1 Vater I) Familienpapiere und Angaben zur Familiengeschichte.
Sammlung von Aussagen und Urteilen von Zeitgenossen über FM Model: U. a. Prinz Oskar von Preußen, Dr. jur. Otto Model (Bruder des FM), Gen. d. Kav. a. D. v. Poseck, Gen. d. Inf. a. D. Erwin Vierow, GenMaj. a. D. v. Rantzau, GenMaj a. D. v. Cramer, Reg. Dir. a. D. und Major i. G. a. D. Martin Reymann.
Unveröffentlichte Manuskripte/Niederschriften (Masch.schrift) Frau Herta Model (Tochter des FM) über Pferde und Hunde ihres Mannes.
Günther Reichhelm, Oberst i. G. a. D.: Der Feldmarschall Model (Belgien Herbst 1945).

Literatur

Leppa, Konrad: Generalfeldmarschall Walter Model. Von Genthin bis vor Moskaus Tore. Nürnberg 1962.

II. KAPITEL

Model-Nachlaß

Privatkorrespondenz Walter Model.
Materialien zur Geschichte der Familie Huyssen.
Tageskalender Herta Model 1920–1939 (Auszugsweise Abschrift m. Erläuterungen von Hansgeorg Model).

Aussagen und Stellungnahmen von
GenFM Wilhelm List, GenOb a. D. Franz Halder, Gen. d. Inf. a. D. Günther Blumentritt, Gen. d. Inf. a. D. Erich Jaschke, Gen. d. Inf. a. D. Siegfried Rasp, Gen. d. Inf. a. D. Edgar Röhricht, GenLt der BW Hans Röttiger, Gen. d. Inf. a. D. Erwin Vierow, Gen. d. Geb. Tr. a. D. August Winter, BrigGen. a. D. Wolf v. Zawadsky, GenLt. a. D. H. Beisswänger, GenLt. a. D. Gerhard Engel, GenLt a. D. Fritz Kühne, GenLt a. D. Erich Reuter, Oberst a. D. Dr. Helmuth Boysen, Obstlt. a. D. Walter v. Tluck u. Toschonowitz, Reg. Dir. a. D. u. Major a. D. Martin Reymann, Oblt. a. D. Peter Alsbach, Joachim v. Knobloch (Madrid).

Befragungen d. d. Hrsg.
Frau Herta Model geb. Huyssen, Frau Margarete Jaschke, Gen. d. Inf. a. D. Friedrich Hossbach, Gen. a. D. Dr. Hans Speidel, GenMaj. a. D. Hans-Henning v. Holtzendorff, Oberst a. D. Dr. Helmuth Boysen.
Zeitungsartikel (undatiert, Verf. Walter Model?): Rückkehr des Bataillons Hacketau (um 1920, vermutl. Bückeburg).

Literatur

Bor, Peter: Gespräche mit Halder. Wiesbaden 1950.
Foerster, Wolfgang: Generaloberst Ludwig Beck, Sein Kampf gegen den Krieg. München 1953.
Görlitz, Walter: Kleine Geschichte des deutschen Generalstabes Berlin 1967.
Hossbach, Friedrich: Zwischen Wehrmacht und Hitler 1934–1938. Göttingen ²1965.
Leppa, Korad: vgl. a.a.O. I. Kap.
Manstein, Erich v.: Verlorene Siege. Bonn 1955.
dgl.: Aus einem Soldatenleben 1887–1939. Bonn 1958.
Messerschmidt, Manfred: Die Wehrmacht im NS-Staat. Zeit der Indoktrination. Hamburg 1969.
Model, Hansgeorg: Der deutsche Generalstabsoffizier. Seine Auswahl und Ausbildung in Reichswehr, Wehrmacht und Bundeswehr. Frankfurt 1968.
Model, Walter: Gneisenau. In: „Führertum. 25 Lebensbilder von Feld-

herrn aller Zeiten." Zusammengestellt von Oberst v. Cochenhausen. Berlin 1930.

Müller, Klaus Jürgen: Das Heer und Hitler. Armee und nationalsozialistisches Regime 1933–1940. Stuttgart 1969.

Nehring, Walther: Die Geschichte der deutschen Panzerwaffe 1916–1945. Berlin 1969.

Neue Dokumente zur Geschichte der Reichswehr 1930–1933 (Vierteljahreshefte f. Zeitgeschichte, H. 4/1954).

Niemöller, Martin: Vom U-Boot zur Kanzel. Berlin 1939.

Stellenbesetzung des Heeres 1938.

Tornau, Gottfried und Franz Kurowski: Sturmartillerie – Fels in der Brandung. Herford/Bonn 1965.

Vogelsang, Thilo: Reichswehr, Staat und NSDAP. Beiträge zur deutschen Geschichte 1930–1932. Stuttgart 1962.

III. KAPITEL

Model-Nachlaß

Tageskalender Herta Model 1939–1940.

Walter Model (?): Die Mosel-Armee. Die 16. Armee von der Mosel zur Mosel. Kurze Übersicht über die Tätigkeit vom 10. Mai bis 22. Juni 1940. Unveröffentl. Masch.mskr.

Aussagen und Stellungnahmen von
GenFM Erich v. Manstein, GenOb a. D. Franz Halder, Gen. d. Inf. a. D. Günther Blumentritt, Gen. d. Inf. a. D. Edgar Röhricht, BrigGen a. D. Wolf v. Zawadsky, Reg. Dir. a. D. u. Major a. D. Martin Reymann, Hauptmann a. D. Ulrich v. Busekist, Oblt. d. R. a. D. Herbert Alsen.

Literatur

Görlitz, Walter: vgl. a.a.O. II. Kap.

Guderian, Heinz: Erinnerungen eines Soldaten. Heidelberg 1951.

Halder, Franz: Kriegstagebuch Band I–III. Bearb. v. H.-A. Jacobsen und Alfred Philippi. Stuttgart 1962 f.

Jacobsen, Hans-Adolf: Fall Gelb. Der Kampf um den deutschen Operationsplan zur Westoffensive 1940. Wiesbaden 1957.

Keilig, W.: Das deutsche Heer 1939–1945. Bad Nauheim 1960.

Klee, Karl: Das Unternehmen „Seelöwe". Die geplante deutsche Landung in England 1940. Göttingen 1958.

Leppa, Konrad: vgl. a.a.O. I. Kap.

Manstein, Erich v.: Verlorene Siege vgl. II. Kap.

Schall-Riaucour, Heidemarie Frfr. v.: Aufstand und Gehorsam. Leben und Wirken von Generaloberst Franz Halder. Wiesbaden 1972.

Vormann, Nikolaus v.: Der Feldzug 1939 in Polen. Die Operationen des Heeres. Weißenburg 1958.

IV. KAPITEL

Model-Nachlaß

Tageskalender Herta Model.
Tagesbefehle und Befehle.
Feldpostbriefe.

Aussagen und Stellungnahmen von
Gen. d. PzTr. a. D. Hermann Breith (3. Pz. Div.), Gen. d. PzTr. a. D. Leo Frhr. Geyr v. Schweppenburg (Kdr. Gen. XXIV. PzK), GenMaj a. D. Günther v. Manteuffel (3. Pz. Div.), Oberst i. G. a. D. Heinz Pomtow (Ia 3. Pz. Div.) Obstlt. i. G. a. D. Walter Barth (Ib 3. Pz. Div.), Major a. D. Frhr. v. Türckheim zu Altdorf, Hauptmann a. D. Goetz Lothar v. d. Knesebeck (Ic 3. Pz. Div.) Oblt. a. D. Klaus Liebrecht (Begl.Offz. Gen. Models bei der 3. Pz. Div.).

Literatur

Geschichte der 3. Panzer-Division Berlin-Brandenburg 1939–1945. Hrsg. v. Traditionsverband d. Division Berlin 1967.

Guderian, Heinz: vgl. a.a.O. III. Kap.

Halder, Franz: Kriegstagebuch Bd. II f. vgl. III. Kap.

Jacobsen, Hans-Adolf: 1939–1945. Der Zweite Weltkrieg in Chronik und Dokumenten. Darmstadt 1961.

Leppa, Konrad: vgl. a.a.O. I. Kap.

Philippi, Alfred und Ferdinand Heim: Der Feldzug gegen Sowjetrußland 1941–1945. Ein operativer Überblick. Stuttgart 1962.

Prozeß: Der Prozeß gegen die Hauptkriegsverbrecher (Nürnberg 1946 ff.) Band VI u. Band XLII.

Thörn, Emil: Erinnerungen. In: „Die Dritte" H. 11/1958.

V. KAPITEL

Model-Nachlaß

Befehle.
Feldpostbriefe.

273

Aussagen und Stellungnahmen von
Gen. a. D. Johann Adolf Graf v. Kielmansegg (Ia 6. Pz. Div.), GenOb a. D.
Erhard Raus (Kdr. 6. Pz. Division), GenLt der BW Hans Röttiger (Chef d.
Genst XXXXI. Pz Korps)., Gen. d. PzTr. a. D. Kirchner (Kdr. 1. Pz. Division).

Literatur

Halder Franz: Kriegstagebuch vgl. a.a.O. III. Kap.
Leppa, Konrad: vgl. a.a.O. I. Kap.
Philippi/Heim: vgl. a.a.O., IV. Kap.
Reinhardt, Hans: Panzer-Gruppe 3 in der Schlacht vor Moskau und ihre
  Erfahrungen im Rückzug. In: „Wehrkunde", H. 9/1958.
Shilin, P.A.: Die wichtigsten Operationen des Großen Vaterländischen
  Krieges 1941–1945. Ostberlin 1958.
Stoves, Rolf: Die 1. Panzer-Division 1935–1945. Bad Nauheim 1961.

VI. KAPITEL

Model-Nachlaß

Tageskalender Herta Model Januar 1942 – Januar 1944.
Gästebuch AOK 9 Weihnachten 1942 bis 5. November 1943.
Feldpostbriefe.
Tagesbefehle.

Aussagen und Stellungnahmen von
GenOb a. D. Adolf Strauß (OB AOK 9), Gen. d. Inf. a. D. Günther Blu-
mentritt (OQu I Genst. d. H./OKH), Gen. d. Inf. a. D. Erich Jaschke (Kdr.
Gen. LV. A. K.), Gen. d. Inf. a. D. Siegfried Rasp, Gen. d. GebTr. a. D.
August Winter (Chef d. Genst. Pz. AOK 2), GenLt a. D. Gerhard Engel
(Adj. d. Heeres beim „Führer"). GenMaj der BW a. D. Drews (Ia XXXXVI.
Pz. Korps), Oberst i. G. a. D. Georg Buntrock (Ic AOK 9), Obstlt. a. D.
Rudolf Balzer (Kdr. Pz. Jäg.Abt. AOK 9). Obstlt. a. D. v. Carlowitz-Har-
titzsch (Panzeroffz. AOK 9), Obstlt. a. D. Siegfried Erfurth (Transportoffz.
AOK 9), Obstlt. i. G. a. D. Peter Frantz (Kdr. Sturmgesch. Abt. „G. D."),
Obstlt. a. D. Herbert Lange (Abwehroffz. AOK 9), Hauptmann a. D. Klaus
Lütticke (O 1 AOK 9), Oberst Fabian v. Ostau (v. Bonin u. v. O.) (Begl. Offz.
GenOb Models).

Aussagen gegenüber d. Hrsg.
Gen. d. Inf. a. D. Friedrich Hossbach, GenLt d. BW a. D. Gerd Niepold
(Ia 12. Pz. Div.).

274

Oberst a. D. Gisbert Cascorbi (Heeres-Waffenamt), Oberst i. G. a. D. Georg Buntrock (Ic AOK 9), Oberst i. G. a. D. Günther Reichhelm (Id AOK 9).

Unveröffentlichte Mskr. (Masch.abschrift).

Die Winterschlacht um Rshew (Ms. Vater II/MNl).

Erfurth, Siegfried: Wie ich den Zweiten Weltkrieg erlebte.

Filbig, Hans, Obstlt. a. D.: Als Flivo bei Generaloberst Model.

Reichhelm, Günther: Die Schlacht der 2. Panzer-Armee und der 9. Armee im Orel-Bogen vom 5. Juli–18. August 1943.

Kriegstagebuch Heeresgruppe Mitte v. 22. 8. 1943–5. 11. 1943.

Bundesarchiv/Militärarchiv Freiburg i. Br.

Kriegstagebuch der Führungsabteilung AOK 9 Januar–März 1942 u. Januar-Dezember 1943.

Kriegstagebuch Pz. AOK 2 v. 1. 6. 1943–13. 8. 1943.

(Militärgeschichtliches Forschungsamt/Dokumentenzentrale Freiburg i. Br.).

Literatur

Aus den Kampftagen der 9. Armee. Die sechs Schlachten im Großraum Rshew von Oktober 1941–März 1943. Hrsg. v. AOK 9. Bearb. v. Oblt. d. R. Wendlandt.

Blaurock, GenLt a. D.: Die Winterschlacht um Rshew Januar-Februar 1942. In: „Wehrkunde", H. 5./1957.

Dittmar, Kurt: Doppelte Verstrickung. Wie eine deutsche Kräftegruppe im Winter 1941/42 sich „trotzdem" der Vernichtung entzog. In: „Allgemeine Schweizerische Militärzeitschrift", Nr. 10–11/1954.

Fretter-Pico, Maximilian: Mißbrauchte Infanterie. Deutsche Infanterie-Divisionen im osteuropäischen Großraum. Frankfurt a. M. 1957.

Friessner, Hans: Verratene Schlachten. Die Tragödie der deutschen Wehrmacht in Rumänien und Ungarn. Hamburg 1958.

Guderian, Heinz: vgl. a. a. O. III. Kap.

Halder, Franz: Kriegstagebuch Bd. III, vgl. a. a. O. III. Kap.

Heiber, Helmut: Hitlers Lagebesprechungen. Die Protokollfragmente seiner militärischen Konferenzen 1942–1945. Stuttgart 1962.

Heinrici, Gotthard u. Fr.-Wilh. Hauck: „Zitadelle". Der Angriff auf den russischen Stellungsvorsprung bei Kursk. In: „Wehrwissenschaftliche Rundschau", H. 8–10/1965.

Klink, Ernst: Das Gesetz des Handelns. Die Operation „Zitadelle" 1943. Stuttgart 1966.

Middeldorf, Eike: Das Unternehmen „Zitadelle" (Angriff auf Kursk 5.7.–21. 7. 1943). In: „Wehrwissenschaftliche Rundschau", H. 10 f./1953.

Philippi/Heim: vgl. a. a. O. IV. Kap.

Raus, Erhard: Die Schneckenoffensive. In: „Wehrwissenschaftliche Rundschau", 1953, H. 9.

Telpuchowski, Boris S.: Die sowjetische Geschichte des Großen Vaterländischen Krieges 1941–1945. Hrsg. u. kritisch erläutert von A. Hillgruber u. H.-A. Jacobsen, Frankfurt a. M. 1961.

VII. KAPITEL

Model-Nachlaß

Tageskalender Herta Model.
Privatkorrespondenz Model.
Feldpostbriefe.
Befehle/Fernschreiben.
KTB Heeresgruppe Mitte v. 28. Juni–16. August 1944.

Aussagen und Stellungnahmen von
BrigGen a. D. Wilhelm Willemer (Ia HGr Nordukraine), BrigGen. a. D. Wolf v. Zawadsky (Ia AOK 18), GenLt a. D. Erich Reuter (IIa HGr Nordukraine), Oberst i. G. a. D. Günther Reichhelm (Ia HGr Nord, dann Nordukraine), Obstlt. a. D. Rudolf Balzer (Wehrmachtpresseamt), Obstlt. a. D. Rudolph Maeker (SS-HptStF. u. Begl.Offz des FM).

Stellungnahmen gegenüber d. Hrsg.
Gen. a. D. Peter v. d. Groeben (Ia HGr Mitte), Gen. d. Inf. a. D. Friedrich Hossbach (Kdr.Gen. LVI. Pz.Korps, dann OB AOK 4).

Literatur

Friessner, Hans: vgl. a. a. O. VI. Kap.

Gackenholz, Hermann: Zum Zusammenbruch der Heeresgruppe Mitte im Sommer 1944. In: „Vierteljahreshefte f. Zeitgeschichte", H. 3/1955.

Haupt, Werner: Kurland – Die letzte Front. Schicksal für zwei Armeen. Bad Nauheim 1959.

Heiber, Helmut: vgl. a. a. O. VI. Kap.

Heidkämper, Otto: Witebsk. Kampf und Untergang der 3. Panzer-Armee. Heidelberg 1954.

Heusinger, Adolf: Befehl im Widerstreit. Schicksalsstunden der deutschen Armee 1923–1945. Tübingen 1950.

Krannhals, Hanns v.: Der Warschauer Aufstand 1944. Frankfurt a. M. 1967.

Lengyél, Béla v.: Die ungarische Verteidigung der Karpathen 1944. In: „Allgemeine Schweizerische Militärzeitschrift", H. 3/1956.

Manstein, Erich v.: Verlorene Siege vgl. II. Kap.

Mellenthin, v.: Panzer-Battles 1939–1945. London 1956.

276

Oven, Wilfred v.: Mit Goebbels bis zum Ende. Bd. I u. II. Buenos Aires 1950.

Philippi/Heim: vgl. a. a. O. IV. Kap.

Raus, Erhard: Die Schlacht um Lemberg 13.–23. 7. 1944. In: „Allgemeine Schweizerische Militärzeitschrift", Heft 11/1955.

Röhricht, Edgar: Probleme der Kesselschlacht. Karlsruhe 1959.

Scheurig, Bodo: Henning v. Tresckow. Oldenburg/Hamburg 1972.

Wagener, Carl: Der Ausbruch der 1. Panzer-Armee aus dem Kessel von Kamenez-Podolsk März/April 1944. In: „Wehrwissenschaftliche Rundschau", H. 1/1959.

VIII. KAPITEL

Model-Nachlaß

Tageskalender Herta Model 1944.
Tagesbefehle, Befehle u. Aufrufe.
Feldpostbriefe.
Privatkorrespondenz.
KTB OB West ab 16. 8. 1944.

Aussagen u. Stellungnahmen von
GenOb a. D. Hans v. Salmuth (OB AOK 15), Gen. d. Inf. a. D. Günther Blumentritt (Chef d. Genst. OB West), Gen. d. PzTr. a. D. Hasso v. Manteuffel (OB Pz. AOK 5), GenMaj a. D. Rudolph Christoph Frhr. v. Gersdorff (Chef d. Genst AOK 7), GenMaj a. D. Carl Wagener (Chef d. Genst Pz. AOK 5, dann Chef d. Genst HGr B), Oberst a. D. Abé (IIa OB West), Oberst a. D. Freyberg (IIa HGr B), Oberst a. D. Theodor Pilling (IIa HGr B), Oberst i. G. a. D. Günther Reichhelm (Ia HGr B), Obstlt d. BW Ernst Maisch (O 1 HGr. B), Major i. G. a. D. Winrich Behr (Id HGr B), Oblt. a. D. Klaus Liebrecht (Begl.Offz. des FM).

Aussagen gegenüber d. Hrsg.
Oberst i. G. a. D. Günther Reichhelm (Ia HGr B), Gen. a. D. Dr. Hans Speidel (Chef d. Genst HGr B), GenMaj d. BW a. D. Hans Georg v. Tempelhoff (Ia HGr B).

Niederschriften (Abschrift i. Masch.schrift MNl).
Manteuffel, Hasso v.: Die 5. Panzerarmee in der Ardennen-Offensive (16. Dezember 1944–25. Januar 1945). Studies Historical Division Bundesarchiv/Militärarchiv Nr. 4–12–35/2.

Reichhelm, Günther: Zusammenfassender Bericht über die Kampfhandlungen der deutschen Heeresgruppe B von Mitte Oktober 1944 bis Mitte April 1945.

dgl.: Bericht über die Tätigkeit als Ia der deutschen Heeresgruppe B während der Kampfhandlungen im Westen vom Herbst 1944 bis Frühjahr 1945.

Schramm, Percy Ernst: Auszüge aus einer Niederschrift: Die Vorbereitung der deutschen Offensive in den Ardennen.

Literatur

Bradley, Omar N.: A Soldiers Story. New York 1951.

Buchanan, A. Russell: The United States Army and World War II. Vol. II. New York 1964.

Carell, Paul: Sie kommen! Der deutsche Bericht über die Invasion. Oldenburg u. Hamburg 1960.

Choltitz, Dietrich v.: Soldat unter Soldaten. Die deutsche Armee in Frieden und im Krieg. Konstanz u. Zürich 1951.

Eisenhower, Dwight D.: Crusade in Europe. New York u. London 1948.

Elstob, Peter: Hitlers's Last Offensive. London 1971.

Entscheidungsschlachten des Zweiten Weltkrieges. Hrsg. v. H.-A. Jacobsen u. J. Rohwer. Frankfurt a. M. 1960. Vgl. u. a. Hasso v. Manteuffel: Die Schlacht in den Ardennen.

Heiber, Helmut: Hitlers Lagebesprechungen vgl. VI. Kap.

Hibbet, Christopher: The Battle of Arnheim. London 1962.

History of World War II. Vol. V. by Charles B. McDonald: The Drive to the German Frontier. Washington 1963.

Hoffmann, Peter: Widerstand. Staatsstreich. Attentat. Der Kampf der Opposition gegen Hitler. München 1969.

Hüttenberger, Peter: Die Gauleiter. Studie zum Wandel des Machtgefüges in der NSDAP. Stuttgart 1964.

Jung, Hermann: Die Ardennen-Offensive 1944/45. Ein Beispiel der Kriegführung Hitlers. Diss. Heidelberg 1960.

Kriegstagebuch des Oberkommandos der Wehrmacht (Wehrmachtführungsstab). Band IV Teil 1-2 1944/45. Hrsg. v. Percy Ernst Schramm. Frankfurt a. M. 1961.

Poll, Bernhard: Das Schicksal Aachens im Herbst 1944. Authentische Berichte. Teil 1-2. Aachen 1962.

Schramm, Wilhelm Ritter v.: Der 20. Juli in Paris. Bad Wörishofen 1953.

Speer, Albert: Erinnerungen. Berlin 1969.

Speidel, Hans: Invasion 1944. Tübingen 1952.

United States: The United States Army in World War II – The European Theatre of Operations – Vol. I–II The Supreme Command. By Forrest C. Pogue. Washington 1954.

dgl. Breakout and Pursuit. By Martin Blumenson. Washington 1961.

278

IX. KAPITEL

Model-Nachlaß

Tageskalender Herta Model.
Briefe des Feldmarschalls an seine Frau.
Feldpostbriefe.
Niederschrift v. Hansgeorg Model über den Besuch bei seinem Vater am
24. Januar 1945.
Niederschrift von Hella Model (Tochter) über den letzten Besuch bei ihrem
Vater am 26. März 1945.
Bericht von Oberst a. D. Pilling an Frau Herta Model.
Befehle, Flugblatt.
Eidesstattliche Erklärung von Oberst a. D. Pilling über den Hergang am
Todestag und Totenschein.

Aussagen u. Stellungnahmen von
Gen. d. PzTr. a. D. Heinrich Frhr. v. Lüttwitz (Kdr. Gen. XXXXVII.
PzKorps), Gen. d. PzTr. a. D. Hasso v. Manteuffel (OB Pz. AOK 5), GenLt
a. D. Gerhard Engel (Kdr. 12. V. G. Div.), GenMaj a. D. Carl Wagener
(Chef d. Genst HGr B), Oberst i. G. Werner Heumann (Pionieroffz. Brük-
kenkopf Köln), Oberst a. D. Theodor Pilling (IIa HGr B), Oberst i. G. a. D.
Günther Reichhelm, (Ia HGr B), Obstlt. a. D. Rudolf Balzer (Wehrm. Pr.
Amt), Obstlt. d. BW Ernst Maisch (O 1 HGr B), Major i. G. a. D. Win-
rich Behr (Id HGr B), Oblt. a. D. Klaus Liebrecht (BeglOffz.), Oblt. d. R.
a. D. Fritz Lucke (Ord.Offz. u. PK Berichter HGr B), Hans W. Dümmler
(KTB Führer HGr B), Marie Luise Brunzel sp. Frau Köstlin, Erika Iser,
sp. Frau Pilling (Stabshelferinnen HGr B).

Niederschriften
Reichhelm-Studien vgl. VIII. Kap.
Treusch v. Buttlar-Brandenfels, Horst Frhr.: Der deutsche Generalstab im
Frieden und im Krieg (Teil B/IV, 1949). Dokumentenzentrale Militärge-
schichtliches Forschungsamt P–031 b (Auszug).
Wagener, Carl: Der Kampf der Heeresgruppe B nach der Ardennen-Offen-
sive bis zum Rückzug hinter den Rhein (25. 1.–21. 3. 1945).

Literatur
Ahlfen, Hans v.: Remagen 1945. Das Unglück der Brücke am 7. 3. 1945.
  In: „Pioniere", H. 1/1965.
Anweiler, Josef: Krieg in unserer Heimat. Kreis Moers 1944/45. Rheinberg
  Rhld. o. J.
Bradley, Omar N.: vgl. a. a. O. VIII. Kap.

Die Geschichte des Panzerkorps Großdeutschland Band III. Duisburg-Ruhrort 1958.

Heiber, Helmut: vgl. a. a. O. VI Kap.

Hitzfeld, Otto: So ging die Brücke Remagen verloren. In: „Soldat im Volk", März–Mai 1965.

Kesselring, Albert: Soldat bis zum letzten Tag. Bonn 1953.

Kriegstagebuch des Oberkommandos der Wehrmacht vgl. VIII. Kap.

Schulz, Rudolf: März 1945 – Brückenkopf Remagen. In: „Soldat im Volk", Mai 1958.

Shulman, Milton: Die Niederlage im Westen. Gütersloh 1949.

Speer, Albert: vgl. a. a. O. VIII. Kap.

Spethmann, Hans: Die Eroberung des Ruhrgebietes im Frühjahr 1945. In: „Beiträge zur Geschichte von Stift und Stadt Essen", H. 75/1950.

The United States Army in World War II. The European Theatre of Operations. The Last Offensive. By Charles MacDonald. Washington 1973.

Wagener, Carl: Kampf und Ende der Heeresgruppe B im Ruhrkessel 22. März bis 17. April 1945. In: „Wehrwissenschaftliche Rundschau", 10/1957.

Namenverzeichnis

(Ränge und Dienstgrade nach dem Stand vom 8. 5. 1945)

Abkürzungen

a. D.	außer Dienst
A. K.	Armeekorps
amerik.	amerikanisch
AOK	Armeeoberkommando
Arko	Artilleriekommandeur
Art.	Artillerie
A. u. S.-Rat	Arbeiter- und Soldatenrat
brit.	britisch
Btl.	Bataillon
Div.	Division
d. R., d. Res.	der Reserve
(E)	Ersatz
Ia	1. Generalstabsoffizier, zuständig für Führung, Organisation und Ausbildung
Ib	2. Generalstabsoffizier, zuständig für Versorgung
Ic	3. Generalstabsoffizier, zuständig für Nachrichtengewinnung und -auswertung
Id	4. Generalstabsoffizier (in höheren Stäben), zuständig für die Heerestruppen
FHQu	Führerhauptquartier
Fhr.	Führer
Flg.	Flieger

FM	Feldmarschall
Frhr.	Freiherr
frz.	französisch
GebTr.	Gebirgstruppen
Gen.	General
GenMaj	Generalmajor
GFM, GenFM	Generalfeldmarschall
GenLt	Generalleutnant
GenOb	Generaloberst
Gr./Grp.	Gruppe
Grp.Fhr.	Gruppenführer
HGr.	Heeresgruppe
HKL	Hauptkampflinie
Hptm.	Hauptmann
I. D.	Infanteriedivision
i. G.	im Generalstab
I./Inf.	Infanterie
I. R.	Infanterie-Regiment
Jäg.	Jäger
Kav.	Kavallerie
Komm. Gen.	Kommandierender General
Kp.	Kompanie
Lt.	Leutnant
Maj.	Major
MG	Maschinengewehr
Mob	Mobilmachung
mot.	motorisiert
NATO	North Atlantic Treaty Organization
NS	Nationalsozialistisch
NSDAP	Nationalsozialistische Deutsche Arbeiter Partei
NSFO	Nationalsozialistischer Führungsoffizier
OB	Oberbefehlshaber
ObdH	Oberbefehlshaber des Heeres
Oblt.	Oberleutnant
Obstlt.	Oberstleutnant
O 1	1. Ordonnanzoffizier
Offz.	Offizier
Ogfr.	Obergefreiter
OHL	Oberste Heeresleitung
OKH	Oberkommando des Heeres
KTB	Kriegstagebuch
OKW	Oberkommando der Wehrmacht
Op. Abt.	Operationsabteilung
OQu	Oberquartiermeister

290

österreich.	österreichisch
OT	Organisation Todt
Pi	Pioniere
Pz	Panzer
Pz. Div.	Panzerdivision
Pz. K.	Panzerkorps
PzTr	Panzertruppen
RAD	Reichsarbeitsdienst
RegDir	Regierungsdirektor
Res.	Reserve
russ.	russisch
SA	Sturmabteilung
Sch(tz). Rgt.	Schützenregiment
SD	Sicherheitsdienst
sowj.	sowjetisch
SPD	Sozialdemokratische Partei Deutschlands
SPW	Schützenpanzerwagen
SS	Schutzstaffel
STAWKA	sowj. großes Hauptquartier im II. Weltkrieg
Stellv.	Stellvertreter
SU	Sowjetunion
techn.	technisch
tschech.	tschechisch
T 4	Heeresausbildungsabteilung im Truppenamt
UdSSR	Union der Sozialistischen Sowjetrepubliken
ungar.	ungarisch
US (USA)	United States (of America)
USPD	Unabhängige Sozialdemokratische Partei Deutschlands
VGD	Volksgrenadierdivision
IV a	Verwaltungsabteilung in höheren Stäben
WFSt	Wehrmachtsführungsstab
X-Tag	Tag des Beginns eines Angriffs oder einer Operation
z. b. V.	zur besonderen Verwendung
II a	Adjutant und Personaloffizier in höheren Stäben

Inhalt